A TRAGÉDIA DE OTELO, O MOURO DE VENEZA

WILLIAM SHAKESPEARE nasceu em Stratford-upon-Avon, em 1564, filho de um comerciante bem-sucedido. Casou-se aos dezoito anos com Anne Hathaway, com quem teve três filhos. Estabelecido em Londres durante o reinado de Elizabeth I, produziria o grosso de sua obra — tragédias e comédias, além de um conjunto de sonetos — entre os anos 1590 e 1613. É universalmente reconhecido como o maior dramaturgo de todos os tempos graças a peças como *Macbeth*, *Ricardo III*, *Otelo*, *Rei Lear*, entre outras. Suas peças investigam, expõem e aprofundam as motivações, os desejos, as ambições políticas e as mentiras que contamos para os outros e para nós mesmos — sem esquecer muitas vezes do lado cômico e patético da existência humana. Exausto, retornou à sua cidade natal por volta do ano de 1613, onde morreria, aos 51 anos, em 1616.

LAWRENCE FLORES PEREIRA é professor da Universidade Federal de Santa Maria (RS). É pós-doutor no Massachusetts Center for Renaissance Studies, na Universidade de Massachusetts, Amherst. Suas publicações incluem um livro de poemas, *Engano especular* (sob o pseudônimo Lawrence Salaberry), e inúmeras traduções poéticas: *Antígona*, de Sófocles, poesia barroca francesa, Charles Baudelaire, T. S. Eliot, entre outros. É organizador de uma série de volumes sobre a literatura dos séculos XVI e XVII e editor da revista acadêmica *Philia&Filia* (em parceria com Kathrin Rosenfield).

W. H. AUDEN nasceu em York, Inglaterra, em 1907, e morreu em Viena, Áustria, em 1973. Um dos poetas que mais influenciam ainda hoje a lírica de língua inglesa, estreou em 1930, e pelos quarenta anos seguintes construiria uma sólida carreira graças a uma obra vasta e decisiva que é um depoimento profundamente pessoal sobre o espírito do nosso tempo.

WILLIAM SHAKESPEARE

A tragédia de Otelo, o Mouro de Veneza

Tradução, introdução e notas de
LAWRENCE FLORES PEREIRA

Ensaio de
W. H. AUDEN

COMPANHIA DAS LETRAS

Grafia atualizada segundo o Acordo Ortográfico da Língua Portuguesa de 1990, que entrou em vigor no Brasil em 2009.

Penguin and the associated logo and trade dress are registered and/or unregistered trademarks of Penguin Books Limited and/or Penguin Group (USA) Inc. Used with permission.

Published by Companhia das Letras in association with Penguin Group (USA) Inc.

Todos os esforços foram realizados para contatar o artista do pôster da capa. Como isso não foi possível, teremos prazer em creditá-lo, caso se manifeste.

TÍTULO ORIGINAL
Othello

PREPARAÇÃO
Ana Cecília Agua de Melo

REVISÃO
Angela das Neves
Ana Maria Barbosa

Dados Internacionais de Catalogação na Publicação (CIP)
(Câmara Brasileira do Livro, SP, Brasil)

Shakespeare, William, 1564-1616.
    A tragédia de Otelo, o Mouro de Veneza / William Shakespeare; tradução, introdução e notas de Lawrence Flores Pereira; ensaio de W. H. Auden. — 1ª ed. — São Paulo: Penguin Classics Companhia das Letras, 2017.

    Título original: Othello.
    Bibliografia.
    ISBN 978-85-8285-045-9

    1. Auden, W. H., 1907-1973. O curinga no baralho 2. Ensaios 3. Shakespeare, William, 1564-1616 — Crítica e interpretação 4. Teatro inglês (tragédia) I. Pereira, Lawrence Flores. II. Auden, W. H., 1907-1973. III. Título.

16-09297   CDD-822.33

Índice para catálogo sistemático : 1. Shakespeare :
Peças teatrais : História e crítica : Literatura inglesa 822.33

[2017]
Todos os direitos desta edição reservados à
EDITORA SCHWARCZ S.A.
Rua Bandeira Paulista, 702, cj. 32
04532-002 — São Paulo — SP
Telefone: (11) 3707-3500
www.penguincompanhia.com.br
www.companhiadasletras.com.br
www.blogdacompanhia.com.br

Sumário

Introdução

LAWRENCE FLORES PEREIRA

OTELO: PAIXÃO E INTERPRETAÇÃO

Composta entre 1601 e 1604,[1] *Otelo* tornou-se ao longo dos séculos uma peça intrinsecamente associada à suspeita e ao ciúme mais irracionais que terminam no ódio vingativo e na violência mais monstruosa. Embora esse traço espetacular seja, sem dúvida, sua marca mais memorável, Shakespeare ultrapassou em muito esse esboço: conferiu ao seu protagonista uma dignidade heroica e matizes psicológicos incomuns para o teatro do período. Dramas e tragédias são dispositivos complexos: não são meros espetáculos de paixões deflagradas, mas tratam de interações entre personagens vivos.

Por sua incidência generalizada, a paixão do ciúme — pela qual Otelo é sempre lembrado — pode operar como um entrave para entender Otelo, o personagem, assim como a tragédia de Shakespeare. A razão disso é que o envolvimento de Otelo com sua imaginação, assim como as sugestões difamatórias de Iago, encontra um paralelo quase perfeito no envolvimento que muitos espectadores e críticos entretiveram com a peça: as respostas críticas de ambos sempre estiveram marcadas pela distorção do envolvimento passional. *Otelo* é, dentre as peças de Shakespeare, aquela que mais suscitou deformações de leitura. Lembremos, para falar do contexto brasileiro, que esse drama tem uma longa história de assimilação em terras tropicais, cujo exemplo mais afamado nos vem de modo indireto, através de *Dom Casmurro*. A história de Bentinho e Capitu não apenas é uma história doentia oteliana típica, como gerou, ao longo de mais de um século, uma resposta crítica também tipicamente oteliana. A mais simples e obsessiva dessas reações da crítica ou do senso comum é a célebre pergunta comezinha sobre se Capitu de fato traiu.

É uma pergunta que não seria tão simples fazer a propósito de Desdêmona, pois Shakespeare tomou todo o cuidado para representar nela uma mulher fiel e verdadeira. No entanto, se retomamos apenas dois dos muitos críticos da peça, Jan Kott e Auden, para nos manter entre os modernos, percebemos que consignar razões, mesmo que indefensáveis, para o crime de Otelo nunca deixou de ser uma tentação fantasiosa irresistível. Jan Kott concede que Desdêmona é inocente, mas, num comentário desajeitado, assinala que *"in potentia"* ela é culpada, querendo dizer com isso talvez que Desdêmona emana algum tipo de atração proibida. Ela é, segundo ele, insinuante e até mesmo se comporta como uma "prostituta".[2] O que ocorre com Kott e outros críticos que acabaram revelando algo de si próprios em suas críticas é que estiveram tão envolvidos no *páthos* sufocante da peça e foram tão inoculados pelas ilações de Iago que acabaram deixando escapar suposições no melhor estilo do vilão.

Talvez *Otelo* seja, com efeito, a peça de Shakespeare em que é mais difícil se manter isento, pois a anatomia da passionalidade que propõe vive *in potentia* nos espectadores ou críticos que, por arte de algum feitiço teatral, não conseguem mais manter a necessária distância estética. Machado de Assis deu um bom exemplo disso no capítulo 135 de *Dom Casmurro*, no qual Bentinho conta a história de sua visita ao teatro para assistir *Otelo*. A leitura casmurra é literal: Otelo matou Desdêmona, ele diz, por nada, por um lenço apenas. Bentinho até mesmo liga o infame lenço da peça aos "lençóis" nupciais da última noite da jovem Desdêmona, uma associação impossível em inglês, mas que ele relembra com superfetação lírica e meditativa. "O que ele não faria", ele divaga, "ele que acredita que Capitu o traiu?" Sobre o final da peça ele completa: "O último ato mostrou-me que não eu, mas Capitu devia morrer". E a inferência silenciada de Bentinho aqui é a seguinte: se Desdêmona tivesse traído, então poderia ser morta. Mas eis a questão: a suposta traição, neste caso, é algo aberto à discussão, pois entramos aqui em um terreno pantanoso, o da suspeita, das investigações fantasmáticas, em que tudo é possível.

Esses são alguns dos exemplos da distorção que o envolvimento do espectador e do crítico pode suscitar. O próprio Bentinho nos revela mais sobre a questão. No teatro, enquanto ele observa o Mouro que "rolava convulso e Iago [que] destilava a sua calúnia", os outros espectadores masculinos parecem também desconfortáveis com a cena: "as senhoras ficavam quase todas nos camarotes, enquanto os homens iam fumar", um indício de indiferença sintomática ou nervosismo dos espectadores. Mesmo um crítico familiarizado com a psicanálise, como Auden, especulou fantasiosamente que talvez, em algum momento, a jovem Desdêmona viesse a se dar conta do mau negócio de seu casamento com o Mouro e passasse a seguir os conselhos mais realistas de Emília, procurando um amante. Se o tom de Auden, ao contrário do de Bentinho, pode ser mais apropriadamente chamado de realismo cínico e traz em si, em boa dose, o espírito de Iago, então sua suposição soa como uma especulação fantasmática, típica dos leitores dessa peça.

Embora a passionalidade seja o efeito remanescente mais notável, é preciso ler as entrelinhas da peça, mais sugestivas do que a explosão violenta final. Nelas há uma complexidade inaudita que revela tanto uma "história" do personagem, sua complexidade, sua identidade fraturada, como também um processo interpretativo semelhante ao que muitas vezes era usado nos tribunais do período Tudor e Stuart. O próprio Otelo nem sempre é o mesmo. O "nobre" Otelo das primeiras cenas, como conciliá-lo com o Otelo que, delirante, se imagina visitando um prostíbulo, usando a linguagem mais chula, e que ao final assassina sua esposa? É um personagem de muitos estratos.

Isso pode ser visto nas entrelinhas do discurso de defesa que Otelo faz, diante do Senado de Veneza, contra a acusação de ter seduzido e raptado a filha de Brabâncio. Ele evoca um passado de aventuras, sofrimentos e provações, que precisou superar para tornar-se o que é, o general de quem depende a segurança e a sorte de uma das cidades mais ricas e refinadas da época. Como está se defendendo, Otelo se atém, com discreta elegância, apenas ao que precisa ser falado para que não haja dúvida sobre a retidão de seu amor, sua devoção aos modos corteses e civilizados.

Sinal dessa estratégia retórica é que ele se desculpa pela sua fala "rústica e pouco agraciada com o brando fraseado da paz". Aproveita o aparte também para refrescar a memória dos senadores no que toca a seus distintivos de guerreiro, guiando a atenção do augusto público para sua qualidade mais estimada no mundo político. Embora aquilo que ele oferece aos senadores seja o que esperam de um mouro cuja vida foi forjada na guerra, a autoimagem de Otelo é, em grande parte, um ardil retórico; aparentando não possuir a linguagem suave dos venezianos bem-educados, ele, no entanto, falará de modo convincente e sedutor. Sua defesa mostra, com grande habilidade oratória, que seu ofício e sua liderança são insubstituíveis e inestimáveis para o bem de Veneza, o que, sem dúvida, desperta uma suave condescendência nos senadores.

> Mas peço a vossa paciência,
> Que vou contar a história simples e despojada
> De meu amor: com que drogas, com que feitiços,
> Com que esconjuros e com que forte magia —
> [...]
> Conquistei sua filha.
> (Ato I, cena III, 91-6)

Otelo deixa sua história pessoal falar por si só. Não precisa de outro argumento — bastam os tons quase míticos e épicos de seu relato. Sua explanação é uma história encapsulada em outras histórias subliminares. O primeiro nível é o discurso público e político: Otelo solicita, por assim dizer, um habeas corpus preventivo para sua retórica supostamente pouco refinada, o que constitui uma *captatio benevolentia* típica: a evocação laudatória dos presentes com seus títulos e suas ínclitas distinções. Ainda como estratégia retórica, ele se coloca na posição de servidor desses senhores. Mas eis que, num segundo momento, ele embute uma história de domesticidade impressionante e sentimental. Conta como foi amigavelmente recebido na casa de Brabâncio. Descreve o sogro como um homem sequioso, que o tratava como amigo e o convidava com frequência porque gostava de ouvi-lo falar de suas histórias aventurosas. Num terceiro momento, retoma a história de proezas também diante dos senadores, oferecendo-lhes, contudo, apenas alusões sintéticas aos seus feitos e suas façanhas. Em vez da história dos Lotófagos de Odisseu, Otelo apresenta uma narrativa que mescla o fantástico com o plausível e o verificável. Lembra dos antropófagos e outras curiosidades cheias de exotismo. E termina por ressaltar que em tais aventuras esteve "desde os tempos de menino", ou seja, logo após a morte de sua mãe — detalhe propício para suscitar simpatia e comiseração.

Seu universo de "funestas venturas, de eventos oscilantes no campo e no mar" é o ambiente antagônico ao da segurança da casa de Brabâncio: ali está Desdêmona, com seus afazeres domésticos, sua atenção, sua consideração, sua juventude e seu recato — a moça presa numa rotina calma e segura que a predispõe a admirar as fortes emoções dos perigos que ela desconhece, e a desejar quem lhe fala daquilo que está fora do seu alcance:

> *Para ouvir essas coisas,*
> *Desdêmona se inclinava compenetrada,*

> Mas o afazer de casa a chamava outra vez.
> Mesmo assim, tão logo ficasse livre, vinha
> Rápido de volta, e com ouvidos sedentos
> Bebia a minha fala; e eu, notando aquilo,
> Busquei o instante certo e o modo apropriado
> De levá-la a pedir com coração sincero
> Que eu relatasse a ela minha peregrinagem,
> Da qual ela já ouvira uma coisa ou outra,
> Mas não atentamente. Eu consenti com isso.
> E várias vezes eu conjurei as suas lágrimas,
> Ao falar de algum golpe duro que sofri
> Quando era jovem. Ao terminar o meu relato,
> Ela brindou com mil suspiros os meus tormentos,
> Jurou que era estranho, muito, e que sentia
> Pena, muita pena. Não queria mais ter
> Ouvido aquilo, mas só que os céus lhe tivessem
> Feito um homem assim. Ela me agradeceu,
> Disse que se eu tivesse um amigo que a amasse,
> Bastaria ensiná-lo a contar minha história
> Que isso a cativaria. Peguei a deixa e disse:
> Que ela me amou pelos perigos que passei,
> E eu a amei pela sua pena das minhas penas.
> (Ato I, cena III, 146-69)

O desfecho é surpreendente, mas não de todo enigmático: se Desdêmona admira e ama a valentia com que Otelo suportou seus perigos e sofrimentos, a afeição de Otelo nasceu, ele próprio comenta, tanto de sua atração por Desdêmona, como da piedade que ela lhe demonstrou ao escutar sua história. Bem montada, perfeita, feita para convencer, a história de Otelo traz sinais que geralmente passam despercebidos. Otelo está desde a infância nos campos de batalha, como se tivesse sido arrancado muito cedo do seio materno para o ofício da guerra.

Sintomaticamente, a piedade de Desdêmona torna-se, para Otelo, o substituto fantasmático da piedade, do cuidado e do amor maternos, dos confortos dos quais ele fora privado em sua vida marcial. Otelo, que, para os senadores, é um instrumento útil para os interesses de Veneza, recebe de Desdêmona um reconhecimento para ele inédito e, sendo ele um forasteiro e ela uma filha da nobreza veneziana, esse reconhecimento se traduz quase numa aceitação social. O que se põe em risco, nesse momento, é sua identidade marcial: a identidade da rigidez, da fortaleza, da resiliência masculina é realocada na forma de uma fantasia masculina do materno.

Janet Adelman observou, há mais de duas décadas, como os termos da fala de Otelo, ainda que cristalinos, revelam seus sentimentos instáveis e contraditórios na nova situação "veneziana". Pelo talento guerreiro, o Mouro conquistou a ordem cívica e a harmonia do Estado veneziano; mas a capitulação ao lazer amoroso, por mais que seja uma conquista adequada no mundo social, é para o guerreiro e seu ofício bélico um ócio inadequado, um tempo perdido ("nove luas desperdiçadas"). Assim, o período de núpcias com Desdêmona tem, na sua fantasia, a qualidade de um repouso provisório. Mesmo breve, esse intermezzo põe em perigo sua identidade de soldado e de sustentáculo crucial da cidade de Veneza. A suavidade do casamento suscita o fantasma da efeminação e da contaminação pelo "reino da generatividade feminina", como assinalou Janet Adelman. Simbolicamente, é nesse momento que se extinguem sua autossuficiência masculina e seu isolamento marcial, salvaguarda contra o avanço do materno e do feminino.[3] Como apontava Adelman, os dramas históricos de Shakespeare haviam ocultado as figuras maternas influentes para que os protagonistas desenvolvessem livremente sua masculinidade. A partir de *Ricardo III*, contudo, ocorre o conflito sintomático entre figuras maternas influentes e os protagonistas masculinos que sentem essa presença, sub-repticiamente, como uma ameaça contra eles e a própria imagem paterna que carregam consigo. O materno — identificado com o misterioso útero gerador que aparece nos tratados da época[4] — é uma bênção problemática para o imaginário viril. Desde *Ricardo III* até os dramas da maturidade — *Hamlet, Otelo, Lear, Macbeth* — a maternidade é associada à procriação e ao terror de retorno ao não ser — ambivalência ameaçadora que degenera muitas vezes na maldição violenta da mãe. A declaração de Otelo de que ele passou a amar Desdêmona por ela ter sentido "piedade" dele — do homem que lutou e colocou sua vida em risco "desde menino" — equivale à confissão de uma experiência intensa que pode ser sintetizada como um reatamento com o materno. Desdêmona revela-lhe os sinais da *caritas* e da maternidade, e com isso, com a simples "entrega" amorosa, Otelo está fazendo um pacto que, sem que ele saiba, tira-lhe a imunidade e a proteção do seu atrelamento rígido à identidade marcial masculina. Suas palavras, ao se despedir de Desdêmona e Emília, são expressões de uma vulnerabilidade muito próxima da entrega e do temor infantis:

> Rica criatura! Que eu caia em perdição,
> Mas eu te amo! E quando eu deixar de te amar,
> Vai ser o Caos novamente.
> (Ato III, cena III, 91-3)

O amor de Otelo por Desdêmona, enfim, traz de volta todos os sintomas do desamparo infantil que Freud analisou exaustivamente: o intenso medo da perda tem como corolário uma forte dose de agressividade, pois o filho que precisa da presença materna, da presença que ordena o próprio mundo, também ameaça essa ordem com seu ressentimento violento e destruidor. A própria palavra "caos" sugere a tipologia imaginária com a qual Shakespeare antecipa os conhecimentos psicológicos do século XX: a misteriosa capacidade de procriar aproxima a mulher do caos que desestabiliza a vida do homem, ameaçando o mundo masculino, instalando a confusão no delicado tecido do "degree" (da posição hierárquica) dos homens.

Há uma sugestão quase filosófica no termo "caos", que evoca, na mitologia grega, o abismo primordial sem forma ou ainda a voragem. Nos mitos criacionistas gregos, ele ganha mais um sentido, o de uma boca escancarada ou de uma escuridão infinita, o "abismo", a "abertura hiante", imagem monstruosa do retorno a um lodo elementar anterior à existência definida no mundo. No primeiro in-quarto de *Hamlet*, interessantemente, Hamlet, no seu primeiro solilóquio, evoca não o "orvalho" ("dew", como ocorre em Q2 e F1) como o desejável ponto final de sua fantasia de morte e desintegração, mas, como o próprio Otelo, o Caos.

> *Oh, that this too much grieved and sallied flesh*
> *Would melt to nothing, or that the universal*
> *Globe of heaven would turn all to a chaos!*

> [*Oh, se essa carne triste e suja*
> *Derretesse até virar nada, ou se o globo*
> *Universal pudesse converter tudo em um caos!*]

Nas versões de Q2 e F1, o termo que correspondia ao "caos" era "orvalho", mas o sujeito dessa transformação em caos-orvalho não era o mundo em torno, mas o próprio corpo de Hamlet. O importante é sublinhar que esse desejo de destruição (ou de morte) apresenta na sua solução final um estado elementar. O desejo de ver o próprio corpo se desagregar ou derreter (como neve) é uma fantasia regressiva que tem no seu ponto final a dissolução, o alívio, o retorno ao simples ou a simples extinção. Pois assim como, no discurso de Hamlet, o assunto principal é a sua mãe e seu casamento "apressado" com Cláudio, a frase de Otelo se refere à possibilidade de perder Desdêmona para um terceiro. Desdêmona "ressurge" na vida de Otelo e, já presente, desperta nele a percepção até então aparentemente extinta de sua vulnerabilidade. Essa imaginação do colapso do mundo do eu que se associa ao caos, ao retorno ao indistinto, ao desmembramento primitivo emerge na forma de uma compulsão gigantesca

e assassina. Otelo passa sempre de um absoluto ao outro:
o de Desdêmona como figura "livre" e intacta, para uma
mulher que se entrega às mais inverossímeis lascívias e de-
pravadas lubricidades.

MATERNIDADE E EROTISMO

Pelas mãos de Shakespeare o drama de Otelo brota de diversas formas de vulnerabilidade: da carência dessa mãe que
Otelo evocará mais tarde na peça, da fragilidade do estrangeiro dependente das boas graças dos seus anfitriões, do africano suspeito e sempre potencialmente ameaçado pelos preconceitos da sociedade cristã veneziana. Apesar de sua força
e de seus méritos guerreiros, associados com as qualidades
prudenciais de sua retórica, não é sempre fácil se desvencilhar
da armadilha típica do estrangeiro: não lhe basta ser o que é
de fato, pois o que ele é deve ser constantemente negociado
com o país ao qual escolheu servir e que dele espera certas
qualificações e certos traços. Quando Otelo solicita, em apoio
à demanda de Desdêmona, que ela o acompanhe a Chipre,
ele se apressa em esclarecer que seu pedido não é "pra adular o palato de meu apetite" (I.III.264), "Nem pra ceder [...]
aos gozos e mesmo às satisfações mais lícitas" (I.III.265-6).
Ele acrescenta que seus sentimentos eróticos já não possuem o antigo fogo e tudo o que ele busca, tendo atingido a
idade da razão, são as "satisfações mais lícitas". É como se
Otelo se adiantasse, refutando eventuais pensamentos dos
nobres senadores — e dos não tão nobres companheiros de
cuja conspiração maligna ele ainda não suspeita. O general
sabe o que eles podem pensar, e o espectador, a essa altura,
já tomou conhecimento das formulações maldosas de Iago:
na companhia de Desdêmona, o general heroico pode, talvez,
se parecer com um "carneiro preto, velho" que anda "cobrindo a sua ovelha branca" (I.I.87-8), filha de um dos nobres
senadores, e nascerá desse cruzamento uma nova espécie de

"sobrinhos que relincham". Afinal, é assim que Iago descreve Otelo, como um "cavalo berbere" que faz com a filha de Brabâncio a "besta de duas costas", após ela se lançar ao "abraço bruto" de um "mouro lascivo" (i.i.125. A *grotesquerie* dessa linguagem, com sua racista animalização, é algo que, ao que parece, é previsível para Otelo. Talvez por isso ele diga, de modo nitidamente preventivo:

> *Não permitam os céus que vossas almas pensem*
> *Que irei descurar de vossos sérios negócios*
> *Se ela vier comigo. Não, quando o airoso jogo*
> *Do Cupido cegar com lúbrica indolência*
> *Meu poder reflexivo, meu tino no ofício,*
> *E o prazer corromper e aviltar meus negócios,*
> *Que as mulheres transformem meu elmo em panela*
> *E que as adversidades todas, vis e abjetas,*
> *Se amotinem contra a minha reputação.*
> (Ato I, cena III, 268-76)

Sem dúvida, como assinalou Virginia Mason Vaughan, os tratados bélicos do período proibiam a confusão entre guerra e erotismo. O ofício de soldado libertava das restrições da vida civil e permitia a liberação das energias agressivas masculinas — incompatíveis com o mundo civil. A paz, por sua vez, nas palavras de Barnabe Rich, em *Opinion Diefied* (1613), "debilitava as mentes dos jovens, tornando-os *hermafroditas,* meio-homens, meio prostitutas, suas mentes ficando efeminadas".[5] Vaughan lembra também que

> para ter eficácia, um soldado deve canalizar suas energias sexuais a proezas marciais. Daí as terríveis advertências sobre levar mulheres para os acampamentos. Entre as regras de Giles Clayton que devem ser observadas nas guarnições militares está: "que nenhum homem leve mulheres junto com a liga, ou a mantenha na cidade, salvo se for sua esposa legítima" [...]. Às vezes as regras

[...] proibiam esposas assim como prostitutas; com efeito, a maioria das regulações inglesas era firme contra a presença de qualquer mulher nos acampamentos.[6]

É claro que as reservas de Otelo procuram reafirmar sua conformidade às leis da guerra e sua íntima identificação com seu ofício. Já a par de que o Senado o nomeou para liderar as tropas contra os turcos, ele manifesta o desejo impetuoso de trocar o colchão macio da civilização pelo leito pétreo e férreo da guerra. Sente, como ele próprio diz, "o impulso pronto e natural" (I.III.234) de se lançar em provações. Sem poder se liberar totalmente do conforto da doçura materna e erótica que encontrou em Desdêmona, ele precisa da guerra para reequilibrar a vertigem da vulnerabilidade infantil implícita na sua entrega amorosa. Seu zelo de partir com a amada é apresentado diante do Senado nos termos da — excepcional — complementaridade mítica da guerra e do amor (Vênus e Ares), associação que deve ficar reservada a seres superiores, aos deuses e heróis. Eis a húbris e hibridez trágica de Otelo.

No entanto, por mais que Otelo procure isolar sua hibridez de guerreiro-amante como uma exceção, seu comportamento contamina o campo e encontra em Rodrigo uma versão diminuta e quase ridícula. Rodrigo é uma espécie de antecipação ainda caricatural do Werther de Goethe, alienado no papel do amante apaixonado, nas fantasias soltas que cedem à tentação do suicídio patético. Pior: ele se entrega ao prazer da confissão sentimental — paródia do sonetismo lírico do período — e parece gozar a paixão infeliz descrita como sua condição fatal. Iago não aceita a ideia de uma "condição" fatal e determinante — sobretudo porque pretende usar a paixão de Rodrigo para seus planos diabólicos de arruinar Otelo. Confronta o apaixonado com um imperativo, formulado como parábola simbólico-irônica do domínio do homem sobre a natureza e suas paixões.

Para tanto, ele lança mão da velha imagem bíblica, segundo a qual o homem possui o seu corpo, assim como o jardineiro tem domínio sobre o seu jardim, e cabe a ele, com suas técnicas, fazer uma agricultura melhorativa de si mesmo. Para entender Iago é preciso compreender suas lições como paródias cínicas, como jogo retórico diabólico: indiferente à paixão e incapaz de amor, seu divertimento negativista é uma espécie de "engenharia social", e ele desqualifica o sofrimento amoroso de Rodrigo como "amor por uma franguinha-guiné". A verdade é que Iago, no seu afã frio e demoníaco de dominar e controlar, despreza qualquer sinal de desamparo, por exemplo, o fato de que nem Rodrigo, nem Otelo possuem total domínio sobre o seu "jardim". Carente da luz divina do amor, Iago penetra no delicioso Éden de Otelo como a serpente da queda e da desgraça. A Rodrigo ele dá a lição cética que descarta de vez a ilusão amorosa como mera encenação histérica; com Otelo, seu superior e mestre, ele procede de modo mais prudente e insidioso, manipulando com ambiguidades e equivocações a amorosidade ingênua do grande guerreiro, para que este faça por si próprio a experiência da dúvida, da suspeita e do ódio ciumento.

Iago tira vantagem do encontro da moça de estirpe com o não menos nobre general. É um encontro que revela grandeza, sobretudo na admirável magnanimidade dos amantes logo no início da peça. Otelo, mesmo com uma história de renúncia e guerra, ainda é capaz de responder aos apelos da afeição; Desdêmona, embora nascida e criada em berço de ouro, não se fechou ao que há de vulnerável na existência humana. É significativo que Shakespeare a faça dizer que viu "na mente de Otelo o seu próprio semblante", declaração que revela não apenas seu reconhecimento de Otelo, mas a consciência de ter ultrapassado o obstáculo das aparências. O nó trágico da peça é essa desmedida mútua de Otelo e Desdêmona: ambos acreditam, com uma segurança que surpreende, na dignidade um do outro. Deram, sem saber, um salto sobre o vazio, confiantes em que, tão somente com a força do amor, suas vulnerabilidades haveriam de ser sanadas. Mas esse sentimento grandioso em que a vulnerabilidade se refugia na confiança amorosa será o tendão de aquiles do casal. Iago logrará trabalhar a susceptibilidade de Otelo como mouro e estrangeiro, semeando a dúvida e insuflando nele a suspeita de que a magnífica segurança da esposa não é apenas sinal daquela liberdade incomum que o próprio Otelo no início venera, mas também leviandade.

Iago montará sua armadilha em torno das fragilidades, não apenas da união do casal, mas da própria posição provisória ou precária de Otelo em Veneza. Reempregando a palavra que a própria Desdêmona usara ao admitir ter cometido uma "violência" (violação) contra o dever filial para com seu pai, Iago diz a Rodrigo que a união teve um começo "violento", e, sutilmente, distorce o sentido do termo, transformando-o em sinal de que a "liberdade de escolha" de Desdêmona é, na verdade, nada mais do que um pendor para a inconstância, a leviandade e a traição. Do mesmo modo, mais tarde Iago explora outra declaração, a de Brabâncio, que sugeriu a Otelo que ele deveria ficar "de olho", pois "quem enganou o pai pode enganar o esposo", uma profecia ominosa, dita em dísticos, que se implantará na mente de Otelo.

Iago é um mestre de narrativas e forja com grande desenvoltura os sinais da suposta libertinagem de Desdêmona: ela vai trocar Otelo por outro amante, mais apropriado para uma filha da elite de Veneza, pois, como Iago assinala, a jovem logo há de notar que as falas do Mouro não são mais do que "fanfarronices e fábulas quiméricas"; em breve irá se dar conta de que fez uma escolha errada e encontrará refrigério em outro jovem. Essas ideias brotarão na mente de Otelo nem sempre despertadas por Iago. Ainda que as sugestões não se confirmem na peça, Iago encontra na mente de Otelo um "jardim" suscetível de ser contaminado com os inços venenosos. Age sobre as obscuras dúvidas que Otelo tem quanto à própria suficiência.

Ansioso para se apresentar como verdadeiro cristianizado, Otelo reage sem prudência e revela assim seu medo de perder o lugar que conquistou na sociedade cristã veneziana. Na cena da querela entre Cássio e Montano, ele chega ao local da celeuma, apressa-se em distribuir justiça e baseia seu julgamento na comparação entre cristãos e turcos, conferindo aos litigantes a pecha de bárbaros incontroláveis. Como ninguém dentre os presentes lança pistas sobre como a querela começou, o Mouro se enfurece e, inadvertidamente, admite ante os presentes que seu sangue já começou a envenenar suas "faculdades" intelectivas. É então que Iago apresenta a enigmática sugestão de que saberia tudo sobre as causas dessa querela, fingindo, contudo, razões éticas para não delatar o verdadeiro culpado. Ao final, por desvios vários, ele leva o Mouro a destituir seu tenente com um raciocínio bizarro: Cássio teria mostrado uma conduta bárbara, monstruosa, não cristã. É um dos momentos em que Otelo mostra rejeitar sua própria origem bárbara/berbere, revelando sua fragilidade identitária. Isso não escapa à atenção de Iago.

FANTASIAS E FEITIÇOS

Na terceira cena do segundo ato, Iago monta seu plano. Trabalha apenas com sugestões sutis, nunca acusa ou denuncia e, assim, consegue convencer o general de que é confiável e honrado. Iago começa por insinuar sobre o Mouro que:

> A alma dele está tão atada à estima dela,
> Que ela pode fazer, desfazer, ao bel-prazer,
> Enquanto seu ávido gênio agir nas frágeis
> Faculdades dele.
> (Ato II, cena III, 347-50)

O espírito aqui sugerido poderia ser entendido como um "bom espírito", estado de enfeitiçamento inverso daquele de que Brabâncio acusava Otelo. Iago penetra o fundo da vulnerabilidade de Otelo. Vê com os olhos afiados do intrigante quais traços de Desdêmona se prestam às interpretações ambíguas que terminarão por macular sua imagem perante o Mouro. Lembra que ela é "fértil, generosa, uma força da natureza". Ao sublinhar a virtude "natural", sabe que a força da natureza tem valor dúbio na mente de um homem que teme a própria origem bárbara, isto é, demasiadamente natural.

Basta agora esperar o momento propício para despertar a "curiosidade" ciumenta de Otelo. A hora se apresenta no final da terceira cena do terceiro ato, quando Otelo e Iago encontram por acaso Desdêmona a conversar com Cássio, o que leva Iago a fingir surpresa: "Hum, não gostei disso". Logo depois, Desdêmona faz sua embaixada junto ao marido, intercedendo em favor de Cássio, o que fortalece em Otelo a "máquina" associativa que Iago pôs em movimento. A franqueza ingênua leva Desdêmona a mencionar que Cássio estava junto quando Otelo a cortejou, o que ali pode soar, na perspectiva insuflada por Iago, como uma insinuação de que ela esteve envolvida com os dois. O conjunto é muito escorregadio, mas a linguagem shakespeariana usa dessas ironias dramáticas para forçar as sugestões fantasmagóricas. É a partir desse momento, usando de todos os meandros de sua arte, que Iago fortalecerá suas sugestões monstruosas.

A COMPULSÃO INVESTIGATIVA

Para entender a linguagem de Shakespeare é importante lembrar como as concepções pseudocientíficas do século XVI permitiam o entrelaçamento imaginário entre a capacidade fantasmática da imaginação, as paixões e o julgamento racional. O teólogo renascentista Nicolas Coeffeteau, em seu tratado *Tableau des passions humaines, de leurs causes et de leurs effets*, mostra, por exemplo, como as paixões se alojam nas imaginações e se mascaram nos raciocínios. Nos diversos tratados do período, a mecânica dessas relações é confusa, varia em cada autor, mas não há dúvida de que quase todos os tratados privilegiam menos as paixões "puras" (claras e unívocas) do que as paixões mediadas — ou seja, emoções ambíguas. Essas paixões estão interligadas à imaginação, aos processos imaginativos complexos que corrompem as capacidades interpretativas. Assim, Thomas Wright inter-relaciona os domínios do apetite e da imaginação em seu livro *The Passions of the Mind in General* (1601):

> São chamadas paixões as moções sensuais de nossa faculdade apetitiva, através da imaginação de algum bem ou de algo mau, porque, quando tais afecções estão se movendo em nossas mentes, alteram os humores de nossos corpos, causando neles alguma paixão ou alteração. São chamadas de perturbação, porquanto transtornam a alma, corrompendo o julgamento e seduzindo a vontade, induzindo (em grande parte) ao vício, e afastando da virtude, e, portanto, alguns as chamam de doenças, ou chagas da alma: são também chamadas de afecções, porque a alma, por meio delas, de algum modo afeta algum bem ou, pela afecção de algum bem, detesta algum mal.[7]

Um dos elementos mais notáveis dessa vastíssima e muito usual concepção das paixões nos séculos XVI e XVII é a tendência, sobretudo entre protestantes, de fazer com que as paixões sejam ativas não apenas como abominações selvagens e irrupções desmedidas, mas através das próprias faculdades ditas racionais. Embora o vocabulário desse sistema e seus conceitos principais ressurjam com frequência na obra de Shakespeare, o que emerge da sua tragédia, além das paixões em estado puro, é a paixão em estado de maturação, não a paixão como um traço do caráter, mas aquela que se origina do pensamento.

Essas fantasmagorias, em *Otelo*, articulam-se, gradualmente, como instâncias de um caso jurídico e como indícios e provas de uma investigação. Shakespeare é conhecido pelos juristas sobretudo por peças como *O mercador de Veneza*, onde há um *mock-trial* (julgamento-farsa) no final. No entanto, é importante assinalar: o direito está, nas suas peças, ora aparente, ora invisível, perceptível apenas como uma ideia, uma estrutura que migra para um outro contexto, mas que continua emitindo mais ou menos a mesma lógica, mantendo seu modo de operação peculiar com outros termos e em outras situações extrajudiciais. O jargão jurídico — o juridiquês — das peças era a mesma língua falada nos *Inns of Court*, onde a companhia de Shakespeare não raro encenava. Finalmente, o direito podia aparecer nos dramas nas sutilezas que distinguiam os procedimentos adotados na investigação de crimes de felonia, bruxaria, adultério, que tinham cada qual seus "direitos" (*common law*, *canon law*) e suas formas específicas. Ainda outro aspecto que merece ser mencionado: o interesse de Shakespeare pela incompatibilidade entre as paixões reativas e a ação de julgar e interpretar. Nos dramas as faculdades judicantes de muitos personagens entram em colapso por causa da instauração de um "inquérito imaginário" no qual o protagonista se vê envolvido e que revela a face escura dos "casos" em julgamento.

Otelo é uma dessas peças. Analisada geralmente como uma peça de intriga, em que uma trivialidade leva a um assassinato, *Otelo* revela nas entrelinhas os processos interpretativos que pertenciam aos procedimentos processuais tanto na *common law* como na lei canônica (*canon law*).[8] A capacidade quase sempre frustrada dos personagens de conhecer e sobretudo de se autoconhecer é um problema constante nas peças de Shakespeare. O verbo "to unfold", que aparece no início de *Hamlet*, merece ser lembrado como emblemático de situações dramáticas que exigem dos personagens a mobilização de suas capacidades hermenêuticas. A suspeita e a desconfiança são, como mostrou Katharine E. Maus, possivelmente consequências inevitáveis de um século de conflitos religiosos que obrigaram muitos devotos a ocultar suas verdadeiras convicções, inflacionando a importância da reflexão constante sobre a (in)compatibilidade entre o comportamento exterior e a consciência interior.[9] Onde há suspeita, há também instabilidade hermenêutica, e Otelo acaba por cair nessa vertigem interpretativa.

No início da peça, Otelo é acusado de bruxaria por Brabâncio, e, pelo menos ali, consegue, graças à sua retórica sofisticada, livrar-se da perigosa acusação. Ao contrário dos crimes de felonia, que eram julgados tendo em vista as ações dos perpetradores, os crimes de bruxaria impunham o desafio de inter-relacionar o "ato" com o perpetrador. Exigiam procedimentos judiciais mais drásticos, pois é difícil, se não impossível, encontrar as provas da bruxaria, em sua essência invisível. Os sinais da feitiçaria não se interconectam com a presença do perpetrador, pois feiticeiras possuem o poder da ubiquidade. Assim, a figura do álibi, usual para a absolvição de pessoas comuns, é insuficiente para esses julgamentos. No seio da *Common Law*, as provas podiam ser as mais diversas, mas se privilegiava a chamada "prova ocular", o mesmo tipo de prova que Otelo exige de Iago, quando este evoca um possível adultério de Desdêmona:

> *Biltre! É bom que tu proves que ela é uma puta,*
> *E é bom que tu me tragas uma prova ocular...*
> (Ato III, cena III, 366-7)

O pedido de uma "prova ocular" ("ocular proof", no original) era, na época, um amparo mais sólido contra possíveis calúnias e difamações, quase uma condição sine qua non para qualquer acusação de adultério (na *Lei canônica*, responsável por esses julgamentos). No entanto, logo depois dessa colocação prudente, Otelo, oprimido pela desconfiança que Iago lhe inoculou, é acossado pela bizarra

curiosidade passional dos ciumentos e renuncia à prova
mais concreta:

> *Faz com que eu veja, ou prova de modo tal*
> *Que a evidência não tenha os ganchos e as presilhas*
> *Onde a dúvida se agarra. Ai de tua vida...*
> (Ato III, cena III, 372-4)

O "pelo menos" ("at least") deixa claro: Otelo renuncia à *prova ocular* e aceita, da parte de Iago, uma prova
que tenha uma "provação" mais frágil, ainda que não traga
nenhuma inconsistência: aqui os termos "hinge" ("junta")
e "loop" ("nó") significam basicamente a "inconsistência"
que vicia a narrativa acusatória, os nós de onde a dúvida do
juiz pode brotar. Os nós e as presilhas onde a dúvida pode
ser presa são as "costuras" da argumentação que religam
diversos fragmentos e indícios vagos, produzindo um relato
que só na aparência é consistente, mas que, ao fim e ao cabo,
não passa de um "remendão" interpretativo. Submerso na
obsessão do ciúme, Otelo cai na armadilha da interpretação
compulsiva. Renuncia a analisar as falhas do relato e con-
tenta-se com provas pouco consistentes — ou seja, aquilo
que a *Common Law* chama de "provas circunstanciais".[10]

Em outras palavras, Otelo lança sobre Desdêmona a
mesma suspeita de feitiçaria que o pai dela nutriu contra
ele, Otelo. Age como um inquisidor, cuja tarefa delicada
John Gaule caracterizou da seguinte maneira: "as verdadeiras marcas de uma bruxa ou os traços mentais não são
fáceis de discernir",[11] devendo a "evidência" para a *convic-
tion* (condenação/convicção) ser totalmente convincente.
Eis o problema: o crime de bruxaria, embora faça aparição
no mundo através de traços e sintomas, tem um processo
fenomênico que não interliga o agente ao seu crime, pois
a natureza deste é secreta, origina-se de um "desejo male-
volente", pertence ao domínio da invisibilidade.[12] Por isso
Gaule argumenta e concede:

Não é necessário que uma evidência assim tão palpável para a condenação seja utilizada, como em questão mais sensível [*sensible*]. É suficiente que haja prova e evidência circunstancial suficientes, conforme é admissível com a substância, a matéria e a natureza de um tal abstruso mistério de iniquidade.[13]

Mais do que isso, nos casos de bruxaria, assim como nos de traição (entendendo-se aqui traição contra a figura do monarca), os processos podiam admitir um deslize sutil entre o "*open fact or deed*" (ou seja, o ato que, monstruoso, desencadeia a acusação, a ação que deixa indícios) e a "*guilty mind*" (intenção do perpetrador ou acusado). Assim se chega à abolição de uma grande conquista da *Common Law*, que estabelecera a distinção entre a ação criminosa e a consciência do criminoso.[14]

Na bruxaria, por suas próprias características e seu caráter misterioso, a "imaginação" ou a própria concepção mental do crime era considerada punível pela lei. Katharine E. Maus lembra, nesse sentido, de Henry Neville, que participou de apenas uma das reuniões no momento inicial da rebelião de Essex. Quando Neville contestou a acusação de traição porque não teve participação direta na conspirata, o juiz respondeu que o mero pensamento e meditação de uma intriga contra um monarca era crime, sublinhando o que se poderia chamar de uma espécie de crime de consciência.

Há, sem dúvida, ecos dessas minúcias jurídicas no crescendo terrível das suspeitas de Otelo. Inicialmente ele se revolta contra as insinuações de Iago de que ele teria sido tomado pelo "monstro de olho verde" do ciúme, opondo a elas seu próprio espírito "liberal" capaz de reconhecer as qualidades da esposa sofisticada que não se priva do convívio social. Mas o pudor e a vergonha reacendem seu frenesi de ciúme investigativo. O suposto crime oculto suscita o desejo do impossível:

Não, Iago, quero
Ver antes de duvidar
(Ato III, cena III, 195-6)

Mas, claro, como ele já duvida, é imperativo agora que seja apressada a busca das provas:

quando eu duvidar,
Prova. E tendo já a prova só me resta isto:
Mandar às favas amor e ciúme!
(Ato III, cena III, 196-8)

A dúvida induzida já destruiu a confiança, e a delegação da tarefa inquisitiva a Iago precipita a identificação com a visão de mundo do conselheiro: uma visão cínica que não admite honra, dignidade e nobreza, reduzindo tudo ao denominador comum do interesse utilitário e vil. Os amantes não passam de animais lúbricos que "cruzam" para criar uma prole híbrida e mestiça, ou seja, verdadeiros "monstros". Os ideais de Otelo e Desdêmona dissolvem-se na linguagem cáustica e pilhérica de Iago.

Otelo não é, como se vê, apenas a tragédia da paixão (e mais particularmente do ciúme como estado do ser), mas da desistência da interpretação. O fracasso hermenêutico dos personagens de Shakespeare é corolário das paixões reativas onipresentes e "legitimadas" pelos discursos sobre o feminino prevalecentes na época — por inúmeros tratados religiosos, médicos e científicos em que o corpo feminino era investigado.[15] É essa suspeita de um atavismo "feminino" que Iago ressuscita na mente de Otelo, pela lembrança da "profética" sugestão de Brabâncio, na cena da *Signoria*, de que Desdêmona trairia o marido como tinha traído o pai. Iago sabe muito bem plantar essas "lembranças":

Então!
Ela que era tão jovem, que iludiu o próprio pai,
Cegou o velho como um tronco. E ele achando

Que era feitiçaria...! Mas me vem uma culpa...
E peço humildemente o perdão do senhor,
Por estimá-lo tanto.

(Ato III, cena III, 214-9)

Termino aqui com um pequeno alerta — pertinente sobretudo no Brasil, onde não raro a crítica se debateu e às vezes ainda se debate com questões como o da suposta traição de Capitu. É preciso admitir que essa inclinação não é apenas brasileira, como se vê na passagem já mencionada de Jan Kott:

> Desdêmona é fiel, mas certamente tem dentro dela alguma coisa de prostituta. Virtualmente. Não *in actu*, mas *in potentia*. Caso contrário não haveria drama. Otelo seria ridículo. E Otelo não pode ser ridículo. Desdêmona é contaminada por Otelo, mas todos os homens — Iago, Cássio, Rodrigo — são contaminados por Desdêmona. Movem-se dentro de seu clima erótico.[16]

Jan Kott revela apenas certa mesquinhez e total incompreensão da peça, elaborando uma visão que procede a partir da desconfiança categórica. Descobriremos mais adiante que a crítica não aplicou essa desconfiança categórica apenas ao feminino, mas também à cor. Shakespeare (como Machado de Assis) parece ter montado um dispositivo que serve como charada reveladora do espírito dos seus leitores. Uns têm imaginação e generosidade suficientes para identificar-se com os ideais de Otelo e Desdêmona no início da peça, outros optam pela cumplicidade imaginária com Iago e os erros absurdos de Otelo e Dom Casmurro.

IAGO E SEUS ESTADOS

Como entender Iago? Seria esse personagem, cuja maldade não parece ter nenhuma motivação ou objetivo claros, calcado sobre a figura do teatro medieval chamada *Vice*, a encarnação do Mal, ou ainda um correspondente do psicopata moderno? Embora Iago seja, com efeito, o suprassumo da malevolência e suas ações arrastem a tragédia ao seu mais terrível desfecho, existe mais na relação entre Otelo e Iago do que o exercício do mal que corrompe a virtude consagrada. Desde que Coleridge falou, referindo-se a Iago, da "motiveless malignity", houve um contínuo interesse pela sua natureza bizarra. Inúmeros críticos diagnosticaram nele um caso exacerbado de perversão, ódio, bestialismo, um espírito destrutivo e finalmente tingido de satanismo. W. H. Auden, buscando sugerir uma visão mais nuançada, via Iago como um ilusionista, um "practical joker" ("pregador de trotes") por excelência — e com isso talvez atenuasse a apreciação mais maléfica de outros críticos. Com efeito, a capacidade de Iago de iludir, seduzir, aproximar-se de suas vítimas, infectá-las com suas construções fantasiosas e com sua linguagem grosseira e obscena, é testemunho de sua brutalidade excepcional.

Mas a fórmula da "motiveless malignity" (a maldade sem motivação) que Coleridge atribuiu a Iago forneceu uma chave de leitura persistente e fundou uma verdadeira escola de análise desse personagem. Para os que se inspiraram em Coleridge tornava-se desnecessário atentar para as razões que o próprio Iago dá às suas maquinações. Esse lapso constitui um dos pontos cegos da peça, pois transforma Iago não em um legítimo personagem, mas numa emanação caricatural do mal. Cabe, portanto, reparar esse ponto cego e trazer à tona os raciocínios "encobertos" do personagem. Já na primeira cena, Iago diz que foi desfavorecido por Otelo, o qual lhe recusou o posto de tenente em favor de Cássio — o jovem cultivado que Iago desqualifica como um sujeito livresco, pouco afeito às coisas da guerra. Seu ressentimento se propaga, se voltando não só contra o rival, mas também contra Otelo, que nem percebe as ambições de Iago e o mantém numa posição subalterna.

Existem, portanto, alguns traços sintomáticos, embora seja verdade que em boa medida Iago se parece com o célebre *stock character* da tradição medieval, comum nas *morality plays*. Seu ódio e sua habilidade de *trickster* amoral são bem próximos do *Vice* medieval que Bernard Spivack estudou genealogicamente em *Shakespeare and the Allegory of Evil*,[17] obra em que buscava demonstrar que todos os vilões shakespearianos descendem das figuras alegóricas do mal das *morality plays*, sendo diversos de retratos "naturalistas" de personagens. Aaron, Don John e Ricardo III seriam criminosos-artistas derivados daquelas antigas representações.

Se é verdade que Shakespeare foi influenciado por essa tradição, suas formas, seus contextos foram sensivelmente modificados. Iago, ainda que possua traços do tipo medieval, é um artista de um país específico, está rodeado por um cosmos dotado de instituições peculiares, pessoas complexas que não podem ser qualificadas de modo nenhum como alegoria. Como o tipo teatral chamado de "Maquiavel", com quem a época Tudor tivera uma relação a um tempo crítica e curiosa, horrorizada e fascinada, Iago encarna uma versão dessacralizada da racionalidade, em contraposição às formas contemporâneas que buscavam conciliar razão e religião, moralidade e racionalidade. É também um pragmático com laivos de racionalista, um egoísta que lança mão da hipocrisia com raro virtuosismo, um intrigante versátil, que deixa entrever discretos sinais de homossexualidade combinados com a misoginia a toda prova corrente na época. Em outras palavras, com essa multiplicidade de traços o personagem ganha complexidade e espessura.

A própria linguagem de Iago indica essa transformação. À diferença de Otelo, cujos discursos estão enquadrados em versos grandiloquentes, Iago é o mestre do circunlóquio. E é apresentado mais frequentemente como um prosaísta. Sua prosa está prenhe de noções que flertam com certo cientificismo cético, certa interpretação prosaica da natureza humana, e ele jamais perde a oportunidade de fazer troça das idealizações éticas ou amorosas do catálogo sentimental e retórico de Otelo, Rodrigo e Desdêmona. Iago, na sua visão cinicamente dessacralizada, reduz tudo aos impulsos mais baixos: descarta os discursos de Otelo como retórica pomposa cheia de epítetos bélicos; o fatalismo erótico de Rodrigo é para ele uma superfetação cega às vantagens da condição masculina; ao ideal de virtude feminina encarnado por Desdêmona ele responde com dísticos cínicos, verdadeiras súmulas misóginas; o amor não passa de uma mecânica anatômica dos "espíritos animais" que atiça a vontade e o desejo. Iago às vezes toma consciência do fato de que suas cáusticas visões são efeitos de suas próprias hipocrisias, fantasias e difamações sutis — mas ele se orgulha do seu domínio retórico sobre a linguagem do mesmo modo que tem a pretensão de controlar o corpo. Bem no espírito de Maquiavel, a vida humana não é, para ele, algo condicionado; as limitações passionais são maleáveis e devem ser cultivadas pela vontade assídua. Bastam para isso alguns conhecimentos básicos da botânica humana:

> Nosso corpo é um jardim, e a gente é o jardineiro. Pois então, se a gente planta urtiga, semeia alface, estaca o hissopo ou arranca o tomilho, se a gente põe ali só um tipo de erva ou distraímos tudo com espécies várias, usando o ócio pra esterilizá-las e a indústria para adubá-las... resumindo, o controle e a autoridade que regula isso tudo está na nossa vontade.

Inebriado com sua obsessão de controle, ele encena para si mesmo a arte de não ser o que é, o elogio da dissimulação e da manipulação: "sincero", "honesto" e prudente diante de Otelo, ele ostenta, diante de Rodrigo, seu virtuosismo perverso e provocante. Seu ideal é o intrigante "cheio dos gestos e jeitos do dever, [que] no fundo só faz é servir a si próprio", alguém que "dando mostras de bom serviço aos seus mestres, sabe lucrar". "Eu não sou o que sou" — eis o escudo dos fortes e habilidosos que sabem se desvencilhar dos embaraços das convenções e da virtude, bem como da honra, da humildade e das idealizações do "fino amor". As qualidades que a época de Shakespeare apontava como essenciais neste e no outro mundo — o amor, a *humilitas*, a aceitação da posição (social), a honestidade, a fidelidade e o desinteresse — desvanecem diante da descoberta das infinitas possibilidades da encenação e da representação meramente ficcional: da vida como performance no mundo social.

Stephen Greenblatt viu em Iago a expressão de um novo espírito que se afastava dos ideais religiosos, políticos e sociais hegemônicos na Idade Média até o Renascimento — daquele mundo teocrático idealizado que foi descrito, não sem certa simplificação, há mais de meio século por E. M. W. Tillyard em seu *The Elizabethan World Picture*. A postura conservadora do antigo mundo feudal e hierárquico cede agora aos atrativos de uma maior autonomia individual — o ideal do *self-fashioning* (automodelação). Iago, bem como os outros vilãos atraentes de Shakespeare — Ricardo III, Lady Macbeth, Edmund —, anuncia a emergência de um novo espírito, ainda não o do homem potencialmente revolucionário que desafia a hierarquia política, mas do intrigante libertino que aproveita o espaço íntimo da consciência e da reflexão para forjar-se um mundo à parte. No entanto, essa plasticidade que nasce dos sonhos frustrados de autonomia pode manifestar-se, nessa sociedade ciosa de privilégios e prerrogativas, apenas de modo degradado, por meio da perversão maléfica.

Esse novo espírito encarnado por vilãos como Iago é já um sinal da corrosão da antiga ordem hierárquica. Encontrava ressonância na cidade de Londres, onde uma nova burguesia preparava o terreno para sua própria ascensão social, quando não para as sedições e a imposição de novos sistemas políticos, como o que emergiria com a vitória das forças do Parlamento na década de 1640. Embora ainda ocultado pelas antigas figuras morais, os sinais do liberalismo ético e social são visíveis no teatro elisabetano e jacobino, fornecendo os núcleos temáticos dessa prática teatral. Desde Marlowe, que criou personagens problemáticos e insatisfeitos com sua limitação humana, profissional e estamental ou ainda figuras megalomaníacas como Tamburlaine, encarnações da desmedida humana e da ambição, ou ainda homens seduzidos por um saber impossível como Fausto, os tipos do drama da época flutuam entre a vilania, a ambição desmedida e a má consciência. Se Fausto deseja transcender o conhecimento das escolas e da sua lógica circular, sua saída é o pacto demoníaco e a necromancia, um atalho que rompe com a "boa ordenação". Fausto manifesta seu repúdio do conhecimento convencional, rejeitando a escolástica e abraçando a magia. Em Shakespeare há diversos personagens com características semelhantes. Edmund, em *Rei Lear*, zomba das noções de honra e legitimidade que dão ao filho "legítimo" os direitos exclusivos de herança e amor, lançando-se numa conspiração que ele abraça com prazer e ressentimento inauditos.

Greenblatt também assinala que Iago, para manter esse disfarce produtivo, usa de uma estratégia que não é apenas a do disfarce: esse vilão é capaz de incorporar o outro em si mesmo e, assim, familiarizar-se com essa alteridade. É isso que lhe permite entender e manipular com mais presteza suas vítimas. Iago possui agudeza para vislumbrar o outro, movido que está pela inveja, essa paixão do olhar e da observação sequiosa. O homem do final do Renascimento, pelos contatos contínuos, ultrapassa, com efeito, os limites das capacidades "herdadas" culturalmente e ganha a elasticidade de espírito que lhe permite absorver a experiência do outro. É óbvio que essa mobilidade é um trunfo na mão da burguesia ascendente da era mercantil e das navegações — quando o europeu entra em contato exploratório com outros povos. A nova destreza física, moral e intelectual depende do grau com que o sujeito se deixa transformar, perdendo a rigidez de sua personalidade e de seu papel social. Um exemplo dessa mobilidade, lembrado notavelmente por Greenblatt, encontra-se na história contada por Pedro Mártir de Anglería, em 1535, em sua Sexta Década de *De orbe novo*.[18] Humanista, cortesão a serviço dos reis católicos da Espanha, ele conta no capítulo como os colonizadores do Novo Mundo solucionaram o problema da diminuição da população da Hispaniola, convencendo os habitantes de ilhas circunvizinhas a acompanhá-los até a despovoada ilha. Para obter sucesso nesse plano, usaram um método semelhante ao dos jesuítas no Brasil, inserindo-se nas narrativas míticas dos nativos, apresentando-se como os deuses dessas narrativas, que agora vinham até os nativos para encontrá-los. Assim puderam convencê-los a segui-los para a Hispaniola, onde enfim foram cruelmente escravizados. O uso desse artifício — com o qual, aliás, Pedro Mártir não se sente confortável — revela a capacidade dos invasores europeus de entender o funcionamento de algumas estruturas míticas dos nativos e de tirar proveito da nova elasticidade adaptativa do homem europeu. O novo espírito valorizava a improvisação social apta a operar com material mítico alheio. Esse traço adaptativo se encontrava também em outros epifenômenos da época, como no ideal de Castiglione, que descrevia o cortesão como um homem capaz de improvisar, mas calculando cada passo, dominando tecnicamente o próprio improviso, na contínua flutuação entre realidade e aparência.

Iago é uma figura emblemática dessas habilidades. Antes dele, Shakespeare já experimentara com tipos de traços similares: o demoníaco Ricardo III ou Aaron, o Mouro. Iago é a quintessência do novo espírito que promete a vitória ao subalterno preterido, em detrimento dos valores heroicos e hierárquicos. Encarna o "improvisador [que se] diverte ao falar de sua capacidade de manipular suas vítimas"[19] e sabe esconder suas verdadeiras intenções. Ele é, para todos, o "bom" Iago, o "honesto" Iago, adjetivos que se repetem ad nauseam, o que revela que o engano e o engodo não são mais vícios, mas instrumentos de uma nova técnica social.

Shakespeare sabia o quanto tais personagens podiam ser fascinantes para o público londrino, constituído em boa parte por homens que já se preparavam para libertar-se das amarras do favor. Cabe, portanto, modular a ideia da "maldade sem motivação" e da "metafísica" do mal ainda em voga (desde Coleridge). O ódio de Iago é atiçado em boa parte por questões de classe e hierarquia. No início da peça, ele fala de modo algo ostensivo do seu preço e de seu valor, ressentido com a indiferença do general que, em vez de apontá-lo para o posto de tenente, escolhe Cássio, "um florentino", portanto não um homem da cidade de Veneza, mas um estrangeiro. Afora o seu ressentimento pessoal, Iago se inquieta com os privilégios concedidos aos estrangeiros, razão pela qual os homens do país seriam afastados das boas posições. Do mesmo modo Rodrigo descreve Otelo como "um forasteiro errático e extravagante/ que é daqui e de tudo o que é lugar" (1.1.135-6).

Veneza autointitulou-se a "Sereníssima", a cidade acolhedora por excelência, onde idealmente todos os homens encontram seu lugar na escala social, de acordo com seu posto, seu espaço e ofício. A Sereníssima se orgulha, como outrora Atenas, do direito e da boa justiça — de um sistema de "checks and balances" que assegura a harmonia e a prosperidade de todos. Esse ideal é relativo, já que o avanço de Iago é impedido, de um lado, pelo sucesso de aventureiros e parvenus como Otelo e Cássio, de outro, pela tradição sequiosa das origens das velhas famílias venezianas. Brabâncio, por exemplo, é claramente hostil a que se borrem as fronteiras nítidas entre as classes, entre escravos e senhores.[20]

Esse mundo cheio de ambiguidades, oportunidades e impedimentos favorece a xenofobia sutil que se revela no discurso de Iago. Embora seja um oficial de Otelo e pertença ao seu entourage, não pode ser identificado como um aristocrata, a exemplo de Cássio e Rodrigo. Mas a ideologia veneziana acirrou nele a alta ideia que faz de seu valor, de modo que recebe como ultraje a notícia da promoção de Cássio. A isso se acrescenta o insulto de o florentino dirigir-se a ele de modo condescendente e professoral, como ocorre na chegada em Chipre, quando Cássio dá lições de cavalheirismo a Iago.

O ressentimento profissional e a xenofobia — todo um conjunto de tensões que fazem Iago estagnar numa classe social inferior — provocam nele um desconforto crescente que se manifesta na obsessão de uma contaminação simbólica de

outra ordem: a da usurpação sexual. Iago fantasia que Otelo
e Cássio teriam ocupado o seu "posto" junto à sua mulher
Emília. Os termos "posto", "posição" e outros similares são
usados tipicamente por Iago para se referir à função sexual
masculina e ao "trabalho" de fazer os "serviços" sexuais às
esposas. Mas não é somente Cássio que lhe atiça o ressentimento e o desejo de vingança. O título de "ensign" (alferes ou
porta-bandeiras) soa no contexto da peça um grau ofensivo.
O termo "ensign" que traduzimos por "alferes" (do árabe:
"cavaleiro"), na sua origem francesa, significa basicamente
"insígnia", sinal — porém — da presença gloriosa de Otelo!
O alferes porta-bandeira tem a única função de anunciar a
entrada triunfal do Mouro. Eis o posto a que Iago é relegado.
À medida que os outros avançam e se libertam, ele se sente
cada vez mais humilhado. Obviamente essas "causas" não explicam a totalidade do personagem, mas oferecem uma pista
mais consistente para o seu ressentimento.

DESDÊMONA, EMÍLIA E BIANCA

Shakespeare está entre os primeiros autores que souberam
cunhar figuras femininas interessantes apesar do contexto histórico e do imaginário que tendia a moldar os papéis
femininos de acordo com fantasias masculinas misóginas
e domesticadas e concepções sociais bastante rígidas, que
reservavam às mulheres lugares subalternos e rigorosamen-
te controlados. A sociedade do final do Renascimento, na
Inglaterra e na Europa, era de fato — e não apenas simbolicamente — uma sociedade patriarcal. Esposas e filhas
deviam obediência aos seus maridos e pais. As Escrituras
Sagradas, as homilias e os sermões, os tratados domésticos
e os provérbios lembravam-nas sempre de novo desse princípio hierárquico e patriarcal.

A autonomia e o mando cabiam às mulheres apenas na
posição de substitutas ou de modo indireto. A história de

Elisabeth I, feita de casamentos postergados e evitados, é emblemática como excepcional burla desse sistema. Tivesse Elisabeth aceitado o casamento, seu poder seria transferido ao marido, ainda que fosse ela a herdeira do trono. De sua posição de rainha, ela teria decaído à de súdito que deve obediência ao esposo. Algo semelhante se passa na mudança de estatuto de Desdêmona. No início da peça ela se defronta com Otelo, ainda na posição da moça aristocrática que desfruta de alguma liberdade e autonomia, garantidas pelo renome da casa paterna. Sua desenvoltura lembra de algum modo a rara agilidade retórica que conhecemos também das cartas da jovem futura rainha da Inglaterra. No casamento, ao contrário, Desdêmona tem que responder à tutela do marido e, aos poucos, perde o frescor atraente que dela irradia nas primeiras cenas. Quando, atordoada com o comportamento estranho de Otelo, Desdêmona pergunta a Emília "Quem é o teu amo?" (IV.II.101), recebe a resposta de que o amo dela é o mesmo amo de Desdêmona. Em outras palavras, Emília faz sentir à sua senhora a analogia terrivelmente literal entre a esposa e a servidora ("servant"). Shakespeare explorou com maestria a rede sufocante de obrigações femininas cruzadas e duplicadas — por exemplo, o dever que uma jovem pode ter para com seu pai e seu (futuro) marido. Logo no início da peça, Desdêmona expressa uma impressionante consciência das contradições de seu "dever dividido". Ainda que reconheça que deve ao pai sua educação e sua vida, e que assim deve respeitá-lo como a encarnação mesma do dever, ela completa que, contraído o casamento com Otelo, seu dever foi transferido ao Mouro. A transgressão de Desdêmona, ao fugir com Otelo e com ele se casar, é, para Brabâncio, mais que inaceitável (pois Otelo afinal é estrangeiro e negro), incompreensível, já que, segundo ele, até então Desdêmona fora uma jovem "sem arrojos,/ De alma tão quieta e calma que até em seus gestos/ Se via seu pudor" (I.III.96-8). O pai não compreende a transformação da filha obediente e honrada em uma jovem que toma decisões por conta própria e escolhe fugir na calada da noite para concluir uma união inaceitável. Cada passo que levou a esse casamento, para Brabâncio, é maldito, constitui aos olhos dele uma ruptura "violenta" e fere a lei fundamental da soberania paterna, ou seja, de algum modo a própria natureza da humanidade civilizada. Tão convencido está Brabâncio que tudo lhe parece inverossímil. Ele explica a decisão "violenta" (violadora) de Desdêmona como efeito de alguma magia que Otelo teria lançado sobre a jovem.

As expectativas de Brabâncio são, vale dizê-lo, as do público de Shakespeare. É nesse contexto que é surpreendente o grau de autonomia e liberdade que o autor concede a essa heroína no primeiro ato. Chamada a testemunhar sobre sua fuga da casa paterna e o suposto feitiço de que teria sido vítima, Desdêmona encanta pela franqueza com que se expressa perante a acusação. Ela não deixa dúvidas de que agiu por iniciativa própria, seguindo seu próprio desejo. Michael Neill assinala sua "corajosa franqueza [que] antecipa a resoluta resistência de Cordélia ao absolutismo emocional de Lear".[21] Ainda que reconheça sua dívida filial de gratidão pela educação e pela vida, ela sabe que agora, conforme a lógica do costume, tem obrigações para com o marido e a posição que escolheu como esposa. Ainda que devamos evitar ler essa atitude numa chave anacronicamente feminista, lembrando que Desdêmona não rejeita a ideia de dever perante a figura masculina, sua ação é impressionante e ousada, pelo menos no contexto das expectativas da época. Muitos críticos assinalaram a tônica algo viril do seu desafio logo adiante, quando ela se nega a ficar em Veneza como uma "traça da paz". Com essa visão irônica da condição feminina subalterna e doméstica, ela reivindica para si a mobilidade reservada à virilidade guerreira e pede para acompanhar Otelo na expedição rumo a Chipre. O pedido em si mesmo já é incomum, contrário às regras militares, que proibiam a presença de mulheres nos acampamentos. O próprio Otelo precisa, para defendê-la, dizer que suas intenções ao levá-la a Chipre não são eróticas. Nas entrelinhas vemos que Desdêmona, no fundo, rejeita a vida doméstica e ociosa das mulheres e procura participar de algum modo da vida guerreira e pública do esposo. Essa húbris feminina sem dúvida contribui para a inquietude que começa a tomar conta do marido, cuja autoridade e primazia são implicitamente postas em dúvida pelos gestos desenvoltos da esposa.

Dois traços de Desdêmona, já presentes em sua audácia autoafirmativa, estão sujeitos a ser mal interpretados por Otelo. Insuflado por Iago, o Mouro deixa sua imaginação se contaminar com as fantasias de traição. Os trocadilhos com termos ligados à liberdade, à vontade e às escolhas espontâneas de Desdêmona revelam a margem de ambiguidade que se presta para as torções imaginárias e fantasmáticas que a imaginação de Otelo sofrerá. Se, no início da peça, Otelo vê a livre decisão de sua amada como louvável e legítima, a abertura torna-se, sob a influência das insinuações de Iago, uma "liberalidade" dúbia. Desdêmona possui a aptidão de, numa situação pública em que estejam implicados o favor e o auxílio, doar-se inteiramente a uma causa, superando os limites impostos à sua posição feminina. Assim, comete a imprudência de defender as demandas de Cássio diante de Otelo. No terceiro ato, cena IV, já contaminado de suspeitas, Otelo comenta que a mão de Desdêmona está úmida... Numa rápida troca de palavras arremata que ela possui um "coração liberal" (obviamente nos dois sentidos possíveis à época, de "generoso" e "libertino") e que a mão dela exige restrição da "liberdade". Em inglês, os termos "free", "liberal" e "liberty" são propícios para incitar a construção simbólico-fantasmática do ciúme e da suspeita. Na verdade, Otelo, a essa altura, já se desviou completamente de sua decisão, diante do Senado, de ser "livre e generoso com a mente" de Desdêmona e passa a suspeitar dela.

O contraste um tanto brusco entre a inicial autonomia da heroína e sua passividade desamparada quando defrontada com o furor irracional do marido surpreendeu muitos estudiosos. À medida que Otelo cede à contaminação de Iago e mostra os primeiros sinais de sua ira ciumenta, a incredulidade de Desdêmona transforma-se em medo e numa aceitação quietista do destino que aflora na canção de Barbaria (IV. III.41-55). Essa cantiga tem os mesmos ecos folclóricos que Shakespeare usou nas cantigas de Ofélia — expressões do pendor fatalístico, de incrível eficácia teatral, presente no velho tema do destino desgraçado das jovens virgens. A evocação da virtude da virgindade no canto de Desdêmona destaca as sugestões simbólicas bordadas no lenço que Otelo recebeu de sua mãe e presenteou à esposa. Cada figura do lenço tem efeitos mágicos "egípcios" (sugerindo também "gipsy", "cigana") que lhe foram transferidos pelo sumo de múmias de moças virgens. Também, quando é acudida, já no leito de morte, por Emília, ela não acusa Otelo, muito ao contrário, pede para ser recomendada para "o seu gentil senhor", assumindo a autoria da própria morte:

> *Ninguém. Eu mesma. Adeus.*
> (Ato v, cena II, 127)

Embora nossa sensibilidade atual se choque com essa metamorfose de Desdêmona, que passa de mulher cheia de iniciativa e personalidade a um quietismo fatalista, sua postura não revela fraqueza. Sua independência ou liberdade nunca é indiscriminada, mas restrita a preocupações específicas que envolvem o entorno do marido, mostrando a vontade de complementar a obra do esposo. Já mencionamos que essa ambição é uma ousadia e quase uma húbris no âmbito elisabetano, o que explica a submissão ao destino e à morte — uma submissão já presente, aliás, no primeiro discurso de Desdêmona:

> *Que eu amo o Mouro a ponto de viver com ele,*
> *Minha extrema violência e meu desdém à sorte*
> *Já esbravejam pra o mundo. Minha essência está*
> *Atrelada às virtudes desse meu senhor...*
> (Ato I, cena III, 250-4)

Também Ludovico, o membro do serviço diplomático de
Veneza que chega a Chipre em tempo para ver Desdêmona
receber um tapa de Otelo, embora indignado com a violenta atitude do Mouro, elogia as qualidades de obediência de
Desdêmona. Depois de sofrer essa agressão, ela diz que se
retirará da companhia de Otelo "se a sua presença (o) ofen-
de". Essa demonstração de obediência, contudo, não aplaca
a desconfiança de Otelo. Ao contrário, quando momentaneamente se retira, renunciando à própria defesa, ela se coloca à mercê da interpretação pervertida do marido, que vê
na retirada da esposa uma dentre tantas encenações femininas de Desdêmona. Otelo até mesmo ironiza a palavra "obediente" usada por Ludovico, lendo-a no sentido fetichista
e sádico de obediência sexual indiscriminada. A disposição
livre de Desdêmona, a "violência" do seu amor por Otelo
é, aliás, lembrada por Iago como um sinal de uma "country disposition" (ou seja, "costumes do país", mas também
"costumes libidinosos"), um traço de liberdade que ele calu-
niosamente interpreta como típico das venezianas, evocando
as concepções contemporâneas sobre a libertinagem da cidade italiana. Tal raciocínio, se for seguido, mostra cedo seu
traço paranoico, que reproduz a tese que Brabâncio, maldosamente, suspira para Otelo na cena do Senado:

> Fique de olho, Mouro, seja minucioso,
> Quem enganou o pai pode enganar o esposo.
> (Ato I, cena III, 294-5)

Desdêmona é vítima dessas fantasias que podem aderir
a diversos objetos específicos. Shakespeare faz uso contínuo
da simbologia do matrimônio, que é, na época elisabetana
e jacobina, um verdadeiro ritual de passagem carregado de
votos e emblemas quase totêmicos. O fascínio exercido pelas
núpcias rituais fica patente nos monumentos tumulares com
a forma de camas com dossel comuns no século XVI, onde
jaziam os maridos e as mulheres das altas classes, à espera do

dia do Juízo Final. Contaminar um lugar que concentra tanta sacralidade necessariamente suscita o terror num período que acredita em anjos e demônios. A peça joga com a substituição simbólica dos corpos vivos e mortos na cena final, evocando claramente as antigas esculturas tumulares. O ideal subsiste de modo paradoxal na forma trágica de uma mistura de corpos, paródia funesta das antigas efígies tumulares. Quando Otelo acusa a esposa, os fantasmas de contaminação erótica do marido são particularmente inapropriados à pureza trágica do amor e da morte que encarna Desdêmona. A última cena está marcada pela imagem grotesca dos lençóis nupciais, que tradicionalmente anunciavam que a virgem morria, para renascer como esposa, o sangramento exposto para provar a consumação do casamento. Os lençóis tinham o valor do fetiche que assegurava a união duradoura entre marido e mulher. Esse sentido é reforçado no momento em que, na iminência da morte, Desdêmona pede a Emília que faça a cama com os seus lençóis de casamento.

Para o leitor de hoje é difícil resgatar o poder simbólico da cena, que realiza o ideal-fetiche do amor e da morte (amor até a morte e ainda depois da morte), porém, agora, numa grotesca literalização da versão perversa do erotismo tão comum no período:

Fica assim quando morta, que eu te matarei
E depois te amarei. Mais uma vez — a última.
(Ato V, cena II, 18-9)

Finalizando, cabe uma palavra a respeito de Emília — a personagem feminina que faz um contraste dramático notável e assim ilumina o caráter de Desdêmona. A relação que Emília tem com seu marido Iago exemplifica o elo de submissão convencional do período e a transforma de algum modo em cúmplice das ações do vilão. Amiga de Desdêmona, ela se torna uma auxiliar involuntária das tramoias do marido: ao furtar o lenço de Desdêmona e entregá-lo ao marido, ela sela o destino de sua ama. Sua deferência a Iago, contudo, esconde uma rebeldia evidente cujo conteúdo se adensa e intensifica ao longo da peça. Assim como Iago se ressente do seu serviço subalterno e não se conforma com sua posição, ela tampouco é um exemplo de obediência e, em muitos sentidos, não idealiza seu esposo e o próprio Otelo como o faz Desdêmona. Ela permanece nos limites da aparência, como cabe ao seu espírito realista e objetivo. Por outro lado, ela possui uma sincera afeição pela ama, que a leva, ao final da peça, a desafiar as ordens do marido e denunciar a maliciosa artimanha dele. Ao contrário de Desdêmona, Emília tem uma visão mais irônica do matrimônio e dos maridos em geral, fazendo uma denúncia clara de sua tirania egocêntrica. Essa visão possui uma vitalidade e uma veracidade indubitáveis, devendo ser destacada como mais um dos traços do genial multiperspectivismo que torna a obra de Shakespeare tão interessante até hoje. Embora Emília tenha sincero afeto por Iago, sua afeição está muito longe dos exageros românticos de Desdêmona em relação a Otelo. Mais moderada, ela prefere pensar com as categorias da boa medida e das justas proporções, como fica claro na passagem em que diz a Desdêmona que não seria fiel "por tudo o que há no mundo", pois se sua traição fizesse de seu marido um rei, ela sem dúvida cometeria adultério:

> *Pela minha honra, acho que faria, e logo desfaria depois de ter feito. Santa mãe, eu não faria uma coisa dessas por uma aliança dupla ou por braços de linho fino, nem por vestidos, saiotes ou toucados ou qualquer ostentação mesquinha. Mas por tudo o que há no mundo? Pelo santo, quem não botaria chifre no marido se, graças a isso, ele se tornasse rei? Eu até arriscaria o purgatório, por tais coisas.*
>
> (Ato IV, cena III, 84-91)

Esses toques realistas e irônicos fornecem um contraponto aos excessos fatalistas que rondam as mentes dos protagonistas, ao mesmo tempo que ressaltam mais uma vez que Emília percebeu bem a húbris de sua ama: a ambição de contribuir ativamente para a glória do marido. Sua atitude protofeminista impressiona sobretudo no célebre discurso contra a tirania masculina:

> *Mas eu acho que a culpa é toda dos maridos*
> *Se as mulheres traem. Eles faltam aos deveres*
> *Quando derramam nosso ouro em colo alheio,*
> *Ou irrompem em ciúmes, cheios de rancor,*
> *Pondo-nos restrições. Ou ainda nos batem,*
> *E abatem nossa renda prévia por despeito,*
> *Sim, temos fel: e se temos certa doçura,*
> *Temos também vingança. Que os homens percebam*
> *Que as esposas também têm sensações. Elas veem,*
> *Cheiram, sabem saborear o que é amargo ou doce*
> *Tal como seus maridos. O que eles estão fazendo*
> *Quando nos trocam por outras? É diversão?*
> *Acho que sim. E é afeição que nutre isso?*
> *Creio que sim. E é por fraqueza que erram assim?*
> *Sim, também sim. Mas não temos afeições, gana*
> *De nos divertir, fraquezas como os homens têm?*
> *Pois que nos tratem bem: senão usem de tino:*
> *As faltas que fazemos vêm do seu ensino.*
> (Ato IV, cena III, 101-18)

Uma última palavra sobre Bianca, que é a terceira mulher da peça e funciona como um suposto contraponto moral para Desdêmona. Shakespeare lhe dá um nome que significa "branca", "impoluta" justamente para burlar as aparências enganadoras. Bianca é repudiada como uma prostituta não apenas por Iago, mas também por Cássio. Mesmo assim, seu amor por Cássio é sincero e desmente as calúnias da misoginia masculina.

É evidente que Shakespeare refletiu com muita consciência e deliberação sobre a construção dramática das relações infelizes dessas três mulheres com homens que não se mostram à altura das preciosas qualidades femininas. Assim, o leitor moderno encontra nas entrelinhas um verdadeiro libelo (protofeminista) contra os abusos e injustiças que emergem da fermentação fantasmática produzida pela catequese, pelos tratados morais, mas também pela ciência e as práticas jurídicas renascentistas.[22]

OTELO E A RAÇA

Não é de admirar que a confluência espacial dessa peça "transmediterrânea", assim como a posição específica de Otelo como mouro, tenha se tornado seu núcleo para quantos a estudaram.[23] A partir do século XVII, os comentários refletiram em grande parte o racismo crescente nas sociedades impactadas pelo colonialismo e pelo imperialismo escravocrata. Já em 1693, Thomas Rymer descrevia *Otelo* em contraposição aos ideais neoclássicos do teatro e da tragédia e, influenciado em parte pelo crescente preconceito racial, expressou incredulidade com a união de Otelo e Desdêmona assim como com a alta posição que Otelo ocupa no mundo de Veneza.

> O caráter do Estado [de Veneza] é empregar estrangeiros em suas guerras. Mas por isso um poeta deve fantasiar que eles escolheriam um negro para ser seu general, ou confiar em um mouro para defendê-los contra o Turco? Entre nós um mouro-retinto ["blackamoor"] pode se tornar um corneteiro: mas Shakespeare não lhe daria posto menor do que o de tenente-general. Entre nós um mouro talvez case com uma prostitutazinha ou uma mocinha cor de carvão ["small-coal wench"]: Shakespeare lhe concederia a filha e herdeira de algum grande senhor e Conselheiro Privado, e toda a cidade-estado teria de reconhecer ali uma união adequada.[24]

O tom condescendente de Rymer sintetiza os três níveis de inquietação que, de modo explícito ou não, a crítica dos séculos seguintes viu na peça: a inquietação com a miscigenação, com sua dimensão erótica e com as tensões de casta e posição em Veneza. A própria história da representação e das montagens de Otelo em parte replica as discussões sobre raça ao longo dos séculos. Preparar um espetáculo de uma peça como essa em que emergem questões raciais significou sempre fazer escolhas: como apresentar Otelo, como lidar, em sociedades marcadas pelo racismo, com o que parecia a muitos como a inquietante imagem sexual de miscigenação e, sobretudo, como lidar com a cumplicidade que a presença de discursos nitidamente racistas, como os de Iago, pode gerar junto ao público. Essa cumplicidade deve ter sido, na época de Shakespeare, uma parte da atração da peça. Sintoma dessa questão foi também o inquieto interesse de diversos críticos em definir com exatidão a raça de Otelo. A peça de fato traz personagens que usam da linguagem estereotipada racista para difamar Otelo. O próprio herói parece às vezes ciente do perigo de ver as acusações difamatórias confirmadas pelo mundo de Veneza, quando, por exemplo, ele prepara um habilidoso discurso para dissolver, com rara arte, as acusações de bruxaria feitas por Brabâncio. Ele está ciente de sua frágil posição, calcula também quais qualidades suas podem ser úteis em sua defesa. Embora os discursos difamatórios de Iago e Rodrigo em grande parte inaugurem uma história da linguagem racista no Ocidente, é preciso lembrar que os seus pressupostos já se manifestavam na tradição bíblica judaica e cristã, como na passagem de Jeremias 12,23 sobre o leopardo cujas "marcas" sempre, em algum momento, trarão à tona sua obscuridade ou ainda na frequente associação da escuridão da pele com o estigma do pecado original.

Afora as imagens tradicionais, o público do Globe podia associar Otelo aos chamados blackamoors, os "mouros negros" que eram tanto personagens imaginários como reais. O continente africano vinha sendo descoberto e descrito pelos viajantes da época. É exemplo disso o livro *The Travels of Sir John Mandeville*,[25] que discutia características raciais e pontos geográficos, assinalando as diferentes colorações dos povos africanos. De 1555 são as *Decades*, de Richard Eden, com informações de viagem pelo continente africano e descrições de mouros e negros.[26] Em 1596, a rainha Elizabeth decretou diversas medidas para expulsar os pouquíssimos *blackamoors* que então viviam no reino. Os próprios súditos eram aconselhados a não incluir entre seus servidores pessoas "escuras" ("black").[27] Finalmente, em 1601, pouco antes de *Otelo* ser encenado, a rainha publicou um decreto que bania "um grande número de negros ('niggers') e mouros negros ('blackamoors') que [...] penetraram nesse reino desde os conflitos entre vossa majestade e o rei da Espanha".[28] No livro de Leão, o Africano, que trata também da geografia humana da África, o público geral podia encontrar uma distinção entre mouros brancos e morenos ("tawney Moores"), além de uma infinidade de informações adicionais.[29] Lá os mouros de cor morena eram descritos como "fiéis na amizade" (I, 184) e, no amor, profundamente ciumentos e zelosos, alertas ao menor sinal de que a castidade de suas esposas estivesse ameaçada, tanto que "quem quer que eles encontrem conversando com suas mulheres, eles se lançam para matá-lo".[30]

A despeito da rica descrição de Leão, o Africano, a visão mais comum que os contemporâneos tinham dos africanos — de sua cor, de seu modus vivendi — era extremamente vaga e impregnada de fantasias herdadas do medievo, e o mínimo de precisão etnológica sobre o assunto era uma novidade que poucos compartilhavam. As primeiras gerações de atores, entre os quais o próprio Richard Burbage, ator principal da companhia de Shakespeare, devem ter representado Otelo como um homem de pele escura, e possivelmente não apenas como um africano do Norte, mais árabe que negro. Essa tendência foi aceita por mais de um século. A representação de personagens negros parece remontar ao período anterior à vida de Shakespeare, com técnicas bem conhecidas de maquiagem e vestimenta. Curiosamente, sobre o próprio *Otelo* de Shakespeare, na época, o único relato que temos não se refere ao herói, mas à cena descrita por um certo Henry Jackson, membro do Corpus Christi College, Oxford, que lembra o sacrifício de Desdêmona no leito matrimonial. A ausência de qualquer comentário sobre a cor de Otelo pode sugerir alguma indiferença quanto à questão racial. Robert Burton, na *Anatomia da melancolia*, evocou, não sem alguma ironia ambígua, a história de Vulcano e Vênus para justificar os casamentos inter-raciais: "um homem negro é uma pérola no olho de uma bela mulher [...] e é tão aceitável quanto o coxo Vulcano era para Vênus".[31] Charles Gildon, já no final do século XVII, defendeu o próprio Shakespeare, alegando que "mesmo aqui, no nosso país, as damas que não quiseram ter adoradores brancos cederam aos galanteios de amantes negros que não possuem as qualificações de Otelo".[32] Quais teriam sido as reações do público de então? É possível que Otelo não tenha mobilizado, no mundo jacobino, os mesmos sentimentos que surgem no período da colonização estabelecida, marcada pela escravidão massiva dos povos africanos. Com relação às paixões atribuídas aos mouros, Leão, o Africano, salienta o ciúme como um traço típico da nação da Barbaria ("Nenhuma nação no mundo está tão sujeita ao ciúme, pois eles preferem tirar a vida a ver qualquer sinal de desonra em suas mulheres"). Shakespeare talvez tenha adotado esse traço na "caracterização" do negro Otelo. Mas convém lembrar que as paixões eram um tema constante nos tratados do período. Thomas Wright, em *The Passions of the Mind in General*, publicado em 1601, fala das paixões como herança comum de todos os homens:

> Paixões desordenadas [...] [que] não respeitam nem tempo nem lugar: mas que a cada ocasião saltam para a *ação, pedindo execução. Um homem pode estar rezando ou estudando* [...] e aí súbito ele é avassalado por alguma paixão que avança sobre ele [...].[33]

As mesmas paixões do mouro Otelo valem também para o dinamarquês Hamlet, que chega muito perto de matar a própria mãe e fustiga Ofélia. O imaginário de Hamlet, bem como o de Lear, para dar apenas dois exemplos célebres, evidencia todas as marcas do ciúme e da misoginia comuns não apenas em muitos personagens de Shakespeare, mas na maioria dos tratados morais, jurídicos e médicos da época. A suspeita de Hamlet sobre as "pinturas" de Ofélia e sobre a suposta lubricidade desbragada de sua mãe é replicada nas acusações que Otelo faz a Desdêmona. A permanência desse imaginário foi fartamente demonstrada por Janet Adelman em seu estudo seminal *Suffocating Mothers*.[34] Não há dúvida de que, com a emergência do discurso racial já no final do século XVII, a associação passou a se tornar mais evidente.

Quanto ao status de Otelo — seu posto, sua posição social em Veneza — com o qual Rymer se sentiu tão desconfortável, dizendo que "entre nós" ele seria no máximo "o corneteiro" do Exército, a verdade é que por muito tempo, tanto na Restauração como no primeiro quartel do século XVIII,

> Otelo vestia um uniforme de general inglês, às vezes até mesmo com uma peruca branca. Nada muito exótico foi tentado antes do século XIX. As roupas orientais e ornamentos daquele período e no século XX marcam a distância que se operou entre Otelo e seus retratistas.[35]

Insistia-se em certa integração do mouro Otelo ao mundo militar do Ocidente, e assim ele recebia o vestuário honroso que o afastava do exotismo "oriental". Nessa tradição, Otelo ainda era representado como um homem negro, tal como na célebre gravura do frontispício da edição de Nicholas Rowe, de 1709. Não há dúvida, como assinalou Julie Hankey, de que a partir da Restauração o retorno da corte exilada na França trouxe consigo uma nova estética inspirada nas qualidades do mais novo teatro francês e que muitos atores e diretores dedicaram-se a "bowdlerizar" o texto original da peça, dela retirando certa aspereza da linguagem de Shakespeare. O objetivo, contudo, muitas vezes era dar ao protagonista um perfil ainda mais imponente do que o original. No entanto, por muito tempo a cor não pareceu ser um problema.

A tradição de representar Otelo como um negro foi interrompida por Edmund Kean, que abraçou o papel em 1814, assumindo um personagem de pele mais clara. A iniciativa constituía uma novidade e foi recebida na época com estranheza, surpreendendo os contemporâneos de Kean, que percebiam naquela mudança um rompimento com uma longa tradição de representação de Otelo. A despeito das reações, boa parte dos atores do século XIX adotou a inovação de Kean. Embora suas razões não tivessem origem em uma postura racista declarada, a iniciativa coincidia com o aviltamento progressivo do tipo "negroide", consequência do envolvimento da Inglaterra no tráfico de escravos e da associação entre inferioridade e a cor negra da pele. Como já vimos, desde as infames declarações de Rymer (aliás, incomumente precoces), crescia o desconforto e a inquietação racial com a posição elevada ocupada por um "mouro", sobretudo na sua associação com o sexo miscigenado. Bem mais tarde, Coleridge, em suas *Notas sobre Otelo,* endossou em grande parte essa visão, argumentando que as descrições que os diversos personagens fazem de Otelo não podem servir de indício sobre o seu caráter negroide: "provaria isso algo sobre sua intenção como poeta de todas as épocas? Podemos imaginá-lo tão ignorante a ponto de fazer um negro bárbaro reivindicar um nascimento régio?".[36] A visão preconceituosa de Coleridge encontrava respaldo em diversos comentários da época, em que transparecia o incômodo com o inquietante elemento de miscigenação na união de Otelo e Desdêmona.

A história das interpretações de *Otelo* é um capítulo à parte nos estudos da obra de Shakespeare. Poucos personagens na história da encenação dramática do Bardo foram tão afetados pelas tendências de cada época. Neill, em seu prefácio à peça, relembra, por exemplo, como o abalo político da Revo-

lução Francesa gerou respostas diferentes na interpretação de
Otelo: Ducis apresentaria um mouro "sans-cullotes"[37] para
o seu público, mas acrescentemos que mesmo sob o clima favorável do espírito da revolução, Ducis preferiu pudicamente
oferecer um africano mais pardo que teria "a vantagem de
não revoltar o olho do público, e sobretudo das mulheres".
Outro sintoma desse incômodo com a raça e a miscigenação são as próprias paródias burlescas e grotescas encena-
das na Inglaterra no período entre a abolição do comércio
escravo em 1807 e a abolição da escravidão em 1833. Peças
como *Othello-Travestie* (Londres, 1813), anônima, e *Othello
Travestie*, chamada também de *Operatic Burlesque Burletta*
(1834), de Maurice Dowling, são paródias grosseiras que
serviram para neutralizar o poder perturbador da peça de
Shakespeare.[38] Eram peças burlescas, com trama comprimi-
da, semelhantes a farsas. O *Travestie* de Dowling, fiel à sua
natureza satírica, faz o herói falar o jargão clichê e termina
sem final trágico ao fazer a revelação de que o protagonista é
inepto demais para assassinar sua esposa branca.[39] Quando
essa peça foi encenada em Londres, um lobby escravocrata
muito ativo havia se posicionado no ano anterior contra a
histórica representação de *Otelo* que trazia pela primeira vez
um ator negro no papel principal (o americano Ira Aldridge).

Nos Estados Unidos a peça teve um conteúdo político in-
flamável devido às discussões a favor e contra o sistema escravocrata. Apenas em 1926 Edwin Forrest assumiu o papel
com prazer, declarando-se orgulhoso de ser o "impersonador"
("impersonator") das raças oprimidas.[40] No afã dramático,
no entanto, o ator adotou inadvertidamente os estereótipos do
opressor. Ao encenar a ferocidade selvagem de Otelo, Forrest
ofereceu ao seu público o retrato inquietante do negro que a
discriminação preparara, ao invés de realizar a intenção da
emancipação das "raças oprimidas". Mas, antes disso, no período da Reconstrução após a Guerra Civil americana, o tema
e a peça atraíram a hostilidade e o ressentimento da sociedade
afetivamente comprometida com o sistema escravagista. Mui-

tas versões dos *Othellos travesties* apareceram no palco americano com traços obviamente racistas ou xenofóbicos.

O século XIX encontrou na orientalização do mouro uma possibilidade de afastar a inquietante presença de um personagem negroide — recurso comum sobretudo no palco vitoriano.

Já mencionamos como foi emblemática a escolha de Edmund Kean, que apresentou um Otelo norte-africano com feições menos negroides. Tratava-se de um modo de evitar que seus próprios traços fossem obscurecidos, mas, sem dúvida, uma escolha assim deve ter refletido a tendência mais ampla da percepção do público. Foi ela que abriu caminho para a criação de Otelos "orientais", por exemplo, a versão, mais tardia, de Sir Herbert Beerbohm Tree: Otelo era apresentado como um militar oriental, majestático, pesadamente vestido com sua impressionante armadura, denotando um nobre árabe de casta. Tal opção tinha a vantagem de sutilmente distanciar a figura trágica de relevo daquelas versões cômicas em *blackface* dos *Othellos travesties*. Embora esse artifício reduzisse o elemento perturbador da raça, sua ambiguidade permitia explorar à farta os preconceitos relacionados com a natureza moura de Otelo. O século XIX também desenvolveu formas mais apaziguadas do personagem, como a versão de Macready, um Otelo intelectualizado.

A orientalização de Otelo revela muito da virada colonialista, associada à transferência imaginária do mundo da paixão para o Oriente. Essa tendência, sintomaticamente, foi coroada com a grande representação de Tommaso Salvini, que ganhou os palcos da Europa e teve um efeito devastador no modo como Otelo era compreendido. Salvini baseou boa parte de seu desempenho na observação de um homem que encontrara em Gibraltar, um "mouro". Dele ele teria copiado os gestos, os movimentos e o porte. Em 1889 ele contracenou com Edwin Booth, numa montagem que trazia como detalhe curioso o fato de que Tommaso Salvini, em vez de dizer o texto em sua língua original, falava em italiano, enquan-

to os outros personagens falavam em inglês, como se a fala
de Otelo não precisasse ser compreendida e bastasse o seu
efeito patético. A encenação, que impressionou diversos intelectuais do período, inclusive Henry James, dependia muito
mais das qualidades patéticas da atuação de Tommaso do que
propriamente da sua fala. Um dos periódicos nova-iorquinos
da época avançou a tese de que pouco importava a língua
em que ele falava, bastando a universalidade de sua atuação.
O sentido das palavras passava a ter valor apenas incidental.
Nesse sentido, o Mouro de Salvini refutava definitivamente as
interpretações mais domesticadas e intelectuais em favor do
seu oposto, um bárbaro exótico e feroz, próximo da animalidade "primeva", o mesmo primitivismo que viria à tona em
peças como *Salomé* de Oscar Wilde, ou ainda no *Salammbô*,
de Flaubert. Com grande admiração, Henry James destacou
na atuação de Tommaso Salvini, em Boston, na excursão de
1882-3, a fúria bestial do personagem. Boa parte das reações
do período sublinhava sobretudo a animalidade, a emociona-
lidade iterativa dessas representações.

   Todas essas interpretações e transformações são sintomáticas como tentativas de ocultar os traços de Otelo e evitar
a questão racial da peça e o problema subliminar do texto
de Shakespeare: como compatibilizar a grandiosa nobreza
do Mouro com o erro induzido pela vilania cínica do cortesão veneziano branco? Reduzindo a complexidade do texto
shakespeariano, o contraste simbólico acentuava a polari-
zação entre o bárbaro errante, de um lado, e o mundo veneziano, sutil e civilizado, de outro. Foi assim que o Mouro de
Salvini foi descrito pela revista britânica *Athenaeum*:

> [...] um bárbaro, cujos instintos, selvagens e passionais,
> estão ocultos embaixo de um verniz de civilização tão
> espesso que ele próprio está pouco consciente de que
> pode ser outro além daquele que ele parece ser... No
> final o bárbaro triunfa.[41]

Foi em meio a essas interpretações específicas, que buscavam a um tempo ocultar a cor e revelar a "brutalidade oriental" do protagonista, que Ira Aldridge ofereceu a primeira
interpretação histórica de Otelo feita por um homem negro.
Sem dúvida, desde a interpretação de Kean, o desconforto
com a figura negra já se revelava sutilmente. Ora, o ator negro americano no papel do Mouro provocou o colapso da
distância que as soluções românticas e vitorianas haviam
possibilitado.[42] Aldridge foi saudado como o "Roscio africano", como um "verdadeiro Otelo" — ou seja, um Otelo
de carne e osso —, o que evidenciava o colapso da ficção na
realidade e do personagem no ator. Na temporada em São
Petersburgo, o correspondente do jornal francês *Le Nord*, em
23 de novembro de 1858, descreveu suas impressões gerais:

> [...] desde o primeiro momento da astuciosa acusação
> contra Desdêmona, você vê os olhos dele faiscarem,
> sente as lágrimas na sua voz quando ele questiona
> Iago, seguidas de soluços abafados que quase o asfi-
> xiam, e [...] [então] um grito de raiva ou ainda o ru-
> gido de uma fera selvagem lhe escapa, vindo do fundo
> de seu coração. Aquele grito ainda soa em meus ou-
> vidos; lançou um estremecimento de horror em todos
> os espectadores. Lágrimas verdadeiras derramavam
> por suas faces, ele espuma na boca, seus olhos faís-
> cam fogo; nunca vi um artista tão completamente se
> identificar com a pessoa que ele representa. Um ator
> me disse que ele viu o grande trágico soluçar por vá-
> rios minutos depois de ir para trás dos bastidores. O
> público não deixou de ficar profundamente comovido,
> todos choraram, homens e mulheres.[43]

Obviamente existia uma identificação do público com o
passado de Aldridge, um americano de Nova York, filho de
pais livres. Depois de trocar Nova York por Londres, associado aos managers teatrais, ele reconstruiu inteiramente

seu passado: Ira, como Otelo, possuiria uma ascendência
nobre, a linhagem principesca dos Fulani, o que religava
sua história não somente à da África (Senegal), mas à dos
príncipes africanos e do próprio Otelo. Aldridge encorajava
a confusão sobre sua origem.[44] Obviamente, o período de
suas encenações coincidiu com o fim do comércio de escravos e da própria escravidão. Quando Aldridge e seu grupo
se apresentaram na Rússia, em 1858, K. Zvantsev, crítico
russo, escreveu:

> A liberação do negro nos Estados Unidos [...] torna-se
> algo interno, não apenas para os povos escravizados,
> mas para todos nós [...]. De Otelo sai um grito profun-
> do "Oh, miséria, miséria, miséria!", e nessa miséria do
> artista africano se ouvem os longínquos gemidos de seu
> próprio povo, oprimido pela inacreditável escravidão.[45]

A resenha mostrava surpreendente sensibilidade pelo sofrimento do oprimido. Era um documento interessante sobretudo quando comparado com comentários às encenações sub-
sequentes, em São Petersburgo, já em 1863, novamente com
Ira Aldridge. Dessa vez, uma resenhista, do jornal eslavófilo
Dyen, fez reflexões sintomáticas:

> Um negro de sangue puro, encarnando as mais profun-
> das criações da arte shakespeariana, ofertando carne e
> sangue para o julgamento estético da sociedade euro-
> peia educada... será possível chegar mais perto da ver-
> dade, da verdadeira fonte da satisfação estética? Mas
> o que é a verdade? [...] Como o espírito não é o corpo,
> do mesmo modo a verdade da arte não é essa carne
> profundamente crua... Não o Teatro Maly de Moscou,
> mas a selva africana devia estar repleta e soar com [...]
> os gritos dessa carne negra, poderosa, uivante. Mas
> pelo próprio fato de que essa carne é tão poderosa —
> por ser assim genuinamente negra, tão naturalmente

não branca, ela uiva — por isso essa carne selvagem fez
a sua obra carnal. Ela assassinou e esmagou o espírito
[...] e no lugar do maior gozo, essa carne ruidosa in-
troduzida no interior da arte, esse Otelo negro natural,
desculpem-me, causa apenas... revulsão.[46]

Essa reação mostra a busca de uma autoimagem valori-
zada pela desvalorização do Mouro, que serve como espelho
negativo para muitas estéticas do belo do período.

Foi no início do século XX que os primeiros sinais de
desconforto com as interpretações vitorianas começaram a
aparecer. Em 1904, Andrew Cecil Bradley, em suas célebres
palestras sobre as peças de Shakespeare, rejeitou a tradição
vitoriana de representação de Otelo, argumentando que o
próprio Shakespeare teria imaginado Otelo como um homem negro:

> Agora, eu não vou dizer que Shakespeare o imaginou
> como um negro e não como um mouro, pois isso pode
> implicar que ele distinguia negros e mouros de maneira
> precisa, como nós fazemos; mas o que me parece quase
> certo é que ele imaginava Otelo como um homem ne-
> gro, e não como um homem pardo ["light-brown"].[47]

Foi com a mesma percepção que Dover Wilson, em 1957,
em sua nova edição da peça, declarou sua emoção com a performance de Paul Leroy Robeson, primeiro artista negro a
protagonizar o personagem desde Ira Aldridge. Dover Wilson
enfatizou que "um Otelo negro [é] essencial para o conjunto
do drama".[48] Essa consciência dos problemas relativos à raça
na peça de Shakespeare se intensificou a partir do aval desses
dois grandes críticos.

A discussão que assim se levantava, ainda incipiente,
era sobre o Otelo pensado por Shakespeare. O Bardo e seus
contemporâneos não conheceram o racismo que foi acen-
tuado pelos séculos de escravidão da era colonial. Termos

pejorativos, hoje banidos do vocabulário, tinham na época conotações possivelmente diferentes, delineando reações do público de outro modo que os estereótipos do colonialismo racista. No lugar das reações viscerais contra a corporeidade supostamente animalesca, os sentimentos renascentistas se guiavam mais por critérios religiosos e geopolíticos. O termo "black" (preto, negro), que aparece na peça até mesmo na forma de jogos de linguagem, tinha na época ampla aplicação, abrangendo etnias ou "raças" diferentes do típico africano do Norte, de cor parda, como o príncipe de Marrocos, em *O mercador de Veneza*. Podia também se referir a africanos subsaarianos, "negroides", como Aaron, em *Tito Andrônico*. A própria palavra "mouro", no contexto cultural do período, era usada como um generalizante. "Moor" vem de "mauron", do grego, que significa escuro, sombrio, obscuro, mas o termo não raro era confundido com "móros", que significa obtuso, estúpido. A palavra "moor" (mouro) podia ser uma categoria racial, mas podia também incluir a afiliação religiosa e geográfica, funcionando igualmente como uma combinação das três categorias. No plano geográfico, podia referir-se aos árabes berberes, ou seja, o povo que habitava a então chamada Mauritânia, país que em inglês era chamado também de Barbary, o que sugeria uma ligação entre o mouro e a barbárie. O termo, contudo, podia ser extensível a todos os habitantes da África, aos turcos e às regiões por eles dominadas. Finalmente, a palavra estava estreitamente ligada àqueles povos que professavam a religião muçulmana, possuindo, no tocante à sua aplicação um tanto quanto indiscriminada, a mesma generalidade do termo "índio", usado para englobar a totalidade dos povos americanos nativos.

Essa polissemia do termo, que aliás se reflete também na peça de Shakespeare, levou muitos críticos a ver Otelo como um herói mauritano. Barbara Everett, por exemplo, postulou que o mundo mourisco imaginado por Shakespeare é, antes de tudo, aquele da história espanhola, dos norte-

-africanos que haviam sido expulsos da Península Ibérica na Reconquista.[49] Em sua recente nova edição da peça, Ernst Honigmann argumentou que boa parte dos lugares mencionados na peça pertence essencialmente à região do Mediterrâneo.[50] Assinalou também que a presença do embaixador Abd el Ouahed ben Messaoud ben Mohammed Anoun, do reino da Barbaria (Marrocos), em Londres, junto à corte de Elisabeth, teria predisposto o público a apreciar um personagem cuja aparência se aproximava mais da dos árabes do Norte da África. Shakespeare parece ter tirado vantagem desse contexto mais amplo e mais ambíguo, injetando-lhe um potencial psicológico e dramático novo: Otelo encarna a inquietante estranheza daquilo que o branco veneziano não quer reconhecer como seu. Sua indubitável alteridade aparece claramente como uma projeção de traços dos outros venezianos. É o que se verifica no modo como Otelo é às vezes tratado por personagens maliciosos — em particular quando esses lhe atribuem suas próprias fantasias sexuais e eróticas, qualificando sua união "miscigenada" com Desdêmona como "monstruosa".

Julia Reinhard, preocupada com o impacto da peça em sua época, alegou, diferentemente, que o núcleo das divisões e conflitos no final do Renascimento não era a raça ou a cor, mas a fé.[51] Nesse sentido, se hoje, como no período vitoriano, a cor de Otelo é o elemento mais subversivo da peça, no Renascimento um Otelo caracterizado como árabe — ou como originário do Norte da África — teria causado maior desconforto.

Os preconceitos europeus do século XIX têm, assim, uma longa pré-história. Schlegel os reforça ao interpretar o destino do protagonista da tragédia como uma recaída no barbarismo e o drama como a apresentação do contraste entre o Ocidente racional e o Oriente passional. Entre a leitura racista e a leitura culturalista há um comércio contínuo e nuançado, como se vê em F. R. Leavis, que sugeriu, já no primeiro quartel do século XX, que Iago traria à luz a dimensão oculta do

mouro Otelo. Leavis tratou do problema de modo sub-reptí-
cio, evitando qualquer menção ao "atavismo" reemergente;
menciona apenas certa "matéria" ("stuff") de Otelo, algo
mais profundo e sombrio, que espreitaria por trás de sua fa-
chada retórica.[52] Laurence Lerner sustentou, por sua vez, que
Otelo era de fato a história de um bárbaro que recaía em sua
"natureza primitiva".[53] Nesse sentido, a recepção dos séculos
XIX e XX se baseia tacitamente na expectativa de uma evolu-
ção cultural melhorativa, ameaçada pelos retrocessos à barbárie e ao primitivismo. Otelo encarna o perigo do homem
bárbaro primitivo que se deixa levar pela paixão atávica de
uma raça que ainda não teria atingido o nível civilizado. No
plano das montagens da peça, uma das versões mais notáveis
foi a representação de Laurence Olivier em 1964, sucesso con-
siderável na época. Olivier incorporou um Otelo que imitava
o porte, a andadura e o gestual de um "indiano", com uma
pesada maquiagem "negroide". Em acréscimo, sua atuação
apelava a clichês de certo sensualismo "oriental", numa performance que buscava sublinhar o carisma narcisista do líder
militar estrangeiro.[54]

Se essas tendências críticas e cênicas sublinhavam o contraste cultural, alguns críticos, que defendiam a necessidade
dramática de um Otelo negro, se deixavam às vezes suges-
tionar por pré-concepções problemáticas. Assim, Bradley en-
fatizava a natureza "simples" de Otelo, voltada às emoções,
numa formulação que se aproximava perigosamente do típico
estereótipo do africano negro como um ser de muita passionalidade e pouca racionalidade. M. R. Ridley foi ainda mais
longe quando escreveu, sem constrangimento, que não se deveria confundir a "cor com o contorno" em Otelo.[55] De mais
a mais, ele comparou o Mouro, em sua paixão e ingenuidade,
a um africano infantil, dominado por instintos primários, um
tipo de descrição que era habitual no discurso europeu sobre
os africanos no século XIX.[56]

SHAKESPEARE BURLANDO OS CLICHÊS

A análise dos problemas de etnia e raça em *Otelo* muitas vezes esteve em contradição com os conhecimentos históricos e a contextualização da peça no âmbito dos documentos e do imaginário da época. Elfred Durosimi Jones, em trabalho seminal, *Othello's Countrymen* (1965), estudou as formas de representação do africano negro no período, acompanhando suas representações nos *pageants* (desfiles pomposos) de Natal, nas *Morris dances* que traziam personagens com rosto escurecido, assim como nas *masques* de corte.[57] Neste último caso, a peça de Jonson, *Masque of Blacknes*, pode aqui ser lembrada como exemplo contemporâneo. Marlowe também usou o rico cromatismo exótico dos personagens africanos em *Tamburlaine*, em que aparecem mouros conduzindo uma carruagem. *The Battle of Alcazar*, de Peele, modula a caracterização tipificada dos dois mouros que ali aparecem: "Muly Hamet" carrega o tradicional estigma da crueldade atribuído à sua cor, e Abdilmelec, de pele clara, personifica a sapiência e a dignidade. Durosimi Jones sublinha como esses dois últimos personagens se transformarão em estereótipos, com seus tipos reemergindo em dramas como *Tito Andrônico* e *Domínio da luxúria*.

Sob outra perspectiva, G. K. Hunter, em seu extenso *Othello and the Colour Prejudice*,[58] estudou a origem medieval do simbolismo cristão renascentista que "associava a cor negra com o pecado, a morte, a animalidade e a depravação sexual".[59] Jones e Hunter acreditam que Shakespeare teria de algum modo posto em questão os estereótipos da época ao compor seu drama. Otelo, pelo menos no início da peça, não apresentaria, segundo eles, as marcas pejorativas. Shakespeare transforma o mouro da antiga história de Giraldi em um homem de grandíssima nobreza de espírito, produzindo assim um curto-circuito imaginativo, deslocando o discurso da estereotipia para personagens como Iago, Rodrigo e outros. Jones viu até mesmo o uso de uma "dupla antítese": embora

Otelo fosse, na expectativa do público, a manifestação de um tipo — do mouro bárbaro, pagão ou do escravo —, foi apresentado como um homem nobre e admirável, de linhagem aristocrática e, agora, cristão.[60] O abismo entre a categoria cultural redutora e a manifestação real do herói seria um artifício dramático antitético que Shakespeare aplicaria também a Iago, o soldado branco, que os demais personagens da peça tratam como "o honesto Iago", mas cuja verdadeira essência é maléfica e até mesmo insondável em sua perfídia.

Para Hunter, as qualidades de Otelo confundem o simbolismo teológico habitual na época, que associava a cor negra ao mal. Shakespeare teria sugerido discretamente que Otelo é objeto da derrisão e da desfaçatez cultural, uma vítima do discurso medieval da perversão que associa a cor ao mal: "Porventura pode o etíope ["black Moor"] mudar a sua pele, ou o leopardo as suas manchas? Então podereis vós fazer o bem, sendo ensinados a fazer o mal".[61] À medida que a peça progride, assinala Hunter, Iago realiza o plano diabólico de "fazer com que as ações de Otelo finalmente combinem com o preconceito que o seu rosto havia primeiramente provocado".[62]

Outros críticos desenvolveram a tese de que *Otelo* seria uma peça com cenas francamente racistas, mas que forja formas críticas inviabilizando o mesmo racismo. Martin Orkin, em "Othello and the 'Plain Face' of Racism" (1987), lembra que a linguagem racista está restrita a personagens como Rodrigo, Brabâncio e Iago. Tal circunscrição produz, ele completa, uma reviravolta na visão acerca do personagem principal, já que tudo o que dizem está de algum modo suspenso em dubiedade, banhado no descrédito do ódio e de interesses escusos.[63] Os argumentos desses críticos, com sua tendência a redimir a peça de Shakespeare, não explicam, contudo, a razão por que muitos intérpretes no passado ignoraram essa complexidade e sutileza.

A respeito dessa cegueira, Jack D'Amico, em *The Moor in English Renaissance Drama*, defendeu uma ideia parecida com a de Orkin, postulando que Shakespeare teria invocado os estereótipos negativos da tradição medieval — a bestialidade diabólica do homem negro — apenas para melhor contrastar os traços nobres de um mouro aristocrata.[64] D'Amico acrescentou, contudo, que Otelo acaba cedendo ao papel estereotipado que Iago lhe conferiu, assumindo e incorporando os clichês raciais. D'Amico extrai dessa leitura o que seria a virtude da peça, isto é, mostrar como um homem pode ser destruído quando incorpora a visão que o priva de sua humanidade e aceita o estereótipo de si mesmo. Shakespeare exploraria a difícil duplicidade cultural que obriga Otelo a negociar a própria identidade e origem com sua nova cultura cristã: ele não pode ser inocentado de seu crime final, que parece confirmar a barbárie e a monstruosidade que Iago lhe atribui em suas difamações e ilações, pois a fúria imaginativa do ciúme confirma (pelo menos em parte) os estigmas que Iago e outros personagens lhe imputam. Paradoxalmente, Otelo não é de todo diferente dos outros personagens e espectadores. Ele também encarna o estereótipo negativo de si mesmo, ele próprio tem consciência de sua posição frágil quando se compara aos cortesãos comuns.

> *Talvez por eu ser negro,*
> *Por não ter os doces encantos da conversa*
> *Que os cortesãos possuem, ou por ter já descido*
> *O vale da idade* [...]
> *Ela partiu* [...]
> (Ato III, cena III, 270-4)

Outro detalhe enigmático, quase um sintoma, é o fato de Otelo sublinhar com tanta ênfase sua nova identidade cristã. Na cena em que aparta uma querela, já em Chipre, ele compara a arruaça dos seus soldados a atos que até mesmo o turco incréu evitaria. Assim ele os acusa de terem esquecido a graça cristã. Apesar de inúmeras tentativas, é difícil estimar qual teria sido a percepção do problema racial na época elisabetana, tanto entre o público geral, como entre as consciências mais sofisticadas. Anthony Barthelemy[65] especulou que o público dessa época podia nutrir simpatias por Otelo, compreendendo sua tragédia como uma luta contra si mesmo, contra sua "natureza" de mouro. Virginia Mason Vaughan também procurou colocar-se na posição de espectadora virtual (e ideal), imaginando todo o conjunto de efeitos paradoxais da peça:

> Acho que essa peça é racista, e acho que ela não o é. Mas o exemplo de Otelo me mostra que, se eu insisto em resolver a contradição, eu forjarei somente mentiras e distorções. [...] o discurso da diferença racial está inescapavelmente embutido na peça do mesmo modo que está embutido na cultura de Shakespeare e na nossa. Para estar totalmente livre do racismo, seria necessário inventar uma nova linguagem com palavras não sobrecarregadas, sem discriminações de cor e sem associações do negro com o mal, do branco com o bem. [...] Shakespeare, e nós, estamos necessariamente implicados nessa teia emaranhada.[66]

Não obstante toda a atenção da crítica, cumpre ponderar, em contrapartida aos excessos de tais leituras, que a linguagem étnica sofreu uma transformação radical desde a época de Shakespeare até a nossa. É notável, como sublinha Michael Neill, que em fins do século XVI a palavra "race" (raça) tenha tido uma utilização restritíssima, significando, em primeiro lugar, "linhagem familiar" (sobretudo aristocrática); não tinha ainda o significado biológico que ganhou nos séculos XIX e XX.[67] As concepções renascentistas a respeito das diferenças étnicas eram mais complexas e multiformes do que as ideias que emergiriam com as pressões simbólicas envolvendo a escravização operada pelo sistema colonial. A situação na Inglaterra diferia do processo então em curso em países da Península Ibérica, onde o conflito com os mouros (e judeus) levou a acirramentos linguísticos que bem conhecemos no Brasil.

Termos como "judiaria", "mourejar" e "negrejar" mostram o difícil relacionamento com a alteridade étnica, plasmando a agressividade e a opressão do colonizador em vocábulos reveladores dos hábitos violentos. Na Inglaterra do século XVI e do início do XVII essas tensões permanecem subliminares. Foi somente com o envolvimento da Inglaterra no comércio negreiro que o assunto se tornou mais candente. Já no final do século XVII, Morgan Godwyn podia fazer uma afirmação tão impressionante quanto esta: "Duas palavras, negro e escravo, tornaram-se, por costume, homogêneas e conversíveis". Uma associação impossível na época de Shakespeare ganhava então raízes firmes no imaginário social.[68] Thomas Rymer, ao confessar que, para ele, a história da peça era inverossímil por causa do (improvável) casamento inter-racial, dispara o alarme da crescente associação entre cor e inferioridade.

Hoje, a questão crucial para a interpretação é a da escolha do ponto de vista para abordarmos os problemas de raça, de identidade e alteridade. A própria peça prepara o problema com os comentários de Otelo sobre sua vida pregressa nos campos de batalha e suas lembranças do cativeiro que ele mesmo sofreu. No entanto, essa menção, por mais que desperte nossa atenção humanitária, pouco coincide com nosso imaginário envolvendo raça, etnia ou escravismo de africanos negros. Da Antiguidade ao Renascimento, a escravização era um corolário das guerras entre o mundo cristão e o mundo islâmico. Era praticada dos dois lados do Mediterrâneo, com militares sofrendo os horrores da escravidão. Dentre os mais célebres capturados estão Miguel de Cervantes, que viveu como escravo em Algiers por cinco anos,[69] e Leão, o Africano, um modelo de "mouro convertido" usado por Shakespeare para construir seu personagem. A escravidão aparece, nesse contexto, como um distintivo do guerreiro, prova de seu serviço à cristandade, não como algo aviltante. Do ponto de vista dos cristãos do período elisabetano e jacobino, os mouros não eram vítimas da escravidão, mas escravagistas. O poderio cada vez maior dos otomanos entre os séculos XVI e XVII também inviabiliza qualquer concepção de inferioridade racial dos mouros "turcos", e o mesmo vale para os africanos da Barbaria. Nossas leituras atuais correm o perigo de projetar anacronismos quando ignoram o fato de que, no alvorecer do século XVII, o mundo civilizado do Mediterrâneo estava ainda longe de ser dominado pelos europeus. Basta lembrar a traumática derrota portuguesa em Alcácer Quibir, que resultou no cativeiro de inúmeros guerreiros lusos, para se ter uma ideia mais justa do equilíbrio de poder e da dominância cultural, que muitas vezes era mais favorável aos assim chamados mouros.

AS FONTES DE OTELO

Há dois gêneros de fontes usadas por Shakespeare em *Otelo*: a sua fonte principal para a história de Otelo, o conto italiano de Giovanni Battista Giraldi Cinthio sobre o *capitano moro*, e as fontes secundárias, que influíram de modo definitivo na construção de personagens e dos mais diversos tipos de situações. Embora a história de Giraldi sirva de roteiro para a confecção da peça e seja sem dúvida a espinha dorsal de *Otelo*, as influências originadas de outros textos não são menos importantes na caracterização dos personagens. Trato primeiramente dessas influências e, em seguida, apresento comentários sobre a fonte principal.

INFLUÊNCIAS E CONTEXTOS

É notável que a partir de 1590 uma série de acontecimentos políticos e editoriais possa ter de algum modo influenciado tanto a decisão de Shakespeare de escrever *Otelo* como sua composição. Com respeito aos fatos, é comum lembrar da chegada e residência em Londres, a partir de 1600, de Abd el--Ouahed ben Messaoud, embaixador do rei da Barbaria, para estabelecer uma aliança entre o Marrocos e a Inglaterra. As feições do embaixador podem ser estudadas ainda hoje no grande salão do Shakespeare Institute, em Stratford-upon--Avon, num impactante retrato de 1600, onde está escrito em latim "Legatus Regis Barbarie in Angliam" (Embaixador do Rei da Barbaria na Inglaterra). Muitos críticos gostam de associar a vinda da embaixada de Messaoud à composição de *Otelo*. Honigmann lembra que a companhia de Shakespeare, os *Chamberlain's Men* (homens-atores do Lord Chamberlain), representou na corte no Natal de 1600-1, antes da partida do embaixador, sugerindo que Shakespeare talvez tenha topado com os *barbarians* (o termo no inglês da época podia significar berberes ou bárbaros) e tido ocasião de observá-los.[70] Afora a sugestão desse hipotético encontro, outro detalhe conecta a vinda do embaixador com a composição de *Otelo*. O embaixador, em Londres, foi ciceroneado por Lewis Lewknor. Este era um perito em protocolos cerimoniais na corte de James I e ficou responsável por acompanhar Abd el-Ouahed ben Messaoud na Inglaterra. Interessante é que Lewknor havia acabado de traduzir *De Magistratibus et Republica Venetorum* (*The Commonwealth and Government of Venice*),[71] de Gasparo Contarini, uma obra da qual Shakespeare tirará diversas sugestões. A posição importante de Lewknor como mestre de cerimônias de James I, exercida já em 1603, deve ter ajudado a convencer Shakespeare a ler com atenção a tradução da obra de Contarino e incluir em *Otelo* algumas de suas informações. Seja ou não verdade que a vinda do embaixador teve influência na criação e composição de *Otelo*, o personagem de Shakespeare jamais é descrito à semelhança do retrato do Shakespeare Institute.

No entanto, mais importante é a convergência de fatos editoriais e históricos que atestava o interesse público crescente pelo assunto e pelas últimas descobertas náuticas do período. No mesmo ano da chegada do embaixador, o livro enciclopédico *Geographical Historie of Africa* de Leão, o Africano (nascido al-Hasan ibn Muhammad al-Wazzan

al-Fasi) foi publicado na tradução de John Pory. Este, que se
tornaria ele próprio um grande viajante, vindo a ser secretá-
rio do embaixador inglês na Turquia entre 1611 e 1616, rea-
lizou a versão da obra no início da carreira. O livro, considerado uma das fontes "etnográficas" usadas por Shakespeare
para os temas "africanos" ou "orientais" da peça, era uma
impressionante descrição dos povos africanos, tanto do Norte da África como de outras regiões. Do livro publicado em
1600 Shakespeare retirou um material etnográfico significativo, além de ter se deixado influenciar diretamente, aqui e ali,
pelo estilo do próprio tradutor. Na edição de John Pory há
diversos dados biográficos sobre o próprio Leão, que foram
usados estrategicamente por Shakespeare. Pory lembra, para
atrair seus leitores, que Leão, o Africano, era digno de respeito também porque se convertera ao cristianismo, "em meio a
todas as suas dificultosas e perigosas viagens":[72]

> Quis a Divina Providência, para o desencobrimento
> e a manifestação das obras assombrosas de Deus, e
> dos seus terríveis e justos julgamentos feitos na Áfri-
> ca [...] entregar esse escrito e essa história geográfica,
> nas mãos de certos piratas italianos, perto da ilha de
> Gerbi, situada no golfo de Capes, entre as cidades de
> Túnis e Trípoli na Barbaria. Sendo assim capturado, os
> piratas o apresentaram e ao seu Livro ao papa Leão x:
> o qual, estimando-o de valor o mais rico e inestimável,
> contentou-se deveras com sua chegada, e concedeu-lhe
> a mais gentil acolhida e liberal mantimento, até o dia
> em que ele o tivesse convencido a se batizar em nome
> de Cristo, e ser chamado João Leão, de acordo com o
> nome do próprio papa. E assim durante sua residên-
> cia na Itália, aprendendo a língua italiana, traduziu o
> atual livro para aquela língua, que antes estava escrito
> em árabe. E isso é tudo acerca de João Leão.[73]

Pory, em seu prefácio, lembra que Leão possui, entre suas

qualidades, o "parentesco, a inteligência, a educação, o cultivo, os empregos, as viagens e sua conversão ao cristianismo".[74] Essa última ressalva pode ter chamado a atenção de Shakespeare, que transpôs a natureza "anfíbia" (entre bárbaro e cristão) de Leão para o seu Otelo. Como Leão, Otelo vive entre dois mundos, possui identidade dúplice. Embora convertido, não deixará nunca de ser um africano de origem nobre, saído, como ele próprio declara, de linhagens reais. Shakespeare também aproveitou, no discurso de Otelo para a *Signoria*, a retórica de Pory ao descrever sinteticamente a vida de Leão, o Africano.

> Eu me admiro de quantas vezes ele escapou a milhares de perigos iminentes. E me admiro ainda mais de como ele escapou de cada um deles. Pois quantas montanhas geladas desoladas e amplos, áridos e secos desertos ele cruzou? Quantas vezes correu o risco de ser escravizado ou ter a cabeça cortada pelos árabes à espreita e pelos mouros selvagens? E com quanta dificuldade tantas vezes ele escapou à boca do leão voraz e das mandíbulas devoradoras do crocodilo?[75]

A cristandade de Otelo, como a de Leão, o Africano, parece se equilibrar sobre uma base instável: a exemplo da figura histórica, o cristianismo é uma aquisição posterior na vida do Mouro. Shakespeare explorou tal precariedade em seu drama: Otelo, como se para compensar essa instável identidade, é um cristão enfático, exagerado.

> *Mas o que é isso? Como começou? Viramos*
> *Reles turcos então, fazendo aquilo que o Céu*
> *Proíbe ao otomano? Tenham algum pudor*
> *Cristão, e parem já essa assuada bárbara.*
> (Ato II, cena III, 167-70)

Sobre o próprio Otelo paira a sombra de sua origem

"moura". Otelo lembrará, em suas últimas palavras, evocando sua fidelidade a Veneza, que "certa vez em Aleppo,/
Quando um turco pernicioso e aturbantado" (v.ii.357-8)
ameaçava e difamava o Estado (de Veneza), ele próprio havia cortado a garganta daquele "cão circunciso". Em seguida, ele se mata, imolando a si mesmo e cifrando a identificação simbólica entre ele e o "turco", ou seja, o "mouro"
que, a despeito de sua conversão ao cristianismo, carrega a
"mouridade".

A identidade anfíbia de Otelo é apenas um dos aspectos
do tratamento do mundo não cristão na peça. A presença
ameaçadora dos turcos, cujos progressos bélicos são acom-
panhados pelo Senado veneziano em seu esforço para defender Chipre contra o inimigo, pode ter sido inspirada em
The Generall Historie of the Turkes, obra de Richard Knolles
cuja primeira edição é de 1603. O interesse pela história turca e pelo envolvimento de Veneza em suas guerras inspirou
a James i o poema *Lepanto* (*c.* 1585), celebração da vitória
naval cristã contra os "infiéis", que livrou o Chipre do domínio turco, pelo menos temporariamente. A coincidência entre
a publicação dessas obras e a ascensão do rei pode sugerir
a estratégia de Shakespeare e seus colegas de companhia de
ganhar o interesse da corte e do rei.

Shakespeare também utilizou o imaginário fantástico da
literatura de viagem, com sua forte inclinação pelo maravi-
lhoso geográfico. Aproveitou detalhes exóticos presentes na
História natural de Plínio, na tradução de Philemon Holland, de 1601, tanto na menção metafórica de Otelo ao mar
pôntico e propôntico como nas referências aos "antropófagos" e outras criaturas monstruosas no discurso do mesmo
para a *Signoria*.

Finalmente, para enriquecer a descrição do mundo veneziano, em particular o mundo político da república do
Duque, Shakespeare consultou, como já mencionamos, o livro *Commonwealth and Government of Venice*, do cardeal
Gasparo Contarini, traduzido para o inglês, em 1599, por

Lewes Lewknor.[76] Shakespeare consultou a tradução sobretudo para ilustrar a cena da *Signoria*. A descrição idealizante e glorificadora que Contarini ofereceu de Veneza, como um Estado e um governo marcados pela harmonia, estabilidade e serenidade, foi atentamente lida por Shakespeare, que buscou imitar na cena do Senado o modelo do governo regido por pesos e contrapesos. Ali, mesmo o Duque, a despeito de seu prestígio, é um poder muito mais moderador do que autoritário, uma forma de governar cujo exemplo Shakespeare não poderia encontrar no modelo inglês ou de outros reinos europeus.[77]

Embora a fonte principal da peça de Shakespeare tenha sido a novela de Giraldi Cinthio, de que trataremos logo adiante, essa narrativa relativamente despojada e pobre em detalhes silencia sobre a qualidade específica do ódio do Mouro. Virginia Vaughan, em seu estudo sobre os contextos de *Otelo*,[78] assinalou que casos de contaminação passional semelhantes aparecem em *Generall Historie of the Turkes*, de Richard Knolles. Ali se encontra uma história com detalhes que ilustram uma visão mais profunda do funcionamento da paixão do ciúme, algo de todo ausente na narrativa de Giraldi Cinthio. Na história de Bassa Ionuses e Manto, o ciúme que leva Bassa a assassinar sua esposa inteiramente fiel possui a mesma natureza incógnita e gratuita daquele de Otelo:

> Pois em pouco tempo, Bassa, mais afeiçoado pela pessoa de Manto do que seguro de suas virtudes, começou, segundo os modos dos homens sensuais que temem aquilo que mais lhes traz prazer, a nutrir desconfianças com ela, embora não visse nenhuma causa para seu sentimento, afora sua própria imaginação, pois não se fundava em nada que viesse da conduta dela, mas se originava dos excessos de seu próprio querer.[79]

Embora Manto seja um exemplo de fidelidade para os

padrões de então, o grande Bassa se deixa levar por uma paixão desordenada, quando sua esposa, assustada com as contínuas provocações ciumentas do marido, resolve fugir. Ele a mata brutalmente. O fragmento anterior é sugestivo por deixar claro que a desconfiança de Bassa não se origina de nada concreto, não possui uma causalidade evidente, mas está ligada de algum modo ao excesso de seu "apreço". Na peça de Shakespeare, Emília, imbuída de sua sabedoria prática feminina, esclarece a uma Desdêmona que se confessa ignorante sobre as causas dos sentimentos de Otelo que o ciúme, entre os homens, não precisa de motivo, pois as

> [...] *almas ciumentas não operam assim:*
> *O ciúme que sentem não tem motivação,*
> *O ciúme vem do ciúme. É um monstro*
> *Que a si mesmo gera e a si mesmo procria.*
> (Ato III, cena IV, 160-3)

Um problema semelhante aparece em outra obra que pode ter sido uma das fontes indiretas de Shakespeare para descrever com riqueza uma afecção passional masculina perturbada. Trata-se dos *Tragical Discourses* de Goeffrey Fenton.[80] Fenton conta a história de um capitão albanês que se casa com uma mulher, como Desdêmona, possuidora das qualidades da constância e da obediência, mas cujas virtudes só fazem confirmar as suspeitas que o marido nutre sem ter nenhum motivo: "quanto mais ela buscava mostrar sinceridade e honestidade em sua vida, mais crescia a fúria e a raiva da fantasia perversa dele".[81] A despeito de todas as virtudes, o capitão albanês — "ultrapassando o modo selvagem e brutal do tigre, do leão, do leopardo nutridos nos desertos de África, matriz de monstros e de criaturas civis desprovidas de razão" — abraça sua mulher e a mata violentamente.[82]

GIRALDI: IL CAPITANO MORO

A principal fonte utilizada por Shakespeare é a história do
capitano moro, que está em *De gli Hecatommithi*, escrita
pelo escritor italiano Giovanni Battista Giraldi, apelidado
Cinthio (em italiano, Cinzio), e publicada pela primeira vez
em 1565.[83] A novela foi traduzida para o francês em 1584 por
Gabriel Chappuys e publicada em 1583, em uma versão bastante próxima do original. Shakespeare pode ter usado qualquer uma das duas versões, em francês ou italiano, mas há in-
dicativos de que tenha se baseado no texto original. Trata-se
de uma novela de instrução, imbuída do espírito da Contrar-
reforma.[84] A história do *capitano moro* em *Hecatommithi*
(do grego: "cem histórias"), além de fazer um alerta às jovens
que contraíam casamento com estrangeiros, tinha como cha-
mariz sensacionalista um típico enredo de suspeita, seguido
de crime hediondo.

Há muitas semelhanças entre *Otelo* e a novela de Giraldi,
e a maior delas é o enredo com o casamento do mouro e as
ações decorrentes dele, bem como o tema do ciúme e o assassinato da inocente Desdêmona, causado indiretamente pelas
ilações de um vilão decidido a se vingar. Afora essa semelhança geral, há na história original detalhes parecidos com a
peça de Shakespeare, como a viagem de Otelo e Desdêmona
para o Chipre; há também um vilão, chamado genericamente
de *alfieri* (alferes), que faz amizade com o Mouro e logra im-
plantar na mente do capitão a suspeita sobre a fidelidade de
sua esposa. Como no drama, para provar o adultério de Desdêmona, o *alfieri* manipula a inquietação racial do Mouro,
alertando-o do fato de que a sua esposa passou a desgostar
da sua cor negra. O célebre episódio do lenço faz parte também do texto de Giraldi, embora não com a riqueza de detalhes que apresenta em *Otelo*. Lá também o *alfieri* prepara
uma conversa entre ele e Desdêmona, que o vilão manipula
para dar a impressão ao Mouro de que ela está conversando com o amante. Giraldi também representa a angústia de

Desdêmona diante das mudanças de humor do marido: ela
é levada a falar com ele, depois com sua confidente e, por
fim, com a própria esposa do vilão. Quando o Mouro enfim
se convence da suposta traição, ele passa a conspirar com o
alfieri, com quem discute, com aberrante minudência, sobre
o melhor modo de eliminar a esposa. Também na novela,
Desdêmona é morta no leito nupcial, mas, após o crime, o
Mouro não tira a própria vida, de modo que o desfecho se
assemelha muito mais a um folhetim criminal do que a uma
tragédia. O personagem é preso, torturado e condenado ao
perpétuo exílio e, finalmente, é caçado e assassinado pelos
parentes de sua esposa.

Shakespeare aproveitou diversos fatos circunstanciais da
narrativa de Giraldi, expandindo-os na fala de alguns de
seus personagens. Há na novela certo emprego de eventos
e linguagem triviais e pedestres que vai reaparecer no fala-
tório mordente e grotesco de Iago. Quando, na peça, este
relata, por exemplo, como Cássio limpou sua barba com o
lenço de Desdêmona, ele dá um sabor pitoresco e comezinho
a um detalhe que para Otelo é excruciante. O tom de docu-
mentário intragavelmente doméstico da fonte não escapou à
atenção de Shakespeare.

O mouro que na novela de Giraldi era uma figura sem personalidade e, pior ainda, sem nome (é chamado lá de "mouro") transforma-se, na peça de Shakespeare, em um militar
cujas habilidades são estimadas pela camarilha de senhores
de Veneza. Há algo de farsesco na narrativa de Giraldi, como
na peça de Shakespeare, sobretudo na intriga do lenço.[85] Enquanto na novela do *capitano moro* a história se desenro-
la em um ambiente doméstico e insignificante, na peça o
protagonista está envolvido no destino político de Veneza.
Shakespeare dá tragicidade a Otelo. Em Giraldi, o mouro,
após o assassinato de Desdêmona, busca o subterfúgio da
fuga nada trágica; na peça de Shakespeare, ele é a encarnação da contradição, um personagem que tem dificuldade de
se reconhecer na sua ação monstruosa.

Na história de Giraldi, Desdêmona é uma personagem plana e monocromática, encarnação irreflexiva da devoção nupcial e da paciência. Shakespeare a investe de diversos atributos, entre os quais a impressionante independência de expressão que a leva a vocalizar sua opinião e seus princípios em diversas situações. Outros personagens, embora sem a complexidade de Otelo e Desdêmona, ganharam traços que não tinham em Giraldi. Tanto Brabâncio, o pai traído, como Rodrigo, o tolo aristocrata que se entrega a uma patética paixonite sem futuro, são criações exclusivas de Shakespeare, personagens que parecem dever tanto à *Commedia dell'arte*[86] como à *Nova Comédia* latina. É possível especular sobre as razões da criação de Rodrigo, encarnação do crédulo rival inepto que acaba sendo um joguete da força viperina mais eficaz de Iago: ao transformar um material que antes estava na narração de Giraldi — sem discursos diretos —, Shakespeare deve ter percebido a necessidade de incluir um amigo ou acompanhante para o vilão, o que lhe permitiria opções ao artifício do solilóquio. Emília é também uma criação exclusiva de Shakespeare. Sua introdução permitiu que houvesse uma voz que acolhesse ou refratasse as percepções de Desdêmona sobre seu drama, o que equivaleu a um enriquecimento notável das personagens femininas, praticamente invisíveis na história de Giraldi. Como confidente e dama de companhia, de natureza ironicamente cética, contestadora, quase um exemplo de protofeminismo, nada tem a ver com a personagem anônima e solitária da narrativa de Giraldi. É interessante, por outro lado, o cuidado com que Shakespeare desenvolve suas reações multifacetadas. Bianca, por sua vez, funde uma serva e uma cortesã que estavam na história de Giraldi, e sua presença reforça um dos núcleos temáticos e fantasmáticos da peça: a associação fantasiosa entre o feminino e a prostituição na imaginação dos homens.

Miguel Cássio e Iago eram chamados respectivamente de *capitano* e de *alfieri* na história de Giraldi. Shakespeare lhes empresta contextos sociais mais específicos. Cássio, que era um *capo,* torna-se um tenente (ou lugar-tenente) em *Otelo,* posição mais elevada e verossímil para um personagem que deve ser suspeito de cortejar Desdêmona. Sua proximidade com Otelo lhe dá destaque, tornando-o um potencial concorrente. Iago é talvez uma das criações mais notáveis de Shakespeare. Nada de sua linguagem retorcida, cínica e debochada está no autor italiano. Em Giraldi, a trama diabólica do vilão estava voltada contra Desdêmona, de quem o *alfieri* tentara se aproximar, sem sucesso. Toda a sua maquinação, portanto, resultava do desejo de vingança de um amante rejeitado. A partir dessa trama relativamente simples, Shakespeare muda os objetos do ódio de Iago, que agora serão Miguel Cássio e Otelo, preocupando-se em tornar mais complexas as razões do vilão, dentre as quais está sua rejeição aos estrangeiros, seu ciúme de Otelo e o fato de ter sido preterido.

DATAÇÃO

Data de composição (duas possibilidades): *entre o final de 1601 e 1602 ou, como data mais tradicionalmente adotada, 1603 ou 1604.*

Acerca das primeiras encenações de *Otelo* há um honroso primeiro registro deixado por Edmund Tileny, o mestre de cerimônias do rei James I, para o ano de 1604, que informava que o *Mouro de Veneza,* de autoria de "Shaxberd" (Shakespeare), havia sido encenado pelos atores de Sua Majestade, o rei, no dia 10 de novembro de 1604 no Banqueting House em Whitehall. Talvez outras encenações tenham precedido à de Whitehall, embora não exista comprovação. Era costume das companhias teatrais testar as peças nos teatros públicos antes de selecioná-las para apresentações na corte. Há ainda outros registros de encenações durante a vida de Shakespeare. Foi apresentada em 1612-3 nas celebrações do casamento da princesa Elisabeth com o Eleitor Palatino e, em abril de 1610, no Globe Theatre, pelos atores do rei, bem como em Oxford, em setembro do mesmo ano. Outros locais de encenação foram o Teatro dos Blackfriars, em novembro de 1629 e maio de 1635, e a Hampton Court, em dezembro de 1636.

Quanto à datação da composição da peça, duas teses principais têm sido defendidas. A primeira situa a composição em 1602; a segunda, em 1603-4.

Até recentemente muitos críticos, baseados nos materiais e nas fontes usadas por Shakespeare para compor *Otelo*, apontavam que a melhor datação estaria entre 1603 e 1604. Trata-se de estimativa feita a partir de diversos indícios textuais e extratextuais, dentre os quais as referências internas da peça, que revelam os débitos de leitura de Shakespeare e religam o problema da datação à data de publicação das obras consultadas pelo autor. Dados como o impacto de acontecimentos políticos, a reincidência temática e o estudo estilístico, porém, permitiram novas conjecturas.

A história-fonte principal, consultada extensa e detalhadamente por Shakespeare, o relato sobre o *capitano moro*, do livro *Hecatommithi*, de autoria do italiano Giambattista Giraldi Cinthio, não serve como dado para a datação da peça. O livro de Giraldi circulava desde a década de 1560, e Shakespeare podia, para complementar seu trabalho, consultar a tradução francesa, publicada na década de 1580. Tal era o caso também de duas outras obras:

a) o famoso livro do cardeal Contarino sobre a república de Veneza, que Shakespeare deve ter lido na tradução de Sir Lewis Lewknor, intitulada *The Commonwealth and Government of Venice*, que estava disponível à consulta desde sua publicação em 1599;

b) e a obra enciclopédica de Leão, o Africano, traduzida por John Pory, *A Geographical Historie of Africa*, da qual Shakespeare coletou elementos pictóricos importantes, depois de sua publicação em 1600.

A data de composição de *Otelo*, portanto, foi estabelecida com base nas datas de publicação de duas outras obras utilizadas por Shakespeare:

a) A *Naturalis Historia*, de Plínio, o Velho, publicada em 1601 com o título de *The Historie of the World*, na tradução de Philemon Holland,[87] é considerada hoje como ponto de partida para a datação de *Otelo*.

b) Há fortes indícios de que Shakespeare tenha se beneficiado de *Generall History of the Turkes*, de 1603, de Richard Knolles[88] — obra que traz detalhes sobre as guerras entre venezianos e turcos similares aos que se encontram nos atos I.III, II.I e II.II.

A publicação em 1603 de *Generall History of the Turkes*, portanto, situa o segundo limite em 1603-4.

Dentre todas essas obras, a presença em *Otelo* da tradução de Philemon Holland, de 1601, é a mais evidente e incontestável. No entanto, a obra de Knolles, de 1603, fornece um último marco para a composição. Os fatos históricos ali descritos podiam agradar ao mecenas maior do reino.

Há ademais outras coincidências. Na nova corte e em particular no círculo da rainha Anne, crescia o fascínio pelo exotismo teatral, com personagens com rostos pintados de preto, imitando negros africanos. Otelo, que é mouro e também negro, poderia responder a interesses similares da nobre recepção. Nas celebrações do inverno de 1604-5 estava incluída no programa oficial a apresentação de uma *masque* (peça mascarada) de Ben Jonson, *Blackness*, "uma fantasia africana escrita a pedido da rainha Anne, em que ela e outras senhoras apareciam como as escuras 'filhas do Níger'".[89] No inverno de 1604-5, durante os festejos de final de ano, em 26 de dezembro, a companhia de Shakespeare também apresentou à corte *Medida por medida*, cuja história deriva da mesma fonte de *Otelo*, a coleção de novelas de Giambattista Giraldi Cinthio. Dadas as coincidências entre os textos, é possível que o autor tenha trabalhado em ambas as peças simultaneamente.

Todos esses argumentos são sólidos, mas há também sinais que favoreçam a datação de 1601-2. A defesa dessa data mais prematura se fundamenta na suposição de que haveria ecos de *Otelo* no chamado primeiro in-quarto de *Hamlet* (Q1), de 1603, a primeira versão publicada dessa tragédia. Neste caso, *Otelo* seria a base de muitas construções linguísticas que reaparecem em Q1 de *Hamlet*, e não o contrário. A direção do empréstimo seria, portanto, de *Otelo* para o Q1 de *Hamlet*. O compositor do primeiro in-quarto de *Hamlet* teria estado em contato simultaneamente com o texto de *Otelo*, fazendo algumas confusões. Assim, as palavras do fantasma "to my unfolding/ Lend thy listening ear" (Q1 *Hamlet*, 1.1) parecem derivar da fala de Desdêmona "To my unfolding lend your prosperous ear".

Contudo, essas similitudes estilísticas são tênues demais e podem ser atribuídas à qualidade formular da composição oral das peças, com suas tradicionais repetições de estruturas rítmicas e semânticas. É preciso assinalar, com relação às análises de estilo, que a experiência poética oral do teatro elisabetano e jacobino deve ser vista como muito mais fluida: as ressonâncias entre o in-quarto de *Hamlet* e *Otelo* não precisam ser lidas forçosamente como sinais de uma influência direta que revelaria a simultaneidade cronológica das duas obras. Um verso pode influir na composição de uma segunda obra ou pode renascer em uma segunda obra anos após sua composição.

Embora a maioria dos textos-fonte usados por Shakespeare para a composição de *Otelo* de fato tenha sido publicada até 1601, não há dúvida de que a empresa da datação é dificultada pela influência suficientemente marcante do livro de Knolles, que nos obriga a estimar uma data posterior à primeira metade de 1603. Michael Neill, em defesa da datação anterior, considera a possibilidade de que Shakespeare tenha consultado a obra em manuscrito, antes da data de publicação, como já se assinalou a propósito de outros problemas relativos às influências do Bardo. Essa hipótese, contudo, é considerada frágil pelo próprio Neill, tornando-se mais simples aceitar uma datação entre 1603 e 1604. Finalmente, é possível pensar, como terceira possibilidade, numa composição que se desenvolve a partir de 1601 (ou mesmo antes), com uma retomada em 1603.

Embora a datação seja um problema persistente aqui, o certo é que *Otelo* é a primeira tragédia escrita por Shakespeare depois de *Hamlet* (*c.* 1600), antecedendo *Rei Lear* (1605). Não por acaso, ela possui a natureza obscura das peças "jacobinas". A temática insistente e obsessiva nessas três peças traz como elemento mais notável o terror misógino presente no protagonismo doentio de Hamlet, Otelo e Lear. Por outro lado, quando observamos as datas de aparição dos textos-fonte com os quais Shakespeare enriqueceu o fundo político e exótico de *Otelo*, notamos que essa tragédia é consequência de um interesse cada vez maior, na Inglaterra, pelo macrocosmo político-geográfico que une percepções sobre Veneza, África do Norte e Turquia: o mundo mediterrâneo e o mundo das navegações.

Notas

1. Para a discussão sobre a datação das primeiras encenações, composição e publicação de *Otelo*, ver, nesta Introdução, o tópico Datação, pp. 76-80.

2. Jan Kott, *Shakespeare nosso contemporâneo*. São Paulo: Cosac Naify, 2003, p. 118.

3. Janet Adelman, *Suffocating Mothers: Fantasies of Maternal Origin in Shakespeare's Plays, Hamlet to the Tempest*. Routledge, 1992, p. 65.

4. Em particular, o curioso estudo de Edward Jorden, *A Briefe Discourse of a Disease Called the Suffocation of the Mother*. Londres: Printed by John Windet, 1603.

5.   Vaughan, *Othello*, p. 36.

6.   Ibid., p. 37.

7.   Thomas Wright, *The Passions of the Mind in General*. Garland Pub., 1986, p. 94.

8.   Katharine Eisaman Maus, "Proof and Consequences: Othello and the Crime of Intention". In: *Inwardness and the Theater in the English Renaissance*. Chicago: The University of Chicago Press, 1995, p. 119. Para os procedimentos das cortes eclesiásticas, cf. Henry Consett, *The Practice of the Spiritual or Ecclesiastical Courts*. W. Battersby, and sold, 1700.

9.   Katharine Eisaman Maus, op. cit., pp. 1-34. O presente comentário está em débito com as análises de Maus.

10.   Ibid., pp. 111-3.

11.   Ibid., pp. 111-2.

12.   Ibid.

13.   Ibid., p. 112.

14.   Cf. Ibid., p. 110. No processo *Hales vs. Pettit* há uma nota sobre o assunto muito clara. "Imaginar mentalmente em fazer o mal sem a ação realizada não é punível em nossa lei; nem é a resolução de fazer aquele crime que não é cometido, punível, mas a efetivação (*doing*) do ato é o único ponto que a lei considera."

15.   Sobre o assunto, relacionando discurso médico e religioso, ver: G. S. Rousseau, "'A Strange Pathology': Hysteria in the Early Modern World, 1500-1800". In: *Hysteria beyond Freud*. Berkeley: University of California Press, 1993; Kaara L. Peterson, "Histerica Passio: Early Modern Medicine, King Lear, and Editorial Practice", *Shakespeare Quarterly* 57, n. 1, 2006, pp. 1-22, doi:10.1353/shq.2006.0047; Lawrence Flores Pereira, "Fantasias uterinas, procriação e vulnerabilidade masculina em *King Lear*". In: Lucia Serrano Pereira (Org.). *A ficção na psicanálise. Passagem pela outra cena*. Porto Alegre: Associação Psicanalítica de Porto Alegre, 2014, pp. 344-76; Chris Laoutaris, *Shakespearean Maternities: Crises on Conception in Early Modern England*. Edinburgh University Press, 2008; Michael Carl Schoenfeldt, *Bodies*

and Selves in Early Modern England: Physiology and
Inwardness in Spenser, Shakespeare, Herbert, and
Milton. Cambridge University Press, 1999; Audrey
Eccles, Obstetrics and Gynaecology in Tudor and
Stuart England. Londres: Taylor & Francis, 1982.
Ver também Jacques Darriulat, Jérôme Bosch et la
fable populaire. Lagune, 1995. Darriulat faz um
interessante estudo sobre textos que tratam da ob-
sessão uterina no ciclo lendário sobre o imperador
romano Nero.

16. Jan Kott, op. cit., p. 118.

17. Bernard Spivack, Shakespeare and the Allegory of
     Evil: The History of a Metaphor in Relation to his
     Major Villains. Columbia University Press, 1972.

18. Stephen Greenblatt, Renaissance Self-fashioning:
     from More to Shakespeare. University of Chicago
     Press, 1984, pp. 222-4.

19. Ibid.

20. O mito de uma Veneza que é a encarnação da sere-
     nidade foi uma invenção da própria Veneza, que, já
     decadente, sentiu-se, no século XVI, tentada a proje-
     tar uma imagem no mundo que fosse a da harmonia
     terrena: esse retrato foi sintetizado no livro De Ma-
     gistratibus et republica Venetorum, escrito pelo ha-
     bilíssimo cardeal Gasparo Contarini e traduzido para
     o inglês por Lewes Lewknor, tendo sido publicado
     em 1599 com o título de The Commonwealth and
     Government of Venice. Todas as concepções sobre a
     política e a governança de Veneza que vigoraram no
     século XVII no mundo são originárias desse grande
     retrato. Há inclusive passagens nos primeiros capítu-
     los sobre o uso de estrangeiros no Exército veneziano
     que devem ter chamado a atenção de Shakespeare.
     Este aproveitou muitos elementos dessa narrativa,
     entre os quais a reunião noturna e urgente, logo no
     segundo ato, em que a Signoria, o conselho liderado
     pelo Duque, decide os rumos bélicos da cidade em
     sua guerra contra os turcos. Na cidade o processo de
     aconselhamento e decisão entre os senadores e o Du-

que é inspirado nessa visão "prudencial" da República de Veneza.

21.   Ibid., p. 170.

22.   G. S. Rousseau, op. cit.; Lawrence Flores Pereira, op. cit.; Chris Laoutaris, op. cit.

23.   Quero expressar aqui meu débito para com o pormenorizado estudo de Michael Neill sobre racismo, que foi parcialmente incorporado nesta Introdução. Michael Neill, "Introduction". In: *Othello. The Moor of Venice*. Oxford: Oxford University Press, 2008.

24.   Brian Vickers, *Shakespeare: The Critical Heritage*. Nova York: Routledge, 1995, v. 2, p. 19.

25.   John Mandeville, *The Travels of Sir John Mandeville*. Penguin UK, 2005.

26.   Norman Sanders, "Introduction", in *Othello. The New Cambridge Shakespeare. Edited by Norman Sanders*. Cambridge: Cambridge University Press, 2003, p. 11.

27.   Andrew Hadfield, *William Shakespeare's Othello: A Routledge Study Guide and Sourcebook*. Routledge, 2005, p. 11.

28.   Apud Stephen Orgel, *The Authentic Shakespeare: And Other Problems of the Early Modern Stage*. Routledge, 2013, p. 200.

29.   Leo Africanus, *The History and Description of Africa and of the Notable Things Therein Contained*. Londres: Hakluyt Society, 1896, v. 1. Disponível em: <https://archive.org/stream/no92v1works01hakluof-t#page/n5/mode/2up>.

30.   Andrew Hadfield, op. cit., p. 11.

31.   Julie Hankey, "Introduction", in *Othello. Shakespeare in Production*. Cambridge, 2005, p. 11.

32.   Ibid.

33.   Thomas Wright, *The Passions of the Mind in General*. Garland Pub., 1986, p. 144.

34.   Janet Adelman, op. cit.

35.   Julie Hankey, op. cit., p. 12.

36.   Samuel Taylor Coleridge e Henry Nelson Coleridge, *The Complete Works of Samuel Taylor Coleridge:*

With an Introductory Essay upon His Philosophi-cal and Theological Opinions. Harper & Brothers, 1854, v. 4, p. 178. Tradução minha.

37.   Michael Neill, op. cit., p. 42.

38.   Ibid.; Maurice M. G. Dowling, *Othello Travestie. An Operatic Burlesque Burletta*, 1859.

39.   Neill, op. cit., p. 44.

40.   Ibid.

41.   Ibid., p. 49.

42.   Ibid.

43.   Errol Hill, *Shakespeare in Sable: A History of Black Shakespearean Actors.* University of Massachusetts Press, 1986, p. 25.

44.   Bernth Lindfors, *Ira Aldridge, the African Roscius.* University Rochester Press, 2007, pp. 180-1; Bernth Lindfors, *Ira Aldridge: Performing Shakespeare in Europe, 1852-1855.* Boydell & Brewer, 2013, p. 5.

45.   Apud Hankey, op. cit., p. 55.

46.   Apud Neill, op. cit., p. 52.

47.   A. C. Bradley, *Shakespearean Tragedy.* Londres: Macmillan, 1937, p. 198. Cf. também a tradução bra-sileira de Alexandre F. Rosas, A. C. Bradley, *Tragédia shakespeariana: Hamlet, Otelo, Rei Lear, Macbeth.* São Paulo: Martins Fontes, 2009.

48.   Neill, op. cit., p. 114.

49.   Barbara Everett, "'Spanish' Othello: The Making of Shakespeare's Moor", org. Stanley Wells, *Shakespeare Survey*, 1982, pp. 101-12.

50.   William Shakespeare, *Othello*, org. E. A. J. Honig-mann. 3. ed. Bloomsbury Arden Shakespeare, 1996, p. 17.

51.   Julia Reinhard Lupton, "Othello Circumcised: Shakespeare and the Pauline Discourse of Na-tions", *Representations*, n. 57, 1997, pp. 73-89, doi:10.2307/2928664.

52.   Frank Raymond Leavis, "Diabolic Intellect and the Noble Hero", *Scrutiny*, n. 7, 1937, pp. 259-83. "[...] a matéria ['stuff'] de que ele é feito começa de uma vez a deteriorar", p. 267.

53.   Laurence Lerner, "The Machiavel and The Moor", *Essays in Criticism* IX, n. 4, 1959, p. 360, doi:10.1093/eic/IX.4.339.

54.   Sanders, op. cit., p. 44.

55.   Neill, op. cit., p. 118.

56.   M. R. Ridley, "Introduction". In: *Othello, Arden.* 2. ed. Nova York: Methuen, 1985; Neill, op. cit., p. 11.

57.   Eldred D. Jones, *Othello's Countrymen: The African in English Renaissance Drama.* Oxford: Oxford University Press, 1965.

58.   G. K. Hunter, *Othello and Colour Prejudice.* Oxford University Press, 1967.

59.   Neill, op. cit., p. 119.

60.   Ibid.

61.   Jeremias 13,23.

62.   G. K. Hunter, "Othello and the Colour Prejudice". In: *Dramatic Identities and Cultural Tradition: Studies in Shakespeare and His Contemporaries.* Liverpool: Liverpool University Press, 1978, p. 55.

63.   Martin Orkin, "Othello and the 'Plain Face' of Racism", *Shakespeare Quarterly* 38, n. 2, 1987, pp. 166-88, doi:10.2307/2870559.

64.   Jack D'Amico, *The Moor in English Renaissance Drama.* Tampa: Gainesville, FL: University Press of Florida, 1991.

65.   Anthony Gerard Barthelemy, *Black Face, Maligned Race: The Representation of Blacks in English Drama from Shakespeare to Southerne.* LSU Press, 1987.

66.   Vaughan, op. cit., p. 70.

67.   Neill, op. cit., p. 125.

68.   Ibid., p. 124.

69.   Cf. em particular María Antonia Garcés, *Cervantes in Algiers: A Captive's Tale.* Vanderbilt University Press, 2005.

70.   E. A. J. Honigmann, "Introduction". In: *Othello.* Arden Shakespeare. Third Series, 1996, p. 2.

71.   Gasparo Contarini, *The Commonwealth and Government of Venice.* Londres: impresso por Iohn Windet para Edmund Mattes, 1599. Disponível em: <http://

sceti.library.upenn.edu/sceti/printedbooksNew/index cfm?textID=contarini>.

72. Africanus, op. cit., p. 7.

73. Ibid.

74. Ibid., p. 6.

75. Ibid. Tradução minha.

76. Contarini, op. cit.

77. Vaughan, op. cit., pp. 18-21.

78. Ibid.

79. Richard Knolles, *The Generall Historie of the Turkes*. Londres: Adam Islip, 1603, p. 557. Tradução minha.

80. Geffraie (Geoffrey) Fenton, *Certaine Tragical Discourses of Bandello*. Londres: David Nutt, 1898, v. 1.

81. Vaughan, op. cit., p. 82.

82. Ibid.

83. Giovanni Battista Giraldi Cinthio, *De gli Hecatommithi di G. Gyraldi Cinthio. Parte Prima*. Mondovì: Apresso Lionardo Torrentino, 1565.

84. Michele Marrapodi, *Shakespeare, Italy, and Intertextuality*. Manchester University Press, 2004, p. 80.

85. Farsesco, mas também "cômico", como muito bem assinalou Bárbara Heliodora. "*Otelo*, uma tragédia construída sobre uma estrutura cômica". In: *Falando de Shakespeare*. São Paulo: Perspectiva, 2004, pp. 276-85.

86. Ibid., p. 276.

87. Elder Pliny, *The Historie of the World Commonly Called, the Naturall Historie of C. Plinius Secundus. Translated into English by Philemon Holland Doctor in Physicke. The First Tome*. Early English Books, 1475-1640 / 903:03. Londres: Adam Islip, 1601.

88. Knolles, op. cit.

89. Neill, op. cit., p. 400.

O curinga no baralho

W. H. AUDEN

A razão é uma dádiva de Deus; mas as paixões também.
A razão é tão culpada quanto a paixão.

J. H. Newman

I

Toda consideração sobre a tragédia de Otelo deve se ocupar primeiro, não com o herói oficial, mas com o vilão. Não consigo pensar em outra peça teatral em que um único personagem realize ações pessoais — todas as *proezas* são de Iago —, e todos os outros personagens, sem exceção, apenas apresentem condutas. Ao se casarem, Otelo e Desdêmona realizaram uma ação, mas isso ocorre antes do início da peça. Não consigo tampouco pensar em outra peça em que o vilão seja tão completamente triunfante: tudo o que promete fazer, Iago cumpre — e entre suas metas incluo sua autodestruição. Até mesmo Cássio, que sobrevive, é mutilado para sempre.

Se *Otelo* é uma tragédia — e, com certeza, não pode ser chamada de comédia —, a peça é trágica de um modo peculiar. Na maior parte das tragédias, a queda de um herói de um estado de glória para a infelicidade e a morte pode ser obra tanto dos deuses como das ações livremente escolhidas do protagonista, ou pode ser uma mescla dos dois casos. Mas a queda de Otelo é obra de outro ser humano; nada que ele

diz ou faz tem origem nele. Consequentemente, sentimos piedade por ele, mas nenhum respeito; nosso respeito estético é
reservado a Iago.

Iago é um homem perverso. O homem perverso, o vilão
teatral, como assunto de interesse dramático sério, não aparece, até onde sei, no drama da Europa Ocidental antes dos
elisabetanos. Nos mistérios medievais, os personagens perver-
sos, como Satã ou Herodes, são tratados comicamente, mas o
tema do vilão triunfante não pode ser tratado comicamente,
pois o sofrimento que ele inflige é real.

Uma distinção deve ser feita entre o personagem vilanes-
co — figuras como Don John, em *Muito barulho por nada*,
Ricardo III, Edmund, em *Rei Lear*, Iachimo (Giácomo), em
Cimbeline — e personagens meramente criminosos — figuras
como o duque Antônio em *Tempestade*, Ângelo, em *Medida
por medida,* Macbeth ou Cláudio, em *Hamlet*. O criminoso
é alguém que se encontra numa situação em que é tentado a
transgredir a lei e sucumbe à tentação: obviamente, ele devia
ter resistido à tentação, mas todos, tanto no palco como entre o público, hão de admitir que, se tivessem sido colocados
na mesma situação, também seriam tentados. As oportunidades são excepcionais — Próspero, imerso em seus livros,
deixou o governo de Milão ao seu irmão, Ângelo está numa
posição de absoluta autoridade, Cláudio é o amante da rainha, Macbeth é instilado por profecias e oportunidades en-
viadas dos céus, mas o desejo por um ducado ou pela coroa
ou por uma menina casta e linda são desejos que qualquer
um pode se imaginar sentindo.

O vilão, por outro lado, é apresentado, desde o início,
como um *malcontent*, uma pessoa com um rancor generali-
zado contra a vida e a sociedade. Na maioria dos casos, isso é
compreensível porque o vilão foi, na verdade, enganado pela
Natureza e pela Sociedade: Ricardo III é corcunda, Don John
e Edmund são bastardos. O que distingue suas ações das de
um criminoso é que, mesmo quando possuem algo tangível a
ganhar, o ganho é uma satisfação secundária; sua satisfação

primeira é infligir sofrimento aos outros ou exercer poder sobre os outros contra a vontade deles. Ricardo, na verdade, não deseja Anne; gosta é de ter êxito ao cortejar uma mulher cujo marido e sogro ele assassinou. Já que convenceu Gloucester de que Edgar é um pretenso parricida, Edmund não precisa, para se tornar um herdeiro, entregar traiçoeiramente seu pai a Cornwall e Regan. Don John, em *Muito barulho por nada*, não tem nada a ganhar pessoalmente ao arruinar a felicidade de Cláudio e Hero, salvo o prazer de vê-los infelizes. Giácomo é um caso duvidoso de vilania. Quando ele e Póstumo fazem sua aposta, o último o adverte: "Se ela continuar não seduzida, se não conseguires mostrar nada do contrário, por tua má opinião e por teres atentado contra a castidade dela, haverás de me responder com tua espada".

Na medida em que enganar Póstumo é simplesmente medo físico de perder a vida num duelo, Giácomo é um covarde, não um vilão; ele é um vilão só na medida em que sua motivação é o prazer de fazer e ver o inocente sofrer. A descrição de Coleridge das ações de Iago como "malignidade imotivada" aplica-se, em certa medida, a todos os vilões de Shakespeare. O adjetivo "imotivado" significa, antes de tudo, que os ganhos tangíveis, caso existam, claramente não são as principais motivações e, além disso, que a motivação não é o desejo de vingança pessoal contra outra pessoa, devido a um dano pessoal. O próprio Iago declara duas razões para seu desejo de prejudicar Otelo e Cássio. Diz a Rodrigo que Otelo, ao apontar Cássio como seu lugar-tenente, tratou a ele, Iago, injustamente, isso numa conversa em que fala como um típico *malcontent* do teatro elisabetano. Nos seus solilóquios, menciona sua suspeita de que tanto Otelo como Cássio fizeram dele um corno, e aqui fala como o típico marido ciumento que arde por vingança. Mas creio que há objeções insuperáveis à adoção que alguns críticos fizeram dessas razões. Se um dos objetivos de Iago é suplantar Cássio no posto de tenente, então seu plano fracassa, pois, quando Cássio é cassado de seu posto, Otelo não aponta Iago em seu lugar. É verdade que,

no ato III, cena III, quando um e outro juram vingança, num
pacto fraterno de sangue, Otelo conclui com as palavras

Agora és meu tenente.

ao que Iago responde:

Eu sou vosso para sempre.

Mas o uso da palavra "tenente", nesse contexto, sem dúvida
se refere não a um grau militar de caráter público, porém a
uma delegação privada e ilegal de autoridade — o serviço
delegado a Iago é o assassinato secreto de Cássio, e a réplica
de Iago, que soa como um eco de escárnio para uma linha
anterior de Otelo, refere-se a uma relação que não pode jamais se tornar pública. A ambiguidade da palavra é confirmada pelo seu uso na primeira linha que se segue imediatamente. Desdêmona diz

Rapaz, você sabe onde o Tenente Cássio está?

(Não convém atribuir muito significado à tipografia elisabetana, mas vale notar que o tenente de Otelo está em mi-
núscula e o de Desdêmona em maiúscula.) Quanto ao ciúme
de Iago, não é possível acreditar que um homem seriamente
ciumento possa se comportar com sua mulher como Iago se
comporta com Emília, pois a mulher de um marido ciumento
é a primeira pessoa a sofrer. Não só a relação de Iago e Emília, como é evidente no palco, é desprovida de tensão emocional, como Emília abertamente se refere a um rumor acerca de
sua infidelidade como algo já superado:

> Foi um sujeito destes
> Que virou do avesso a tua cabeça e te fez
> Suspeitar que eu tivesse algo com o Mouro.

Em certo momento Iago afirma que, para efetivar sua desforra contra Otelo, não descansará até que esteja quites com ele, mulher por mulher, mas na peça não há nenhuma tentativa de seduzir Desdêmona. O próprio Iago não atenta contra a virtude dela, nem mesmo encoraja Cássio a fazê-lo e impede Rodrigo de se aproximar dela.

Por fim, quem deseja seriamente a vingança pessoal, deseja também se revelar. A satisfação maior do vingador é dizer na cara de sua vítima: "Você achava que era todo-poderoso e intocável e podia me prejudicar impunemente. Agora sabe que estava errado. Talvez tenha se esquecido do que fez; dê-me o prazer de lembrá-lo".

Quando, no final da peça, Otelo, abismado, pergunta a Iago por que ele enredou sua alma e seu corpo, se o motivo real fosse vingança por ter sido corneado ou não ter recebido promoção, Iago poderia ter dito, em vez de recusar-se a explicar.

No ato II, cena I, ocorrem sete linhas que, tomadas isoladamente, parecem fazer de Iago um homem muito ciumento.

> *Mas eu também a amo,*
> *Não por pura luxúria, embora eu talvez tenha*
> *Contas a pagar por esse grande pecado,*
> *Mas mais pela dieta própria da vingança,*
> *Pois suspeitas tenho de que o Mouro lascivo*
> *Trepou na minha sela, o que só de pensar*
> *Me rói as entranhas como um sal venenoso;*

Porém, se ditas por um ator com séria paixão, essas linhas entram em desacordo com o resto da peça, inclusive com as outras linhas de Iago sobre o mesmo assunto.

> *Corre por aí que ele, em meio aos meus lençóis,*
> *Oficiou meus encargos. Eu não sei se é verdade,*
> *Mas eu, frente a uma mera suspeita do tipo,*
> *Ajo como se fosse vero!*

Não é inconcebível, dada a velocidade em que escrevia, que, em certo ponto na composição de *Otelo*, Shakespeare tenha considerado fazer com que Iago ficasse seriamente enciumado, tornando-o, como seu protótipo em Cinthio, um suposto sedutor de Desdêmona; e que, quando chegou à concepção final do personagem, tenha negligenciado a incompatibilidade das passagens sobre o *sal venenoso* e a vingança mulher-por-mulher com o restante.

Para tentar entender o caráter de Iago seria preciso começar, creio, perguntando por que Shakespeare se deu o trabalho de inventar Rodrigo, um personagem que não tem nenhum protótipo em Cinthio. Do ponto de vista de um diretor de cena, Rodrigo é uma dor de cabeça. Na primeira cena descobrimos que Brabâncio proibiu-o de frequentar sua casa, do que devemos concluir que Desdêmona encontrou-se com ele e desagradou-se dele tanto quanto seu pai. No segundo ato, para que o público saiba que ele veio para Chipre, Rodrigo tem de chegar no mesmo navio que traz Desdêmona, e, mesmo assim, ela não mostra nenhum embaraço com a presença dele. Na verdade, ela e todos os outros, salvo Iago, parecem desconhecer que ele sequer exista, pois Iago é a única pessoa que lhe dirige a palavra. Pelo que se entende, ele possui uma posição oficial no Exército, mas nunca ficamos sabendo qual é. Suas entradas e saídas são as de um boneco: se Iago estiver na companhia de alguém, ele desaparece obedientemente, e se Iago está sozinho e deseja falar com ele, ele entra em cena de chofre.

De mais a mais, pelo menos no tocante à trama de Iago, não há nada que Rodrigo faça que Iago não possa fazer melhor sem ele. Ele poderia facilmente encontrar outros meios, como uma carta anônima, de informar Brabâncio sobre a fuga de Desdêmona; e, para provocar uma contenda com o embriagado Cássio, ele próprio reconhece que possui outros meios ao seu dispor.

Três outros cipriotas, fidalgos de alma inflada,

Que estão sempre atentos a afrontas à honra,
Gente de cepa aqui dessa ilha aguerrida,
Aticei com rodadas de copos a rodo,

Já que Otelo lhe ordenou expressamente matar Cássio, Iago poderia muito bem matá-lo sem temer investigação legal. Em vez disso, ele escolhe como cúmplice um homem a quem está ludibriando e cujas suspeitas tem de aplacar com frequência; e mais, um homem totalmente ineficiente como assassino e que possui contra ele evidência incriminadora.

Um homem seriamente inclinado à vingança não se expõe a riscos desnecessários, nem se alia a quem não é confiável e que não pode dispensar. Emília não é, como em Cinthio, a cúmplice condescendente do marido, de modo que, quando Iago lhe pede para roubar o lenço, ele está correndo um risco, mas um risco que tem que assumir. Ao envolver Rodrigo, ele torna a descoberta e sua própria ruína quase certas. É uma lei do drama que, antes de caírem as cortinas, todos os segredos, culpados ou inocentes, terão sido revelados, de modo que todos, dos dois lados do palco, saibam quem fez ou não fez isso ou aquilo, mas geralmente os culpados são expostos quer porque, como Edmund, se arrependem ou confessam, quer em virtude de eventos que eles não poderiam ter racionalmente previsto. Don John não poderia ter previsto que Dogberry e Verges entreouviriam a conversa de Borachio, nem Iachimo que Pisanio desobedeceria à ordem de Póstumo de matar Imogen, nem o rei Cláudio poderia imaginar a intervenção do fantasma.

Se desejasse, Shakespeare poderia facilmente ter inventado um tipo similar de exposição para Iago. Em vez disso, ao dar a Rodrigo o papel que lhe dá, ele torna Iago um conspirador desprovido do costumeiro senso comum mundano.

Uma das intenções de Shakespeare foi, acredito, indicar que Iago deseja sua autodestruição assim como deseja a destruição dos outros, mas, antes de elaborar melhor esse ponto, consideremos o tratamento que Iago dispensa a Rodrigo, contra quem ele não tem nenhuma queixa — é *ele* que está prejudicando Rodrigo —, como uma pista sobre o que ele faz a Otelo e Cássio.

Quando pela primeira vez vemos Iago e Rodrigo juntos, a situação se assemelha a uma comédia de Ben Jonson — um canalha espertalhão está ludibriando um otário rico que merece ser logrado porque seu desejo não é mais digno que o do canalha confesso, mais inteligente, que o engana pelo dinheiro. Se a peça fosse uma comédia, Rodrigo finalmente descobriria que foi enganado, porém não se atreveria a apelar à justiça, pois se a verdade toda se tornasse pública, ele faria um papel vergonhoso ou ridículo. Porém, conforme a peça avança, fica claro que Iago não está apenas à cata de dinheiro, um motivo racional, mas que seu principal jogo é a corrupção moral de Rodrigo, o que é irracional, pois este não lhe deu nenhuma razão para que ele desejasse sua ruína moral. No início da peça, Rodrigo é mostrado como uma criatura fraca e mimada, porém nada muito pior que isso. Pode ser uma tolice dele nutrir esperanças de ganhar a afeição de Desdêmona com presentes e empregar um intermediário, mas sua conduta não é por si só imoral. Ao contrário de Cloten em *Cymbeline*, ele não é um brutamontes que enxerga as mulheres como meros objetos de lascívia. Fica genuinamente chocado e desapontado quando descobre o casamento de Desdêmona, mas continua a admirá-la como uma mulher dotada das mais sagradas condições. Por si próprio, choraria um tanto e desistiria dela. Porém Iago não o deixará sozinho. Insistindo que Desdêmona é seduzível e que o seu real rival não é Otelo, mas Cássio, ele leva Rodrigo a acalentar a ideia, originalmente estranha para ele, de tornar-se um sedutor e ajudar Iago a arruinar Cássio. Iago teve o prazer de fazer com que um homem tímido e convencional se tornasse agressivo e criminoso. Cássio surra Rodrigo. Mais uma vez, a essa altura, por si próprio, não teria ido muito além, mas Iago não o deixará sozinho até que aceite matar Cássio, um ato que é contrário à natureza dele, pois não só é tímido como também incapaz de ódio passional.

Não sinto grande devoção por essa ação,
Mas ele me deu razões bem satisfatórias:
É só um homem. Eu finco a espada: e está morto!

Por que Iago quer tanto fazer isso com Rodrigo? Para mim, a chave para isso e para toda a conduta de Iago está no comentário que Emília emite ao apanhar o lenço.

Meu genioso marido pediu-me cem vezes
Que o furtasse [...]
                            o que fará com ele,
Só os céus é que sabem, eu não sei.
Fora agradar suas fantasias, nada sei.

Como sua esposa, Emília deve conhecer Iago mais do que ninguém. E, tanto quanto outras pessoas, não sabe que ele é malévolo, ainda que saiba que seu marido é viciado em pregar trotes. O que Shakespeare nos oferece em Iago é um retrato de um pregador de trotes de tipo particularmente horripilante, e talvez o melhor modo de se aproximar da peça é fazer um estudo geral desse prega-trotes.

II

As relações sociais, enquanto distintas da irmandade de uma comunidade, são possíveis apenas se houver uma concordância social comum sobre que ações ou palavras devem ser consideradas como meios sérios para fins racionais e quais devem ser vistas como jogo, como fins em si. Em nossa cultura, por exemplo, um policial deve ser capaz de distinguir entre uma violenta briga de rua e uma luta de boxe; ou um ouvinte, entre uma peça radiofônica em que uma guerra é declarada e uma transmissão radiofônica anunciando uma declaração de guerra.

A vida social também pressupõe que acreditemos naquilo que nos é falado, a não ser que tenhamos razão para supor

que nosso informante tem um motivo sério para nos enganar, ou que ele está louco ou é incapaz de distinguir entre
a verdade e a falsidade. Se um estranho tentar me vender
ações numa mina de ouro, serei um idiota se não conferir
suas declarações antes de investir meu dinheiro, e se um
outro me diz que teve uma conversa com homúnculos que
saíram de um disco-voador, compreenderei que ele está louco. Mas se eu perguntar a um estranho o caminho para a
estação, entenderei que a resposta dele é verdadeira na medida do seu conhecimento, pois não posso imaginar que teria
algum motivo para me orientar mal.

Trotes são a demonstração de que a distinção entre serie-
dade e jogo não é uma lei da natureza, mas uma convenção
social que pode ser quebrada, e que um homem nem sempre
precisa de um motivo sério para enganar o outro.

Dois homens, vestidos como funcionários urbanos, blo-
queiam uma rua movimentada e começam a abrir um buraco.
O guarda de trânsito, os motoristas e os pedestres entendem
que essa cena familiar tem uma explicação prática — um
cano mestre ou um cabo elétrico estão sendo reparados —, e
não fazem nenhuma tentativa de utilizar a rua. Contudo, os
dois escavadores são, na verdade, cidadãos comuns disfarça-
dos que nada têm para fazer ali.

Todos os trotes são atos antissociais, mas isso não necessariamente significa que todos os trotes sejam imorais. Um
trote moral expõe uma falha na sociedade que é um obstáculo para a verdadeira comunidade ou irmandade. Que seja
possível que dois indivíduos normais abram um buraco na
rua sem ser interrompidos é uma justa crítica da vida impes-
soal de uma metrópole, onde quase todos são estranhos uns
aos outros, não irmãos; num vilarejo onde todos os habitantes se conhecem pessoalmente, essa burla seria impossível.

Uma comunidade real, enquanto distinta da vida social, é
somente possível entre pessoas cuja ideia de si e dos outros é
real, não fantástica. Há, portanto, outra classe de trotes que
se endereçam a indivíduos particulares com a intenção refor-

matória de desintoxicá-los de suas ilusões. Esse tipo de trote
é um dos truques-padrão da comédia. Os logros contra Fals-
taff feitos por Mistres Page, Mistress Ford e Dame Quickly,
ou por Octaviano contra o Barão Ochs, são possíveis porque
esses dois cavalheiros têm uma ideia fantástica de si mesmos
como encantadores de mulheres; os trotes que fazem com eles
os conduzem a um estado de autoconhecimento, e isso leva ao
mútuo perdão e à verdadeira irmandade. De forma semelhante, o embuste das mortes de Hero e de Hermione é um modo
de alertar Cláudio e Leontes de que agiram muito mal, bem
como de testar a autenticidade de seu arrependimento.

Todos os trotes, amigáveis, inofensivos ou malévolos, envolvem engodo, mas nem todos os engodos são trotes. Os
dois homens cavoucando a rua, por exemplo, podiam ser
dois assaltantes dispostos a recuperar objetos roubados que
sabiam que estavam enterrados ali. Mas, nesse caso, após terem encontrado o que procuravam, partiriam em silêncio, e
não se ouviria mais falar deles, ao passo que, se fossem pre-
gadores de trotes, teriam de revelar mais tarde o que fizeram,
ou o trote ficaria perdido. O pregador de trotes deve não apenas burlar, mas também, quando tiver obtido sucesso, tirar a
máscara e revelar a verdade às suas vítimas. A satisfação do
prega-trotes é o olhar de surpresa nos olhos dos outros quando descobrem que o tempo todo em que estavam convictos
de estar pensando e agindo de moto próprio, estavam agindo
feito marionetes de outra pessoa. Assim, embora seus trotes
possam ser em si mesmos inofensivos e muito engraçados, há
algo ligeiramente sinistro em todo pregador de peças, pois
essas burlas acabam fazendo entrever neles alguém que gosta
de fazer o papel de Deus por trás das cenas. Diferente do
típico homem ambicioso que luta por uma posição pública
dominante e gosta de dar ordens e de ver os outros obedecer-
-lhe, o pregador de peças deseja fazer com que os outros lhe
obedeçam sem que estejam cientes da sua existência até o
momento da teofania, quando ele diz: "Olhem aqui o Deus
de quem vocês foram joguetes e olhem, ele não se parece com

um deus, mas é um ser humano como vocês". O sucesso de um prega-trotes depende de sua avaliação acurada da fraqueza, da ignorância, dos reflexos sociais, das pressuposições inquestionadas e dos desejos obsessivos dos outros, e até mesmo o trote mais inofensivo é a expressão do desprezo do pregador de trotes por aqueles que ele ludibria.

Mas, na maioria dos casos, por trás do desprezo do burlador pelos outros está algo mais, um sentimento de autoinsuficiência, de carência de emoções e desejos autênticos. O ser humano normal pode ter uma noção fantasiosa de si mesmo, porém acredita nessa noção; acha que sabe quem é e o que quer, e tanto é assim que requer o reconhecimento pelos outros do valor que se atribui e deve informar aos outros o que deseja, caso queiram satisfazê-lo.

Porém o ego do pregador de trotes não tem nenhuma relação com o trote. Ele manipula os outros, mas quando finalmente revela sua identidade, suas vítimas não aprendem nada sobre sua natureza, apenas algo sobre elas próprias; elas entendem como foi possível ser enganadas, mas não por que razão o burlador as escolheu para enganar. A única resposta que qualquer pregador de trotes pode dar à pergunta "Por que você fez isso?" é a que o próprio Iago dá: "Não me perguntem nada. O que sabem, já sabem".

Não se pode dizer que, ao ludibriar os outros, o prega-trotes satisfaça algum desejo concreto de sua natureza; ele apenas demonstra a fraqueza dos outros, e tudo o que pode agora fazer, depois de ter revelado sua existência, é se curvar e se retirar do palco. Ele só se relaciona com os outros enquanto esses não estão conscientes de sua existência; quando se dão conta dela, não pode mais enganá-los, e a relação foi rompida.

O pregador de peças despreza suas vítimas, mas, ao mesmo tempo, as inveja, pois os desejos delas, embora infantis e equivocados, são, para elas, verdadeiros, ao passo que ele não tem nenhum desejo que possa ser chamado seu. Seu objetivo de jogar com os outros torna sua existência absolutamente dependente da deles; quando está sozinho, ele é uma nulidade. A autodescrição de Iago, *Eu não sou o que sou*, é correta, e a negação da palavra divina, *Eu sou o que sou*. Se dermos à palavra "motivo" seu sentido normal de um desígnio do sujeito, como sexo, dinheiro, glória etc., então o pregador de peças não possui motivo. Entretanto, o pregador de peças profissional é certamente atraído, como o jogador, à sua atividade, mas a atração é negativa, um temor de não ter um eu concreto, de ser ninguém. Em todo pregador de trotes para o qual fazer trotes é uma paixão há sempre um elemento de malícia, uma projeção de auto-ódio nos outros, e, no caso extremo do pregador de trotes absoluto, em todos os seres da criação. A declaração de Iago, "Eu não sou o que sou", recebe uma explicação apropriada no *Credo* que Boito escreveu para ele em seu libreto para a ópera de Verdi:

> *Creio em um Deus cruel que me criou*
> *À sua imagem, e que em fúria nomeio.*
> *Da vileza de um germe e de um átomo*
> *Vil nasci,*
> *Sou celerado*
> *Porque sou homem:*
> *E sinto o lodo originário em mim*
> *E creio o homem joguete da iníqua sorte*
> *Do germe do berço*
> *Ao verme do jazigo.*
> *Vem, depois de tanto escárnio, a Morte.*
> *E depois? A Morte e o Nada.*[1]

---

1. "*Credo in un Dio crudel che m'ha creato/ Simile a se, e che nell'ira io nomo./ Dall viltà d'un germe e d'un atomo/ Vile son nato,/ Son scellerato/ Perchè son uomo:/ E sento il fango originario in me/ E credo l'uom gioco d'iniqua sorte/ Dal germe dela culla/ Al verme dell'avel./ Vien dopo tanto irrision la Morte./ E poi? La Morte e il Nulla.*"

Igualmente aplicável a Iago é o *Esboço de uma serpente*, de Paul Valéry. A serpente fala a Deus, o Criador, assim:

> *Ó Vaidade! Causa Inicial!*
> *Esse que reina sobre os céus,*
> *Com a voz que foi o fanal,*
> *Abriu o universo. E foi Deus,*
> *Cansado de seu espetáculo,*
> *Ele mesmo rompendo o obstáculo*
> *De sua perfeita eternidade,*
> *Que fez, dissipador de ciências,*
> *Do seu Princípio, consequências,*
> *E estrelas, de sua Unidade.*[2]

E de si mesmo diz o seguinte:

> *Eu sou Aquele que muda.*[3]

A divisa ideal, sem dúvida, para o brasão de Iago.

Como a meta última de Iago é o nada, ele deve não somente destruir os outros, mas a si próprio também. Assim que Otelo e Desdêmona estão mortos, sua "ocupação é finda".

Transmitir isso ao público demanda do ator que encarna o papel o mais violento contraste na maneira como atua quando Iago está com outros e quando é deixado a sós. Com os outros, ele deve exibir todos os tipos de truques e virtuosidades técnicas e dramáticas por que os atores são elogiados,

---

2. "*O Vanité! Cause Première/ Celui qui règne dans les Cieux/ D'une voix qui fut la lumière/ Ouvrit l'univers spacieux./ Comme las de son pur spectacle/ Dieu lui-même a rompu l'obstacle/ De sa parfaite éternité/ Il se fit Celui qui dissipe/ En conséquences son Principe,/ En étoiles son Unité.*" Tradução de Augusto de Campos, *Paul Valéry: A serpente e o pensar*. São Paulo: Ficções, 2011, p. 33.

3. "*Je suis Celui qui modifie*". Tradução de Augusto de Campos.

perfeito controle dos movimentos, do gesto, da expressão, da dicção, da melodia e timing, assim como a habilidade de desempenhar todo tipo de papel, pois há tantos Iagos "honestos" quanto há personagens com os quais conversa, um Iago Rodrigo, um Iago Cássio, um Iago Otelo, um Iago Desdêmona etc. Quando está só, por outro lado, o ator deve exibir todos os tipos de falhas técnicas pelas quais os maus atores são criticados. Deve se despojar de toda presença de palco e deve proferir as linhas de seus solilóquios de modo a torná-los absurdos. Sua voz deve sair sem grande expressão, sua elocução deve ser atroz, ele deve pausar onde o verso não pede pausas, acentuar palavras sem importância etc.

III

Se Iago é tão alienado da natureza e da sociedade a ponto de não ter nenhuma relação com o tempo e o lugar — ele pode surgir em qualquer lugar, a qualquer momento —, suas vítimas são cidadãos da Veneza de Shakespeare. Para ser de interesse dramático, um personagem deve em alguma medida estar em conflito com a sociedade de que é um membro, mas seu afastamento normalmente se dá a partir de uma situação social específica.

A Veneza de Shakespeare é uma sociedade mercantil, cujo propósito não é a glória militar, mas a aquisição de riquezas. Entretanto, a natureza humana sendo o que é, como qualquer outra sociedade, ela tem inimigos, rivais comerciais, piratas etc. contra os quais deve se defender, se necessário pela força. Como uma sociedade mercantil considera o negócio da guerra desagradável, mas infelizmente às vezes inevitável, e não como a aristocracia feudal, como uma forma de jogo, ela substitui o velho recrutamento feudal por um exército pago profissional, com indivíduos empregados pelo Estado, para os quais o exercício bélico é um trabalho especializado.

Em um exército profissional, a patente de um soldado não é determinada por seu status social ou civil, mas por sua eficiência militar. Diferente do cavaleiro feudal que possui uma residência civil da qual está ausente de tempo em tempo, mas para a qual, entre as campanhas, ele regularmente retorna, a casa do soldado profissional é um acampamento do exército, e ele deve ir aonde quer que o Estado o envie. O relato de Otelo sobre sua vida de soldado, gasta em paisagens e climas exóticos, teria chocado Hotspur, que veria ali algo sem naturalidade, nada cavalheiresco e sem nenhuma graça.

Um exército profissional possui suas próprias experiências e seu próprio código de valores, diferente daquele praticado pelos civis. Em *Otelo*, temos duas sociedades, a da cidade de Veneza e a do exército de Veneza. O único personagem que, por ser um estranho a esses mundos, é capaz de simular que está familiarizado com ambos é Iago. Com o pessoal do exército pode bancar o soldado durão, mas na sua primeira cena com Desdêmona, logo na chegada a Chipre, ele fala como um personagem saído de *Trabalhos de amor perdidos*. O comentário de Cássio

Vais apreciá-lo mais como soldado do que como erudito.

é provocado pela inveja. Iago sobrepujou-o no estilo galanteador eufuístico da conversação, que ele considera o seu forte. Rodrigo não se sente em casa nem com os civis, nem com os soldados. Falta-lhe o charme que torna um homem um sucesso com as mulheres, e a coragem física e o entusiasmo que tornam um homem popular num banquete militar. O aspecto simpático de seu caráter, até Iago destruí-lo, é certa humildade; ele sabe que é uma pessoa destituída de relevância. Se não fosse por Iago, teria permanecido como uma espécie de Bertie Wooster, e é possível suspeitar aqui que a ideia de que o coração de Desdêmona poderia se enternecer com presentes caros talvez não tenha vindo dele, mas por sugestão de Iago.

Quando o trapaceia, Iago tem de superar a consciência que Rodrigo tem da própria inadequação, persuadindo-o de que ele poderia ser aquilo que não é, encantador, corajoso, cheio de sucesso. Por consequência, para Rodrigo e, creio, somente para Rodrigo, Iago diz mentiras puras e simples. A mentira pode ser algo factual, como quando ele diz a Rodrigo que Otelo e Desdêmona não retornarão a Veneza, mas vão para a Mauritânia, ou uma mentira sobre o futuro, pois é óbvio que, mesmo que Desdêmona seja seduzível, Rodrigo nunca vai ser o homem escolhido. Tendo a achar que a história que Iago conta a Rodrigo da sua frustração relativa ao posto de tenente é uma fabricação deliberada. Nota-se, por exemplo, que ele se contradiz. Primeiro, ele alega que Otelo apontou Cássio contrariando o pedido de três eminências da cidade, que haviam recomendado Iago, mas algumas linhas adiante, diz

> *As promoções se dão por gosto e indicação,*
> *Não por tempo e por gradação, quando um segundo*
> *Herda de um primeiro.*

Quando engana Cássio e Otelo, por outro lado, Iago tem de lidar com personagens que conscientemente têm opinião favorável de si mesmos, mas que são inconscientemente inseguros. Com eles, portanto, sua tática é diferente; o que ele lhes conta é sempre possivelmente verdade.

Cássio é um homem das mulheres, ou seja, um homem que se sente à vontade em companhia feminina, quando seus olhares e suas boas maneiras o tornam popular, mas está sempre desconfortável na companhia de seu próprio sexo porque não está seguro de sua masculinidade. Seria perfeitamente feliz na vida civil, porém as circunstâncias o tornaram um soldado e foi empurrado, por causa da profissão, a uma sociabilidade que é predominantemente masculina. Se tivesse nascido uma geração antes, jamais se veria dentro do exército, mas as mudanças na técnica da guerra demandam dos soldados não apenas a coragem física e a agressividade que os guerreiros sempre precisaram, mas também dons intelectuais. O exército veneziano precisa agora de matemáticos, especialistas na ciência da artilharia. Porém, em todas as épocas, a típica mentalidade militar é conservadora e ressente o perito intelectual.

> *Um tipo*
> *Que nunca conduziu um esquadrão no campo,*
> *E que entende tanto quanto uma fiandeira*
> *De linhas de batalha [...] É pura prosa, pouca prática*
> *A sua vida militar.*

é uma crítica que já se ouviu em reuniões militares em todas as guerras. Como tantas pessoas que não suportam se sentir impopulares e que, portanto, reprimem seu conhecimento daquilo que são, Cássio se torna briguento quando bêbado, pois o álcool libera seu até então abafado ressentimento por não ser admirado por seus companheiros de armas, assim como o seu desejo de provar que é o que não é, tão "varonil" quanto os outros. É significativo que, quando ele recupera a sobriedade, seu arrependimento não é por ter se comportado mal, em desconformidade com seus padrões, mas por ter perdido sua reputação. O conselho que Iago então lhe dá, de convencer Desdêmona a defendê-lo perante Otelo, é, em si mesmo, um bom conselho, pois Desdêmona obviamente gosta dele, mas é também o exato conselho que um personagem-tipo como Cássio gostará de ouvir, pois a sociedade feminina é onde ele se sente mais em casa.

Emília informa Cássio que, por iniciativa própria, Desdêmona já intercedeu em favor dele e que Otelo disse que aproveitará a ocasião mais segura no front para restaurá-lo no posto. Ao ouvir isso, muitos homens teriam se contentado com deixar as coisas entrar nos eixos sozinhas, mas Cássio persiste: o prazer de uma conversa íntima com uma senhora acerca de seu eu fascinante é por demais tentador.

Enquanto está falando com Desdêmona, Otelo é visto se aproximando e ela diz:

Fique aqui, e me escute falar.

Muitos homens teriam obedecido, mas a inquietação de Cássio com seu próprio sexo, em especial quando está desgraçado, é muito forte, e assim ele sai furtivamente, fornecendo a Iago a primeira oportunidade para fazer uma insinuação.

Cássio é o homem das mulheres, não um sedutor. Com as mulheres de sua própria classe o que ele aprecia é o erotismo socializado; ele ficaria assustado com uma paixão pessoal séria. Para o sexo físico procura prostitutas, e quando, inesperadamente, Bianca se apaixona por ele, como tantas outras, ele se comporta como um grosseirão e se gaba de sua conquista. Embora não saiba quem é mesmo o dono do lenço, certamente sabe que Bianca vai pensar que pertence a outra mulher, e pedir que ela o copie é uma crueldade gratuita. Seus sorrisos, gestos e comentários para Iago sobre Bianca são, em si mesmos, insuportáveis; para Otelo, que sabe que ele está falando sobre uma mulher, embora esteja enganado quanto à identidade dela, são um insulto que somente a morte de Cássio pode vingar.

Em Cinthio nada se diz sobre a cor do Mouro ou sua religião, mas Shakespeare tornou Otelo um negro que foi batizado.

Sem dúvida há diferenças entre o preconceito de cor no século XX e no XVII, e provavelmente poucos dentre os espectadores de Shakespeare tinham visto alguma vez um negro, mas o comércio escravo já estava florescendo e os elisabetanos não eram inocentes para os quais o negro era simplesmente algo exótico e cômico. Linhas como

> [...] *um carneiro preto, velho*
> *Está cobrindo a sua ovelha branca* [...]

Até o abraço bruto de um mouro lascivo [...]

[...] *que deleite pode haver pra ela em olhar de frente
o capeta?*

são indícios de que as fantasias paranoicas do homem branco em que o negro aparece como alguém ao mesmo tempo
menos capaz de autocontrole e mais sexualmente potente,
fantasias com as quais infelizmente somos muito familiares, já eram exuberantes nos tempos de Shakespeare.

A Veneza tanto de *O mercador de Veneza* como de
Otelo é uma sociedade cosmopolita em que há dois tipos
de laço social entre seus membros, o laço dos interesses
econômicos e os de amizade pessoal, que podem coinci-
dir, correr paralelos ou conflitar, e ambas as peças tratam
de um caso extremo de conflito.

Veneza precisa de financistas para fornecer capital e
precisa do melhor general que é possível contratar para se
defender; ocorre que o mais hábil financista disponível é
um judeu e o melhor general é um negro, e nenhum dos
dois a maioria está inclinada a aceitar como irmão.

Embora ambos sejam vistos como forasteiros pela comunidade veneziana, a relação de Otelo com ela difere da
de Shylock. Em primeiro lugar, Shylock rejeita a comunidade gentia com a mesma firmeza com que a comunidade
gentia o rejeita; ele fica furioso quando ouve que Jessica
se casou com Lorenzo, do mesmo modo que Brabâncio
se enfurece com a fuga de Desdêmona com Otelo. Em
segundo lugar, ao passo que a profissão de usurário, mesmo que útil socialmente, é vista como ignóbil, a profissão
militar, mesmo que a meta da sociedade mercantil não
seja a glória militar, é ainda muito admirada e, além disso, para os civis sedentários que governam a cidade, ela
tem um glamour exótico e romântico que não teria numa
sociedade feudal, onde combater é uma experiência familiar partilhada.

Assim, nenhum veneziano sonharia em cuspir em Otelo e, desde que não se apresente a questão de ele casar dentro da família, Brabâncio está encantado com a ideia de acolher o famoso general e ouvir as histórias de sua vida militar. No exército, Otelo está acostumado a ser obedecido e tratado com respeito por sua graduação e, nas suas raras visitas à cidade, é recebido pela aristocracia branca como alguém importante e interessante. Na aparência, ninguém o trata como um forasteiro, como tratam Shylock. Consequentemente, é fácil para ele se deixar persuadir de que foi aceito como um irmão, e quando Desdêmona o aceita como marido, ele parece ter a prova disso.

É doloroso ouvi-lo dizer

> *Se eu não amasse tanto a gentil Desdêmona,*
> *Eu nunca, por nada no mundo, cercaria*
> *Minha livre condição com essas balizas,*
> *Dentro desses confins.*

pois a condição de forasteiro sempre é livre, sem balizas e confins. Ele não reconhece nem vai reconhecer que a visão de Brabâncio sobre o casamento —

> *Pois se um ato destes não sofre apuração*
> *Vamos ser governados por servos e pagãos.*

— é partilhada por todos os seus pares senadores, e a chegada de notícias sobre a frota turca os impede de dizê-lo claramente, porque a necessidade que possuem da perícia militar de Otelo é por demais urgente para correrem o risco de ofendê-lo.

Se se compara *Otelo* com outras peças em que Shakespeare trata do assunto do ciúme masculino, *Conto de inverno* e *Cymbeline*, nota-se que o ciúme de Otelo é de um tipo peculiar.

Leontes é o caso clássico de ciúme sexual paranoico que vem de sentimentos homossexuais reprimidos. Ele não tem absolutamente nenhuma evidência de que Hermione e Políxenes tenham cometido adultério, e sua corte inteira está convencida da inocência deles, mas ele está totalmente mergulhado em sua fantasia. Como diz para Hermione: "Suas ações são meus sonhos". Mas, louco como é, "as nove mudanças da estrela aquosa" que Políxenes passou na corte boêmia fazem o ato de adultério fisicamente possível, de modo que, uma vez que a noção entrou em sua cabeça, nem Hermione, nem Políxenes, nem a corte podem provar que é falsa. Por isso o apelo ao Oráculo.

Póstumo é perfeitamente são e está convencido, contra sua vontade, que Imogen foi infiel porque Iachimo lhe oferece evidência aparentemente irrefutável de que o adultério aconteceu.

Mas tanto o ensandecido Leontes como o sensato Póstumo reagem do mesmo modo: "Minha esposa foi infiel; portanto, ela deve ser morta e esquecida". Ou seja, é somente como maridos que suas vidas são afetadas. Como rei da Boêmia, como guerreiro, eles agem como se nada tivesse acontecido.

Em *Otelo*, graças às manipulações de Iago, Cássio e Desdêmona comportam-se de um modo que torna não de todo insensato para Otelo suspeitar que estejam apaixonados um pelo outro, mas o fator tempo exclui a possibilidade de um adultério ter sido realmente cometido. Alguns críticos interpretam o duplo tempo na peça como mero artifício dramático para acelerar a ação, o qual o público no teatro nunca notará. Creio, contudo, que Shakespeare queria que o público o notasse, assim como, em *O mercador de Veneza*, ele quis que notassem a discrepância entre o tempo de Belmont e o de Veneza.

Se Otelo tivesse ciúme apenas dos sentimentos que Desdêmona teria por Cássio, ele seria um homem são e culpado no máximo de falta de confiança na esposa. Mas Otelo não é ciumento apenas de sentimentos que talvez existam; ele demanda prova para um ato que não pode ter acontecido, e o efeito sobre ele de acreditar nessa impossibilidade física vai muito além do desejo de matar Desdêmona: não é apenas sua esposa que o traiu, mas o universo todo; a vida tornou-se sem sentido, sua ocupação se extinguiu.

Seria de esperar tal reação se Otelo e Desdêmona fossem um par como Romeu e Julieta ou como Antônio e Cleópatra, cujo amor é uma paixão poderosamente absorvente do tipo Tristão e Isolda, mas Shakespeare toma o cuidado de nos informar de que não é.

Quando Otelo solicita a permissão para levar Desdêmona com ele para Chipre, ele enfatiza o elemento espiritual de seu amor.

> *não a peço agora*
> *Pra adular o palato de meu apetite,*
> *Nem pra ceder, já que não tenho o antigo fogo,*
> *Aos gozos e mesmo às satisfações mais lícitas,*
> *Mas pra ser largo e liberal com a mente dela.*

Embora as imagens em que ele expressa seu ciúme sejam sexuais — que outras imagens poderia usar? —, o casamento é importante para Otelo menos como uma relação sexual do que como um símbolo de que é amado e aceito como uma pessoa, um irmão na comunidade veneziana. O monstro em sua mente, hediondo demais para ser mostrado, é a desconfiança, que ele até agora reprimiu, de que é valorizado apenas por sua utilidade para a Cidade. Não fosse por suas funções, ele seria tratado como um bárbaro negro.

O caráter crédulo demais, de natureza por demais bondosa, que, tal como Iago nos conta, Otelo sempre ostentou é um sintoma revelador. Teve de adotar essa hipercredulidade como compensação por suas suspeitas reprimidas. Tanto em sua felicidade, no início da peça, como no seu desespero cósmico posterior, Otelo lembra muito mais Timon de Atenas do que Leontes.

Já que o que realmente importa para Otelo é que Desdêmona o ame como a pessoa que ele realmente é, Iago precisa apenas fazer com que ele suspeite de que ela não o ama, para assim liberar os medos reprimidos e os ressentimentos de toda uma vida, e a questão sobre o que ela fez ou não fez é irrelevante.

Iago trata Otelo como um analista trata um paciente, exceto que, obviamente, sua intenção é matar, não curar. Tudo o que ele diz é projetado para trazer à consciência de Otelo aquilo que ele já descobriu que está lá. Por isso mesmo, ele não tem nenhuma necessidade de dizer mentiras. Mesmo a fala "Recentemente deitei com Cássio" pode ser o relato verídico de algo que realmente aconteceu: pelo que sabemos de Cássio, ele pode muito bem ter esse tipo de sonho que Iago conta. Até mesmo depois de insuflar em Otelo um grau de paixão que lhe permitiria arriscar dizer completas mentiras, sua resposta é equívoca e a interpretação é deixada a Otelo.

> OTELO   *E o que disse?*
> IAGO *Deus, que havia feito não sei o quê... Que estava...*
> OTELO *O quê, o quê?*
> IAGO   *Mentindo...*
> OTELO *Metido... mas como, com ela?*
> IAGO *Com ela, nela, sobre ela, como o senhor quiser.*

Ninguém pode oferecer a Leontes a prova absoluta de que seu ciúme é infundado; similarmente, conforme Iago tem o cuidado de apontar, Otelo não pode ter nenhuma prova de que Desdêmona realmente é a pessoa que parece ser.

Iago faz sua primeira impressão decisiva quando, falando como um veneziano com conhecimento de primeira mão sobre a vida civil, chama a atenção para o logro que Desdêmona infligiu a seu pai.

> IAGO *Não quero que sua essência, franca e nobre, seja*
> *Abusada por sua própria bondade. Vigie.*
> *Eu conheço as tendências de nosso país:*
> *Em Veneza, a mulher deixa Deus ver as farras*
> *Que não ousa mostrar ao marido. Sua prática*

Não consiste em não fazer, mas manter oculto.
OTELO *Achas isto mesmo?*
IAGO *Ela enganou o próprio pai ao desposá-lo,*
E quando parecia temer seu aspecto,
Na verdade o amava, senhor.
OTELO *É fato.*
IAGO *Então!*
Ela que era tão jovem, que iludiu o próprio pai,
Cegou o velho como um tronco. E ele achando
Que era feitiçaria...!

E, algumas linhas adiante, refere-se diretamente à diferença de cor.

Quando ela rejeita propostas de casamento
Dos que são de sua terra, cor e distinção,
Tendência que seria a mais natural...
Fuff. Dá para cheirar nesse desejo rançoso
Aberrações sujas, juízos anormais...
Perdoe-me: se digo isso, não estou
Falando dela — embora tema que talvez
Seu desejo, resgatando um melhor juízo,
Venha a compará-lo aos padrões do país
E talvez se arrepender.

Quando enfim Otelo se permite suspeitar que Desdêmona talvez não seja a pessoa que parece, ela não consegue afastar a suspeita apenas falando a verdade, mas pode parecer confirmá-la ao dizer uma mentira. Por isso o efeito catastrófico quando ela nega ter perdido o lenço.

Se Otelo não pode confiar nela, então não pode confiar nem em ninguém, nem em nada, e o que ela fez, precisamente, não é importante. Na cena em que ele faz de conta que o castelo é um prostíbulo do qual Emília é a Madame Alcoviteira, ele acusa Desdêmona não de adultério com Cássio, mas de orgias inomináveis.

DESDÊMONA *Deus, mas que pecado eu cometi sem saber?*
OTELO *Será que esse livro lindo, essa folha branca,*
Foi feita pra que se escrevesse, em cima, "puta"?
Ora, "cometi!" Ora! Sua vadia pública,
As minhas faces, se eu ostentasse os teus atos,
Se transformariam em forjas que queimariam
Em cinzas a minha modéstia. "O que eu cometi..."

E, como T.S. Eliot assinalou, na sua fala de despedida, os pensamentos de Otelo não se concentram de modo algum em Desdêmona, mas na sua relação com Veneza, e ele termina se identificando com outro forasteiro, o turco maometano que golpeou um veneziano e difamou o Estado.

Todos devem se apiedar de Desdêmona, mas não consigo gostar dela. Sua determinação de casar-se com Otelo — foi ela que praticamente fez o pedido — parece mais a paixão romântica de uma colegial boba do que uma afeição madura; são as aventuras de Otelo, tão diferentes da vida civil que ela conhece, que a cativam mais do que Otelo em pessoa. Ele pode não ter praticado feitiçaria, mas, na verdade, ela está enfeitiçada. E apesar de todos os preconceitos de Brabâncio, o logro de seu próprio pai transmite uma impressão desagradável: Shakespeare não nos permite esquecer que o choque do casamento o leva à morte.

Assim, ela parece mais consciente do que é agradável da honra que concedeu a Otelo ao se tornar sua esposa. Quando Iago diz a Cássio que "a esposa do general é quem é agora o general" e, logo depois, soliloquia

A alma dele está tão atada à estima dela,
Que ela pode fazer, desfazer, ao bel-prazer,
Enquanto seu ávido gênio agir nas frágeis
Faculdades dele.

está, sem dúvida, exagerando, mas há muita verdade no que diz. Antes de Cássio falar com ela, ela já discutira sobre ele com seu marido, descobrindo que a reintegração aconteceria assim que fosse oportuno. Uma mulher sensível teria dito isso a Cássio e encerrado sua intervenção. Ao continuar atormentando Otelo, ela trai um desejo de provar para si mesma e para Cássio que é capaz de fazer o marido agir conforme seu desejo.

Sua mentira sobre o lenço é, em si mesma, uma desculpa trivial, mas, se ela realmente visse seu marido como um igual, talvez tivesse admitido a perda. Nessas circunstâncias, ela está amedrontada porque é subitamente confrontada com um homem cuja sensibilidade e cujas superstições lhe são estranhas.

Embora sua relação com Cássio seja perfeitamente inocente, não podemos senão partilhar as dúvidas de Iago quanto à durabilidade do casamento. Convém notar que, na cena da canção do salgueiro com Emília, ela fala com admiração de Ludovico e, depois, se volta para o tema do adultério. É claro, ela discute isso em termos gerais e fica chocada com a atitude de Emília, mas o fato é que ela discute o assunto e ouve o que Emília tem a dizer sobre maridos e esposas. É como se ela de súbito descobrisse que fez uma mésalliance e que devia ter se casado com um homem como Ludovico, de sua própria classe e cor. Mais alguns anos com Otelo e com a influência de Emília, ela bem poderia, parece, arranjar um amante.

IV

E assim voltamos ao ponto de partida, a Iago, o único agente da peça. Uma peça, como Shakespeare disse, é um espelho suspenso diante da natureza. Esse espelho específico traz a data de 1604, mas, quando o observamos bem, o rosto que nos confronta é o nosso próprio rosto no meio do século XX.

Ouvimos Iago dizer as mesmas palavras e o vemos fazer as mesmas coisas que o público elisabetano ouviu e viu, mas o que podem significar para nós não pode ser exatamente o mesmo. Para seu primeiro público e talvez, também, para seu criador, Iago parecia ser apenas outro vilão maquiavélico que talvez existisse na vida real, mas com o qual ninguém jamais sonharia se identificar. Para nós, creio, ele é uma figura ainda mais alarmante; não conseguimos vaiá-lo quando ele aparece como conseguimos vaiar o vilão num filme de faroeste, pois nenhum de nós pode honestamente afirmar que não entende como essa pessoa perversa ganha existência. Pois não é Iago, o pregador de peças, uma figura parabólica para a busca autônoma de conhecimento científico através de experimentos, a qual nós todos, sejamos ou não cientistas, aceitamos tacitamente como natural e correta?

Como disse Nietzsche, a ciência experimental é a última flor do ascetismo. O investigador deve descartar todos os seus sentimentos, esperanças e medos como uma pessoa humana, e reduzir-se a um incorpóreo observador dos acontecimentos, sobre os quais ele não pronuncia nenhum juízo de valor. Iago é um ascético. "Amor", ele diz, "é só a lascívia do sangue e a permissividade da vontade."

O conhecimento buscado pela ciência é apenas um dos tipos de conhecimento. Outro tipo está implicado na frase bíblica, "Então Adão conheceu Eva, sua esposa", e é a esse tipo que me refiro quando digo "Eu conheço John Smith muito bem". Não posso conhecer nesse sentido sem ser conhecido de volta. Se eu conheço John Smith muito bem, do mesmo modo ele me conhece muito bem.

Mas, no sentido científico de conhecimento, posso conhecer somente aquilo que não me conhece e não pode me conhecer. Se me sinto mal, vou ao médico, que me examina e me diz "Você está com gripe asiática", e me dá uma injeção. A gripe asiática é inconsciente da existência do meu médico como as vítimas do pregador de trotes são inconscientes dele.

Ademais, conhecer no sentido científico significa, no final

das contas, ter-poder-sobre. Na medida em que os seres humanos são pessoas autênticas, únicas e autonomamente criativas, não podem ser cientificamente conhecidas. Mas os seres humanos não são pessoas puras como anjos; são também organismos biológicos, quase idênticos em seu funcionamento, e, num grau maior ou menor, são neuróticos, isto é, menos livres do que imaginam, por causa dos medos e desejos sobre os quais não têm nenhum conhecimento pessoal, mas poderiam e deveriam ter. Assim, é sempre possível reduzir seres humanos à condição de coisas inteiramente cognoscíveis cientificamente e inteiramente controláveis.

Isso pode ser feito por meio de ação direta sobre seus corpos com drogas, lobotomias, privação do sono etc. A dificuldade desse método é que nossas vítimas saberão que você está tentando escravizá-las e, como ninguém deseja ser escravo, objetarão, de modo que isso só pode ser praticado em minorias como prisioneiros e lunáticos, fisicamente incapazes de resistir.

O outro método é jogar com os medos e desejos de que você está ciente, mas não eles, até que eles se autoescravizem. Nesse caso, esconder sua real intenção não é apenas possível, mas essencial, pois se as pessoas descobrem que estão sendo manipuladas, não vão acreditar no que você diz, nem farão o que você sugere. Um anúncio baseado em um apelo esnobe, por exemplo, só pode ter êxito com pessoas que não estão cientes de que são esnobes e de que seus sentimentos esnobes estão sendo atiçados e para as quais, portanto, o anúncio parece tão honesto quanto Iago é para Otelo.

O tratamento que Iago dispensa a Otelo coincide com a definição de Bacon da inquirição científica como indagação da natureza. Se um membro do público interrompesse a peça e lhe perguntasse: "O que você está fazendo?", será que Iago não poderia responder, com uma risadinha marota, "Nada. Estou só tentando descobrir com que Otelo realmente se parece"? E temos de admitir que o seu experimento é altamente exitoso. No final da peça, ele de fato sabe qual é a verdade científica sobre o objeto ao qual reduziu Otelo. É isso o que torna sua frase de despedida, "O que vocês sabem, vocês sabem", tão aterrorizante, pois, nessa altura, Otelo se tornou uma coisa, incapaz de saber nada.

E por que Iago não deveria fazer isso? Afinal, ele certamente adquiriu conhecimento. O que torna impossível, para nós, condená-lo com a convicção de um moralizador é que, em nossa cultura, todos aceitamos a noção de que o direito de saber é absoluto e ilimitado. A coluna de fofocas nos jornais é um dos lados da moeda, o outro é a bomba de cobalto. Estamos bastante prontos para admitir que, ainda que comida e sexo sejam coisas boas em si mesmas, uma busca desenfreada dos dois não é, porém é difícil para nós crer que a curiosidade intelectual seja um desejo como qualquer outro e constatar que conhecimento correto e verdade não são coisas idênticas. Aplicar o imperativo categórico ao conhecimento, de modo que, em vez de perguntar "O que posso conhecer?", perguntamos "O que, neste momento, eu devo conhecer?" — considerar a possibilidade de que o único conhecimento que pode ser verdadeiro para nós é aquele que podemos sustentar —, isso parece, para todos nós, insano e quase imoral. Mas, nesse caso, quem somos nós para dizer para Iago — "Não, você não deve"?

Nota sobre o texto

Há duas edições principais de *Otelo* no século XVII que servem de base para as edições posteriores: o Primeiro in-quarto (Q1), publicado em 1622, e o texto de *Otelo* incluído no Primeiro in-fólio (F1), de 1623. A edição F1 possui aproximadamente 160 linhas que estão ausentes em Q1, inclusive passagens bastante longas e reconhecidas da peça. A edição Q1, contudo, possui instruções de palco mais longas e elaboradas e linhas ou frases dispersas no texto que não se encontram em F1, além de detalhes como juras e profanações. Boa parte das diferenças entre um texto e o outro — se excluirmos aqui as 160 linhas presentes apenas no F1 — dizem respeito ao lineamento, à ortografia e a outros elementos microscópicos.

A atual tradução adota a versão estabelecida por E. A. J. Honigmann,[1] que, como a maior parte dos textos atuais, baseia-se na edição F1, acrescentando ao texto correções e adições que se originam do cotejo com a edição Q1 e partes que estavam ausentes no fólio, como as "profanidades" e as "juras" que foram depuradas no F1. Ao mesmo tempo que usei o texto estabelecido por Honigmann, empreguei, aqui e ali, interpretações sobretudo de Michael Neill, em sua edição Oxford, em particular na elaboração das rubricas e no uso

1 William Shakespeare, *Othello*. 3. ed. Ed. de E. A. J. Honigmann. Londres; Nova York: Bloomsbury Arden Shakespeare, 1996.

mais detalhado de instruções de palco. Ao longo do processo de tradução e estilização da tradução, cotejei oportunamente as passagens com os textos originais do Q1 e F1.

Entre alguns estudiosos atuais há uma tendência acadêmica, que convive com a tradição mais usual das edições "fundidas", de editar os textos das peças de Shakespeare baseando-se exclusivamente num dos textos primários. Esta edição acredita que há muito mais proximidades entre os dois textos de *Otelo* do que dissemelhanças, sobretudo se pensarmos que a própria tradução pode se beneficiar das variações entre os dois textos, muitas das quais, quando conjugadas, revelam as técnicas de substituição linguístico-poéticas do período, levando o tradutor a explorar e desvendar essas práticas. Mesmo assim, ao público e ao diretor de teatro ficam o direito e a oportunidade de editar o seu próprio texto, a exemplo do que certamente foi feito por Shakespeare e seus contemporâneos, que adaptavam suas peças a cada encenação e situação. Buscando conciliar as duas demandas editoriais, de oferecer ao público ou um texto fundido ou versões individuais de Q1 e F1, adotei, na presente edição — como na edição de *Hamlet* da coleção Penguin — o procedimento que R. A. Foakes empregou na sua edição de *Rei Lear*[2] — também uma edição fundida —, de enquadrar aquelas passagens que estão presentes exclusivamente no Q1 com a indicação sobrescrita Q, e as passagens presentes apenas no F1 com a indicação sobrescrita F, o que permitirá ao leitor identificá-las ao sabor da leitura. Ao contrário de Foakes, contudo, *não* utilizei os sobrescritos para assinalar divergências menores de palavras ou ainda reestilizações ou variações menores de Q1 e F1, concentrando-me apenas nos trechos mais longos. Embora considere muitas dessas divergências menores fascinantes, em um texto traduzido — por si só um produto novo — elas o são bem menos, uma vez que a tradução é, queiramos ou não, um

2 William Shakespeare, *King Lear*. 3. ed. Ed. de R. A. Foakes. Londres; Nova York: Bloomsbury Arden Shakespeare, 1997.

terceiro momento de "edição" e interpretação. O plano do léxico sofre transformações consideráveis em virtude da inevitável reestilização artística e da própria distorção dos campos semânticos das diversas línguas, e assim tornam inexpressivas algumas minudências que interessam ao editor de língua inglesa. Isso não quer dizer que tais detalhes e diferenças não tenham influenciado a atual tradução, ao contrário: a abertura semântica e a multiplicidade lexical que produzem abrem também o campo de possibilidades interpretativas do tradutor e revelam o livro secreto das sinonímias shakespearianas.

Nota sobre a tradução

A concepção que subjaz à atual edição segue um método similar ao que já havia sido utilizado na tradução de *Hamlet*. Foi sugerida pela minha leitura, há muitos anos, da célebre tradução de Haroldo de Campos do *Fausto* de Goethe. Ainda assim é necessário fazer referência a duas outras influências impactantes na atual tradução: a tradução loquaz de Augusto de Campos do *Esboço de uma serpente*, de Paul Valéry, em octossílabos, que triangula com outros textos da tradição ocidental — a poesia de Villon, o Satã miltônico — e, finalmente, Iago, configurando ricas teias associativas. Há ainda um terceiro tradutor que evoco: Paulo Henriques Britto, que traduziu *Beppo*, de Byron, com rara destreza, trazendo para o português algo difícil de reconstruir: o *understatement*. Evoco também o termo usado por Haroldo de Campos para definir a tradução do seu *Fausto*: o de um ato inspiracional "plagiotrópico" que responde às topicalidades intensas da leitura, pois a leitura poética atenta nos impregna com estilos diversos e nos permite resgatar o original com a atenção artística necessária. Esse conjunto de influxos trabalhou a atual tradução talvez do mesmo modo indireto com que leituras e traduções influíram nas composições dramáticas de Shakespeare. Essas traduções, lidas há muitos anos, me deram a coragem necessária para encontrar um modo de traduzir a obra dramática do Bardo que unisse poesia e clareza, ironia e ritmo, trazendo para o português as tonalidades que estão no original.

Outro centro de preocupação desta tradução: sua sensibilidade para o contraste. Ela busca reproduzir, no campo do léxico, da forma sonora, os contrastes estilísticos. Por contraste entendo: o estilo de cada personagem, de cada situação, assim como a forma específica de cada fala (em verso, prosa, verso rimado), mas tratados de um modo que o ator e o leitor possam ter uma introvisão imediata do que está em jogo em cada fala. Pois, quando no teatro o sentido escapa ao espectador, ele se socorre da forma que é irmã do sentido e reporta o leitor e o ator a uma zona estética que potencialmente ele já conhece, ainda que não de todo. O ator fará o restante. Em *Otelo*, o contraste estilístico, de registro, formal, musical, é evidente e, para o leitor e espectador, é crucial para compreender não apenas com a inteligência semântica, mas por meio do jogo intrincado de sons.

Tomemos o caso de Otelo, que fala várias línguas ao longo da peça: heroico, sentimental e retórico-defensivo no início da peça, para depois cair na linguagem mais deplorável, suja e misógina, mas mesmo aqui uma linguagem tingida de ambiguidade retórica. As falas de Otelo frente à Signoria, por exemplo, são peças retóricas e poéticas ao mesmo tempo que revelam as capacidades persuasivas do Mouro. Mas Shakespeare, que era um leitor atento dos seus contemporâneos, pintalgou seus versos de trechos tirados da biografia de Leão, o Africano, também ele um mouro cristianizado. Era preciso que a tradução revelasse essas quase "citações", enquadrando-as na forma do verso. Os discursos do "primeiro" Otelo carregam esse senso elegante de *crescendo* retórico que, na tradução, buscamos reproduzir também através de contrastes estilísticos e rítmicos como na passagem:

1 *E nisso eu falei das mais funestas venturas,*
2 *De eventos oscilantes no campo e no mar,*
3 *De fugas por um fio por brechas despencando,*
4 *De como me prendeu o insolente inimigo*
5 *E vendeu-me como escravo; de meu resgate*

6 *De minha faina na jornada atribulada*
7 *E de cavernas vastas e desertos vagos,*
8 <u>*De agras penhas, pedras, cumes que arranham os céus*</u>
9 *Disso tudo falei. Eis a história.*

(Ato I, cena III, 135-43)

O ritmo e a estrutura do dodecassílabo são variáveis, mantendo em vários versos (2, 3, 4, 7) certa regularidade, mas às vezes caindo na irregularidade com acentos na 5ª, 9ª e 12ª sílabas (verso 1), na 7ª e na 12ª (verso 5), e na 4ª e 12ª sílabas (verso 6). Essa irregularidade, acreditei desde o início, é importante, pois Shakespeare também era irregular em seus pentâmetros iâmbicos. Por outro lado, ela atenua o potencial "automatismo" do alexandrino com acento da 6ª e 12ª e dois hemistíquios claramente delimitados. De qualquer modo, a sequência, com suas repetições sonoras estratégicas, permitem um andamento solene e preparam o caminho para o zênite enfático sobre as "agras penhas, pedras, cumes que arranham os céus". Importante observar os jogos aliterativos, assonantes e dissonantes: o cimento que "segura" o verso branco. No verso 8, a aliteração em "pe" é, de súbito, substituída por "cume". A sinonímia ecoa como uma continuação da lógica repetitiva que se fazia por meio de sinonímias e aliterações, mas agora se manifesta apenas através de sinonímias. Mais importante: traz um contraste marcante. Finalmente o verso termina com "céus", reproduzindo o *crescendo* retórico imaginativo de Otelo e também sua tendência hiperbólica, muito bem assinalada por Iago.

Ao mesmo tempo, esses elementos estão perfeitamente encaixados no tempo de cada verso. Cada qual traz uma unidade semântica enquadrada no verso (*end-stopped verse*), mas que, na totalidade do discurso, é rompida por uma ou outra expansão sobre o verso seguinte (*enjambement*), desejável para evitar o tom excessivamente "poético" e honrar os direitos da prosa dentro do verso. Em meu comentário para a tradução de *Hamlet*, sublinhei a importância do uso do verso dodecassilábico para a tradução de Shakespeare, e assinalo aqui outras de suas vantagens: ele permite, na tradução em verso, uma reprodução dos lexemas específicos do original, assim como das suas peculiaridades sintáticas, diminuindo assim o procedimento invasivo e agressivo de reconfiguração genérica do sentido. Em outros termos, não nos basta reproduzir o sentido, mas também a especificidade lexical do texto, pois a palavra, sozinha, pelo menos da poesia, possui um sabor, certa autonomia. Trata-se, guardadas as proporções, de uma tradução da letra. A soma de todas as palavras do verso nem sempre é igual *apenas ao seu sentido* abstraído: cada termo tem existência, cada termo contribui, mas sobretudo a *extensão constituída dos termos* já traz por si um tempo. E tempo, em poesia, é tempo de reflexão. Funciona como as "cordas" musicais evocadas por Shakespeare em seu soneto VII que, mesmo quando tocadas em harmonias conjuntas de várias cordas, ao modo de vozes de um coro, não anulam a especificidade audível de cada corda. Reside aqui certa ideia de perspectiva sonora, que no verso não ocorre na simultaneidade, mas ao longo da duração.

As falas de Desdêmona foram traduzidas baseadas num método não totalmente diferente do que foi usado no "primeiro" Otelo, anterior à sua desarticulação fulminante na loucura enciumada. Sua fala possui uma grandeza semelhante, uma retoricidade que permite um desenvolvimento similar do verso. No entanto, à medida que a peça avança para a crise, sua vulnerabilidade se torna mais e mais premente, e sua fala se socorre cada vez mais de formas trágicas, muitas vezes expressadas em Shakespeare de maneira mais lírica, como nas cantigas de Ofélia. É o caso, sem dúvida, da "Canção de Bárbara (Barbaria)" que ela entoa, na forma de uma peça lírica funesta que precede o colapso final.

No seu peito suas mãos e no rosto o estio!
Cante e salve o salgueiro
Na areia da beira;

> *As águas murmuraram*
> *As mais agras queixas,*
>   *Oh, na areia da beira*
>   *Me salve, oh salgueiro,*
> *E eram feixes as lágrimas*
> *Cortando os seixos,*
>   *Salve e salve, ó salgueiro*
>   *Na barranca de areia...*
> (Ato IV, cena III, 45-55)

O uso da voz feminina das antigas cantigas na tradição inglesa encontra semelhanças marcantes na nossa própria tradição das *cantigas de amigo*. O leitor familiarizado com essas belas formas não deixará de perceber que elas ecoam na tradução, em particular em seu uso iterativo dos ecos e repetições. Não há aqui, contudo, uma incorporação de alguma cantiga medieval em particular, mas antes um impacto orgânico.

> *Se sabedes novas do meu amigo*
> *aquele que mentiu do que pôs comigo,*
> *ai deus, e u é?*
> *Se sabedes novas do meu amado,*
> *aquele que mentiu do que me há jurado*
> *ai deus, e u é?*
>
>   D. Dinis

Embora os dísticos rimados sejam pouco numerosos em *Otelo*, sua teatralidade no interior da peça assemelha-se às formas dos interlúdios (um exemplo é a peça dentro da peça em *Hamlet*), interrompendo ironicamente a marcha mais "realista" do pentâmero iâmbico. Assim, na formidável troca de dísticos rimados entre o Duque e Brabâncio e na outra troca de versos amistosos — e francamente satíricos — entre Iago e Desdêmona na cena da chegada a Chipre, ao utilizar o dístico rimado combinado com o alexandrino, o tradutor percebe uma mudança de registro e de "postura acentual". A linguagem se torna muito mais alusiva, metafórica, poética, bem mais satírica e repleta de *understatements* que dependem de imagens antitéticas, e o tradutor, por sua vez, se vê navegando na forma mais clássica do alexandrino, com rimas paralelas. Se o uso do verso branco dodecassilábico é percebido pelo tradutor sempre como um tour de force, o do verso de doze sílabas em dísticos rimados encaminha o tradutor às terras familiares e apreciadas da versificação mais comum na tradição francesa: o verso de Molière, de La Fontaine, de Rimbaud, de Verlaine e de Mallarmé.

> DESDÊMONA Bom elogio. E se for morena e sábia?
> IAGO *Se a dama for morena de juízo sabido,*
> *Um branco há de encontrar que lhe faça o cabido.*
> DESDÊMONA Cada vez pior.
> EMÍLIA E se ela for bela e boba?
> IAGO *Jamais foi uma boba aquela que foi bela*
> *A bobice um herdeiro com arte abarbela.*
> (Ato II, cena I, 132-8)

Outro contraste notável da peça: a sátira, a linguagem nuançada, os *understatements*, sutis ou não tão sutis, cheios de ironia, o gosto pela metáfora animalesca. E aqui estamos falando não apenas de Iago, mas de suas interações que sempre se enganchan nas afirmações alheias que ele refraseia e deforma. O leitor observará que não apenas a "recaptura do pitoresco e do pictórico-poético" haroldiano aparece aqui, mas flagrará o *"wit"* hábil e ávido da serpente filosófica que aparece na histórica tradução de Augusto de Campos do *Esboço de uma serpente* de Paul Valéry: enquanto traduzia Iago, seus versos ressoavam em meus ouvidos, assim como o Mefistófeles de Haroldo de Campos.

Iago possui, contudo, certo resquício medieval em sua linguagem, somado à agudeza, com rodeios notáveis, e também certa queda pelo detalhe picante e comezinho, sugestivo, sexual: é uma espécie de pregador de peças com impressionante capacidade de captar as falhas alheias, fazendo que repiquem contra suas vítimas. Ele mescla os registros, e o tradutor buscou igualmente mesclá-los. Como ele próprio diz desde o início, saberá usar de modos variegados conforme a situação. Que se pense nas suas formas de falar que se adaptam oportunisticamente a cada situação; fala muito em prosa, mas também é mestre no verso rimado e, quando especula com o público em solilóquio, fala em verso branco. Seus trocadilhos, sempre ambíguos, são numerosos e sistemáticos, muitas vezes ironias trágicas que prefiguram os acontecimentos futuros. Busquei na tradução manter tais ambivalências. Em iii.ii, Desdêmona tem um lapso protestando a Otelo que Miguel Cássio havia feito companhia a Otelo em sua corte. Mas os termos são ambíguos.

> *What? Michael Cassio,*
> *That came a woing with you, and so many a time*
> *(when I have spoke of you dispraisingly)*
> *Hath ta'en your part — to have so much to do*
> *To bring him in?*

"*Came a woing with you*" se traduz literalmente como "veio fazendo a corte com você". O contexto, no entanto, é óbvio: ela quer dizer não que Cássio participou como amante na corte de Otelo — como se fosse uma disputa masculina —, mas que havia servido de intermediário. A ambiguidade, contudo, está posta, e Iago, mais adiante, vai perguntar:

> IAGO *Did Michael Cassio, <u>when you woo'd</u> my lady,*
> *Know of your love?*

E a resposta de Otelo é que Cássio "estava com frequência entre nós dois", uma frase que replica a sugestão maldosa de Iago, mas agora inconscientemente. O lapso de Desdêmona vai se replicar no "*Hath ta'en your part*" (literalmente, tomou o seu lugar), o que pode ser lido também como "o substituiu" (no papel de parceiro sexual). Eis a tradução que permite a dupla

leitura, mantendo contudo a "leitura" primeira de Desdêmona, impoluta mas alimento para as deduções de Iago.

> *Quê? É Cássio,*
> *Que fez parte da sua corte e que tantas vezes,*
> *Quando falei de você de modo mais crítico,*
> *Se pôs em seu lugar — e agora tudo isso*
> *Pra trazê-lo de volta! Eu faria muito...*
> (Ato III, cena III, 71-5)

O sentido se mantém intacto, pois também aqui a ambiguidade se mantém. A ambiguidade não totalmente evidente, mas
suficientemente sugestiva para Iago mais tarde tirar proveito
dela com a pergunta:

> IAGO *Cássio sabia de seu amor, quando estava*
> *Cortejando a minha senhora?*
> (Ato III, cena III, 95-6)

> IAGO *Did Michael Cassio, when you woo'd my lady,*
> *Know of your love?*

Em português a ambiguidade ficou mais acentuada, ainda que deixando espaço para uma interpretação positiva.
Uma das respostas de Otelo aos questionamentos de Iago é
um lapso interessante que continua o jogo de idas e voltas da
duplicidade interpretativa.

> OTELO *Sim, estava com frequência entre nós dois.*
> (Ato III, cena III, 101)

> OTHELLO *O, yes; and went between us very oft.*

Esse tipo de deslizamento semântico está em toda a peça,
e minha intenção não foi nem aumentá-lo nem suprimi-lo —
mas deixar ali o suficiente para o desenvolvimento da suges-

tão. Termos podem ser, por exemplo, mal compreendidos por Otelo, que já perdeu parte de suas faculdades racionais, como na cena IV.I., quando, ao perguntar o que Cássio "fez", Iago responde que Cássio *"lie"* (deitar ou mentir). Mal Iago lança essa palavra sem objeto e sem especificações, Otelo pergunta

> OTHELLO *With her?*
> IAGO *With her, on her — what you will.*
> OTHELLO *Lie with her? Lie on her? We say "lie on her" when they belie her.*

A ironia é que tanto deitar em cima de Desdêmona como mentir são indícios da deslealdade de Cássio e Desdêmona com Otelo. Iago escolhe a palavra que pode gerar em Otelo um atormentado turbilhão interpretativo. Logo depois disso, Otelo cai numa convulsão, como se suas representações de Desdêmona entrassem num curto-circuito. "Metido" e "mentindo", por sua proximidade sonora em português, oferecem uma solução criativa eficiente:

> IAGO *Deus, que havia feito não sei o quê... Que estava*
> OTELO *O quê, o quê?*
> IAGO   *Mentindo...*
> OTELO *Metido... mas como, com ela?*
> IAGO *Com ela, nela, sobre ela, como o senhor quiser.*
> OTELO *Mentindo ou metido? Sobre ela ou com ela? Alguém que está mentindo é alguém que conta uma mentira sobre alguém.*
> (Ato IV, cena I, 32-8)

Não raro nas peças de Shakespeare há versos ou passagens curtas cuja sonoridade e cujo sentido das palavras sugerem fórmulas que imitam formas proverbiais adaptadas a uma fala.

How poor are they that have not patience?
What wound did ever heal but by degrees?
Thou know'st we work by wit and not by witchcraft,
And wit depends on dilatory time.

Quanta pobreza há nos que não têm paciência!
E que ferida sara que não seja aos poucos?
Se a gente age é por ardil, não por feitiço,
E a ardileza se aprimora no tempo dilatório.
(Ato II, cena III, 372-5)

Para marcar o traço proverbial, repetições aliterativas, dissonantes ou assonantes são importantes, como em:

Quanta <u>pobreza</u> há nos que não têm <u>pa</u>ciência!

Ou ainda em:

Se a gente age é por ar<u>dil</u>, não por fei<u>ti</u>ço
E a ardileza se aprim<u>ora</u> no tempo dilat<u>ório</u>

Essas assonâncias e aliterações são o próprio tecido do verso branco que mantêm a estrutura dos versos e ao mesmo tempo garantem certa expressividade diabólica. São esses entrecruzamentos sonoros que "seguram" o verso branco e o tornam musical, sem ser desagradavelmente melódico. Tomam a frente da sustentação do verso alexandrino multiacentuado que praticamos aqui.

Estes comentários, insuficientes, apresentam apenas alguns aspectos da multidão de procedimentos envolvidos nesta tradução. Eles servem, contudo, como um atiçador da atenção para uma tradução que busca, ao mesmo tempo, poesia e clareza dramática.

A tragédia de Otelo, o Mouro de Veneza

Os personagens da peça

OTELO, o "Mouro", general das forças venezianas
BRABÂNCIO, pai de Desdêmona, um senador veneziano
MIGUEL CÁSSIO, um honrado tenente, segundo em comando
    depois de Otelo
IAGO, um vilão, o alferes de Otelo
RODRIGO, um cavalheiro logrado, pretendente de Desdêmona
DUQUE de Veneza
MONTANO, governador de Chipre
LUDOVICO, nobre veneziano
GRACIANO, irmão de Brabâncio, nobre veneziano
PALHAÇO
DESDÊMONA, mulher de Otelo e filha de Brabâncio
EMÍLIA, mulher de Iago e camareira de Desdêmona
BIANCA, uma cortesã, amante de Cássio
SENADORES
MARILHEIRO
MENSAGEIRO
ARAUTO
OFICIAIS
FIDALGOS de Chipre
MÚSICOS
Acompanhantes e servidores

Ato I

Entram Rodrigo e Iago.

RODRIGO Chega, nem fala. Não me parece gentil
    Que tu, Iago, que tens usado minha bolsa
    Como se fosse tua, saibas disso tudo.
IAGO Diacho, você não ouve. Se eu sequer pensei
5   Isso, você pode me abominar.
RODRIGO   Disseste
    Que tu tinhas ódio dele.
IAGO   Ora, despreza-me
    Se não for verdade. Três nobres da cidade
    Vieram pleitear, de chapéu na mão, que ele
    Me nomeasse seu tenente. Pela boa-fé:
10   Sei bem meu preço, não valho posto menor.
    Mas ele, flertando com suas pompas e intentos,
    Fugiu do assunto com circunlóquios bombásticos,
    Horripilantes, prenhes de epítetos bélicos.
    E, para concluir, ele declarou
15   Improcedente a minha mediação, dizendo
    "*Certes*, eu já escolhi o meu oficial".
    E quem é ele?
    Que dúvida, um grandíssimo aritmético,
    Certo Miguel Cássio, um florentino, que tem
20   A desgraça de ter as graças de uma esposa,
    Que nunca conduziu um esquadrão no campo,

E que entende tanto quanto uma fiandeira
De linhas de batalha — um teorista livresco,
Bom pra aquilo que a gente togada pratica
25   Com mais mestria. É pura prosa, pouca prática
A sua vida militar. E foi ele o eleito,
E eu, cujas provações os olhos dele viram
Em Rodes e em Chipre e em outras terras, cristãs
Ou gentis, fico sem vento e à deriva, por causa
30   De um escriturário. Esse conta-níquel logo
Será seu tenente, e quanto a mim — Deus me tenha —
Serei só o alferes de Vossa Mourecência!

RODRIGO Eu preferiria ser o carrasco dele.

IAGO Não tem remédio. Essa é a praga do serviço,
35   As promoções se dão por gosto e indicação,
Não por tempo e por gradação, quando um segundo
Herda de um primeiro. Então diga, julgue bem,
Se há qualquer razão plausível para eu estimar
O Mouro.

RODRIGO   Não há, nem eu mesmo o seguiria.

40 IAGO Senhor, fique tranquilo.
Se eu o sigo, é para servir-me às custas dele.
Nem todos podem ser mestres, nem todo mestre
Pode ser realmente seguido. Há lacaios,
Desses bem prestativos que dobram os joelhos,
45   Tão contentes na sua serventia solícita
Que, feito asnos do amo, destroçam a vida
Só por uma ração. Envelheceu? Pra rua!
Relho nessa gente honesta! E há ainda outros
Que, cheios dos gestos e jeitos do dever,
50   No fundo só fazem é servir a si próprios,
E dando mostras de bom serviço aos seus mestres,
Sabem lucrar. E, assim, forrando os bolsos, honram
A si próprios. É gente que tem certa seiva,
E sangue — e eu me incluo no tipo. Pois, senhor,
55   Isto é tão certo quanto o senhor é Rodrigo,
Se acaso eu fosse o Mouro, eu não seria Iago.

Se eu o sigo, na verdade eu sigo a mim mesmo.
E o céu sabe, não é amor, não é dever,
E se parece ser, é em prol dos meus intuitos.
60   Pois se as minhas ações exteriores mostrarem
Meus atos inatos, meu vero coração
Exposto à clara luz, vai ser rápido até
Que eu entregue às gralhas meu coração desnudo,
Pra que o espicacem. Eu não sou o que sou.
65   RODRIGO Que grande fortuna deve ter o beiçudo
Pra levar as coisas assim.
IAGO   Chame o pai da moça,
Vá acordá-lo, não o largue, infecte a paz do velho.
Acuse o Mouro nas ruas, incite a família,
E embora ele viva em plagas fecundas,
70   Jogue-lhe moscas. Ele é alegre, tem seus gozos,
Mas vá, ponha ali umas afrontas, uns vexames,
E os gozos perderão a cor.
RODRIGO Aqui, essa é a casa do pai, eu vou chamá-lo.
IAGO Dê um desses gritos horríveis, apavorados
75   Como quando, por arte da noite e do desleixo,
Um incêndio é avistado nas grandes cidades.
RODRIGO Olá, Brabâncio! Ô, senhor Brabâncio, eia!
IAGO Ô, acorda, Brabâncio. Ladrões, ladrões. Cuida
Da tua casa, cuida a tua filha, e os teus cofres!
80   Ladrões! Ladrões!

Brabâncio aparece na janela acima.

BRABÂNCIO O que foi? Por que esses gritos horríveis?
O que aconteceu?
RODRIGO *Signor*, a sua família está dentro de casa?
IAGO Estão trancadas as portas?
BRABÂNCIO   Por que a pergunta?
85   IAGO Cristo! O senhor foi roubado, vista o casaco!
O senhor foi golpeado na alma, no peito.
Agora, nesse instante, um carneiro preto, velho

Está cobrindo a sua ovelha branca. Levante,
Toque o sino, conclame essa gente roncando —
90 Ou o demônio vai transformá-lo em avô,
Levante, vamos.

BRABÂNCIO   O quê... Estão ficando loucos?

RODRIGO Ilustre *signor*, reconhece minha voz?

BRABÂNCIO Eu não, quem você é?

RODRIGO   O meu nome é Rodrigo

BRABÂNCIO Tu não és bem-vindo:
95 Eu já te proibi de rondar minhas portas:
Já te falei com franqueza que minha filha
Não é para ti. Mas agora, ensandecido,
Cheio de comida e encharcado de aguardente,
Vens aqui perturbar minha tranquilidade
100 Com essa bravata perversa.

RODRIGO Senhor, senhor —

BRABÂNCIO   Tu podes ter toda a certeza
Que eu tenho porte e posição pra tornar isso
Bem amargo para ti.

RODRIGO   Calma, meu senhor.

BRABÂNCIO Que história é essa de roubo? Aqui é Veneza;
105 Minha casa não é uma granja.

RODRIGO   Digno Brabâncio,
Eu venho ao senhor com alma simples e honesta.

IAGO Santa chaga, o senhor é uma dessas pessoas que, no
caso do demônio lhe pedir, desiste de servir o nosso
bom Deus. Agora, só porque viemos lhe prestar um fa-
110 vor, já acha que somos baderneiros e deixa a própria
filha ser montada por um cavalo da Barbária; não demora, o senhor vai ter sobrinhos relinchando para o
senhor, corcéis por primos e petiços por parentes.

BRABÂNCIO Mas que espécie de canalha profano tu és?

115 IAGO Sou aquele que veio lhe dizer que sua filha e o Mouro
estão agora fazendo a besta de oito patas.

BRABÂNCIO Tu és um canalha.

IAGO   E o senhor, um senador.

BRABÂNCIO Responderás por isso. Eu te conheço, Rodrigo.

RODRIGO Sim, respondo, senhor. Mesmo assim eu pergunto.

120 ᶠSe é com seu aval e sábio assentimento,
Como acredito que seja, que sua filha foi,
Em meio ao lusco-fusco e às rondas noturnas,
Conduzida daqui por ninguém mais nem menos
Que um criado de aluguel, um reles gondoleiro,

125 Até o abraço bruto de um mouro lascivo —
Se está ciente disso e com isso consente,
Nesse caso fomos injustos e insolentes.
Mas, se não está, a boa educação me diz
Que sua repreensão foi injusta. Não pense

130 Que, largando toda a urbanidade, eu viria
Debochar e zombar de Vossa Reverência.
Sua filha, se o senhor não lhe deu permissão,
Incorreu, eu repito, em grave rebeldia,
Ao atar seu juízo, dote, dever e encanto

135 A um forasteiro errático e extravagante
Que é daqui e de tudo o que é lugar. Confira:ᶠ
Se ela estiver no seu quarto ou em sua casa,
Lance então contra mim, por tê-lo enganado,
A justiça do Estado.

BRABÂNCIO   Ô! Acendam os pavios!

140 Tragam uma vela! Chamem toda a minha gente!
Esse incidente se parece com meu sonho.
Somente imaginá-lo já me põe aflito.
Luz! Aqui: Luz!

Brabâncio sai.

IAGO   Até mais. Preciso deixá-lo:
Não é bom, nem saudável em minha posição

145 Que eu seja posto frente a frente com o Mouro,
Que é o que ocorrerá, se eu ficar. Sei que o Estado
Por mais que venha a fustigá-lo e repreendê-lo,
Não pode dispensá-lo sem risco. Já está

Tão metido nas urgências das guerras cípricas
150   Agora em curso, que, pra salvação geral,
Outro não possuem da mesma envergadura
Pra chefiar o serviço deles. E sendo assim,
Ainda que eu o deteste mais que as chagas do inferno,
Seguindo as conveniências do presente, tenho
155   Que mostrar as bandeiras e pendões do amor
Que não passam de sinais. Se queres encontrá-lo,
Monta uma busca e vai até o Sagitário
E lá eu estarei com ele. Então, adeus.

Sai.
Entram Brabâncio de camisola e criados com tochas.

BRABÂNCIO O mal está confirmado. Ela se foi, se foi.
160   E tudo que virá no meu tempo de vida
É a mais pura amargura. Agora, Rodrigo,
Onde foi que a viste? — Oh, pobre menina! —
Disseste, com o Mouro? — Quem vai querer ser pai? —
Tens certeza que era ela? — Sim, me enganou
165   Completamente. — O que ela te disse? — Mais velas!
Acordem a família. — Achas que estão casados?
RODRIGO Acho que sim, senhor.
BRABÂNCIO Céus, como foi que escapou? Trair o seu sangue!
Pais, não confiem nas intenções das suas filhas
170   Por aquilo que as viram fazer. Há feitiços,
Sim, que podem abusar da honra e do decoro
De uma jovem... Não leste nada sobre isso,
Rodrigo?
RODRIGO   Sim, senhor, li.
BRABÂNCIO   Chamem meu irmão! —
Se ao menos tu a tivesses levado! — Sigam
175   Por aqui. E vocês por ali. — Tens ideia
De onde podemos achá-los, ela e o Mouro?
RODRIGO Eu creio que posso encontrá-lo, se o senhor
Providenciar uma boa escolta e vier comigo.

BRABÂNCIO Vai na frente, vou conclamar todos nas casas,
180   Vão seguir meu comando. Tragam as armas, vamos!
         E convoquem os oficiais da ronda noturna!
         Vamos, Rodrigo. Terás minha recompensa.

Saem.

Ato I

CENA II

Entram Otelo, Iago e séquito com tochas.

IAGO Embora na guerra eu tenha matado homens,
Creio que o cerne da consciência consiste
Em não tramar assassinatos. E, às vezes,
Me falta a útil iniquidade. Nove ou dez vezes

5   Pensei em golpeá-lo embaixo das costelas.
OTELO Melhor assim.
IAGO   Mas estava tagarelando,
Dizia tanta coisa baixa, vil e provocante
Contra a sua honra,
Que, com o pouco de piedade que possuo,

10   Não foi fácil me conter. Mas, então, o senhor
Realmente se casou? Permita-me lembrá-lo:
Seu sogro, o Magnífico, é bastante benquisto,
E a voz dele tem duas vezes mais poder
Que a voz do próprio Duque. Ele vai divorciá-los,

15   Vai impor todo tipo de controle e estorvo
Que a lei lhe permitir e que ele tiver poder
De efetivar.
OTELO   Ora, deixe-o com seu rancor.
Os meus serviços, que eu prestei à *Signoria*,
Falam mais alto que suas queixas. Ninguém sabe —

20   E isso só vou revelar se um dia for honroso
Se gabar — mas minha essência e vida derivam

De linhagens de reis, e meus méritos podem
Falar de igual para igual com o bom destino
Que eu conquistei. Pois fique sabendo, Iago,
25   Se eu não amasse tanto a gentil Desdêmona,
Eu nunca, por nada no mundo, cercaria
Minha livre condição com essas balizas,
Dentro desses confins. Está vendo estas luzes?

Entram Cássio e oficiais com tochas.

IAGO Lá vem o pai enfurecido com sua gente.
30   Melhor entrar.
OTELO   Não, deixe que eles me encontrem:
Meu valor, meu título, minha alma perfeita,
Servirão de apresentação. São eles mesmos?
IAGO Por Jano! Acho que não.
OTELO São os servidores do Duque? É o meu tenente?
35   Que a noite vos abençoe, amigos! Quais são
As notícias?
CÁSSIO   Eu trago saudações do Duque,
General, que requer sua mais urgente presença
Nesse mesmo instante.
OTELO   Sabe do que se trata?
CÁSSIO Algo envolvendo Chipre, pelo que pressinto;
40   Algo de certa urgência: as galés enviaram,
Só esta noite, em sequência, doze mensageiros,
Um depois do outro. Muitos dos senadores,
Acordados às pressas, já estão na presença
Do Duque. O senhor foi chamado com urgência,
45   Mas como não o encontraram em seus aposentos,
O Senado enviou buscas em três direções
À sua procura.
OTELO   Foi bom que tu tenhas me achado
Antes. Eu só vou tratar de algo aqui em casa,
Já vou contigo.

Sai.

CÁSSIO   Alferes, o que ele faz aqui?
50 IAGO De noite? Abordando uma barca aqui em terra.
    Se o espólio for legal, está feito pra sempre.
CÁSSIO Não compreendo.
IAGO   Ele está casado.
CÁSSIO   Com quem?
IAGO Ora, com...

Entra Otelo.

                    Vamos, capitão?
OTELO   Aqui estou.
CÁSSIO Ali está vindo outra tropa à sua procura.

*Entram Brabâncio, Rodrigo e oficiais com tochas, luzes e
armas.*

55 IAGO É Brabâncio: general, seja cauteloso,
    Ele vem com más intenções.
OTELO   Alto! Parados!
RODRIGO *Signor*, é o Mouro.
BRABÂNCIO   Atrás do bandido! Vamos!

Todos sacam as espadas.

IAGO Venha cá, Rodrigo, o senhor é aqui comigo.
OTELO Guardem as espadas faiscantes, antes que o orvalho
60   As corroa. Bom *Signor*, sua idade inspira comando
    Bem mais do que suas armas.
BRABÂNCIO Ladrão imundo, onde escondeste minha filha?
    Tu a enfeitiçaste, na tua desgraça, Mouro,
    Eu pergunto a todo bom senso que há no mundo,
65   FNão está ela presa aos jugos da magia?F
    Ela, uma moça tão linda, terna e feliz,

Tão avessa à união a ponto de rejeitar
Os jovens mais ricos e airosos do país...
Quando é que ela, atraindo a chacota geral,
70 Trocaria o seu tutor pelo peito escuro
De uma coisa como tu, de algo que dá medo?
^FQue o mundo me julgue se não for claro e óbvio
Que tu a aturdiste com tuas magias sujas,
Abusando da frágil moça com poções
75 Que abatem os sentidos. Isso vai a juízo,
É provável e palpável ao menor raciocínio.
Por isso eu te prendo e também te detenho
Como alguém que deprava o mundo e faz usança
De arte proibida e atentatória à lei.^F
80 Prendam-no. E se ele resistir, rendam-no à força.
O custo e risco é todo dele.

OTELO   Parem todos,
Vocês que estão comigo e também os restantes:
Se minha deixa fosse brigar, já o teria percebido
Sem precisar de ponto. Onde é que devo ir
85 Pra responder à acusação?

BRABÂNCIO   Para a prisão,
Até que as leis e os trâmites processuais
O convoquem.

OTELO   Vamos supor que eu obedeça:
Será que isso vai satisfazer o Duque,
Cujos mensageiros estão aqui do meu lado,
90 Pra tratar de um premente negócio de Estado
E me levar até ele?

PRIMEIRO OFICIAL   É fato, excelência,
O Duque está com o conselho, e mesmo o senhor
É aguardado.

BRABÂNCIO   O Duque reuniu o conselho?
A essa hora da noite? Tragam-no conosco...
95 Meu pleito não é infundado. Nem o Duque,
Nem nenhum dos meus pares na gestão do Estado
Vão tolerar uma ofensa que afeta a todos.

Pois se um ato destes não sofre apuração
Vamos ser governados por servos e pagãos.

Saem.

Ato I

CENA III

Entram o Duque e os senadores, sentados à mesa, com lâm-
padas, oficiais e acompanhantes.

DUQUE Não há nada de consistente que dê crédito
    A essas notícias.
SENADOR I   Sim, são disparatadas.
    Esta carta fala de cento e sete naus.
DUQUE A minha, cento e quarenta.
SENADOR 2   A minha, duzentas.
5   Entretanto, mesmo que as cifras não se ajustem —
    E nestes casos, quem informa é a conjectura
    Com suas discrepâncias — elas todas confirmam
    Uma frota turca avançando contra Chipre.
DUQUE É possível... e é o que basta para deliberar.
10   Eu não me fio tanto nas inconsistências,
    Mas, quanto ao informe principal, eu o aprovo
    E com muita apreensão.
MARINHEIRO   Ô, atenção! Ô! Ô!

Entra o Marinheiro.

OFICIAL Um mensageiro dos galeões.
DUQUE Qual é o problema agora?
15   MARINHEIRO A frota turca se pôs em direção a Rodes,
    E isso o *Signor* Angelo me solicitou
    Que o relatasse ao Estado.
DUQUE   E agora, o que me dizem
    Dessa mudança?

SENADOR I   Não, não pode ser, não faz
Nenhum sentido. É só um cortejo teatral
20   Pra desviar nossa atenção. Temos de lembrar
Da importância de Chipre para o grande Turco,
E não esquecer que essa ilha, além de ter
Mais interesse para o Turco do que Rodes,
Pode ser conquistada com facilidade,
25   FQuer por não se encontrar em prontidão de guerra,
Quer porque carece inteiramente dos meios
Que Rodes possui. Estudemos bem o caso,
Não vamos pensar que o Turco é tão inábil
Que vá deixar pra o fim o interesse primeiro,
30   Renegando um ataque fácil e rendoso
Para se lançar em perigos improfícuos.
DUQUE NãoF, com certeza, ele não vai para Rodes.
OFICIAL Há mais notícias chegando.

Entra um Mensageiro.

MENSAGEIRO Os otomanos, graciosíssima eminência,
35   Singrando o mar com as proas retas para Rodes,
Reuniram-se lá com uma nova frota.
FSENADOR I Como tinha pensado... São quantos
                    galeões?F
MENSAGEIRO Uns trinta veleiros; e já estão voltando as
                    proas
Na direção contrária, ostentando com alarde
40   Que avançam sobre Chipre. Enviou esse relato,
Mostrando franco dever, o *Signor* Montano,
Servidor vosso valoroso e fidelíssimo,
Que pede ao senhor que lhe conceda dispensa.
DUQUE Então está certo: eles vão pra Chipre.
45   Marcus Luccicos não está na cidade?
SENADOR I Ele está em Florença agora.
DUQUE Escreva para ele de nossa parte e despache com
urgência.

SENADOR 1 Eis Brabâncio chegando e o valoroso Mouro.

Entram Brabâncio, Otelo, Cássio, Iago, Rodrigo e Oficiais.

50 DUQUE Bravo Otelo, temos de usá-lo imediatamente
Contra o grande inimigo nosso, o Otomano.
(*a Brabâncio*) Senhor, não o tinha visto. Seja bem-vindo.
Sentimos falta esta noite de seus conselhos.
BRABÂNCIO E eu, dos seus. Vossa Graça há de me perdoar,
55 O que me tirou da cama não foi meu posto,
Não foi assunto de Estado. Nem o zelo público
Se apoderou de mim, pois minha dor pessoal
É de natureza tão vasta e esmagadora
Que acaba devorando todas as outras mágoas,
60 Sem se modificar.
DUQUE   Por quê? Qual é o problema?
BRABÂNCIO Minha filha, ah, filha!
SENADOR 1   Morreu?
BRABÂNCIO   Sim, pra mim:
Ela me foi roubada... abusada, corrompida
Por filtros, amavios, comprados de embusteiros,
Pois nunca que sua essência, sem um feitiço,
65 Faria erro tão crasso,[F] e ela jamais
Foi deficiente, cega nem tola.[F]
DUQUE Quem perpetrou esse crime vil, e divorciou
Sua filha de sua essência, e um pai, de sua filha,
Peço ao senhor que, usando o seu próprio juízo,
70 Vá e leia o que diz, com palavras amargas,
O livro atroz da lei. Sim! Mesmo que meu filho
Esteja envolvido.
BRABÂNCIO   Agradeço humildemente.
Aqui está o homem, o Mouro, que, ao que parece,
Foi trazido aqui por mandato seu que envolve
75 Questões de Estado.
TODOS   Nós lamentamos por isso.
DUQUE (*para Otelo*) E o senhor, tem algo a dizer em sua

defesa?

BRABÂNCIO Não tem, pois são esses os fatos.

OTELO Potentíssimos, graves e augustos senhores,
Nobríssimos mestres meus, bons e veneráveis.
80   É verdade, eu roubei a filha desse ancião,
É bem verdade. E me casei com ela também.
Foi essa a escala, o tamanho do meu delito —
E nada mais. Minha fala é rústica e pouco
Agraciada com o brando fraseado da paz,
85   Pois desde o ardor dos sete anos até nove
Luas gastas aqui, meus braços foram usados
Em ações valorosas nos campos, nas tendas,
E pouco desse ancho mundo posso falar
Salvo das façanhas no tropel das batalhas.
90   E assim pouco ajudo minha causa se eu mesmo
Falo em meu favor. Mas peço a vossa paciência,
Que vou contar a história simples e despojada
De meu amor: com que drogas, com que feitiços,
Com que esconjuros e com que forte magia —
95   Pois estas são as práticas de que me acusam —
Conquistei sua filha.

BRABÂNCIO   Uma jovem sem arrojos,
De alma tão quieta e calma que até em seus gestos
Se via seu pudor. E apesar de sua índole,
Idade, do berço, seu renome, de tudo,
100   Amar algo que ela tinha nojo de olhar?
É juízo muito torto, estropiado o que diz
Que a perfeição pode errar assim contra as leis
Da natureza. Esse juízo tem que entender
Que é pelas práticas finórias do inferno
105   Que isso aconteceu. Assim afirmo de novo,
Ele a manipulou, injetando em seu sangue
Poderosas poções ou mágicos licores
De análogo efeito.

DUQUE   Afirmar não é provar.
É preciso evidências mais fortes e explícitas

110   Do que essas vestes ralas, esses frágeis indícios
      Que a opinião comum apresenta contra ele.
    SENADOR 1 Mas, Otelo, fala: é verdade
      Que usaste de meios coercivos e indiretos
      Pra apresar e infectar a afeição dessa jovem?
115   Ou foi com pedidos, com as ternas palavras
      Que almas que se amam trocam?
    OTELO   Eu lhes suplico,
      Mandem chamar a jovem lá no Sagitário,
      Deixem que ela fale ao seu pai ao meu respeito.
      Se conforme seu relato me acharem vil,
120   Não apenas me tirem ᶠo encargo, a confiança
      Que me emprestaram,ᶠ mas deixem que a pena máxima
      Recaia sobre a minha vida.
    DUQUE   Tragam Desdêmona.

Saem dois ou três servidores.

OTELO Leve-os lá, alferes, você sabe onde é.

Sai Iago atrás deles.

      Enquanto não chega, com a franqueza que uso
125   Ao confessar aos céus os vícios do meu sangue,
      Vou falar em detalhe aos vossos ouvidos
      Como conquistei a estima dessa donzela
      E ela, a minha.
    DUQUE   Fala, Otelo.
    OTELO   Seu pai me tinha em
      Grande estima, me convidava com frequência,
130   Sempre querendo saber sobre minha vida
      O que havia vivido, ano a ano, os cercos,
      As batalhas, os reveses.
      Eu tudo narrei, desde os tempos de menino
      Até o instante que ele pediu que eu lhe contasse.
135   E nisso eu falei das mais funestas venturas,

De eventos oscilantes no campo e no mar,
De fugas por um fio por brechas despencando,
De como me prendeu o insolente inimigo
E vendeu-me como escravo; de meu resgate
140 De minha faina na jornada atribulada
E de cavernas vastas e desertos vagos,
De agras penhas, pedras, cumes que arranham os céus,
Disso tudo falei. Eis a história. Falei
Dos canibais, os Antropófagos, que comem
145 Uns aos outros, de homens cujas cabeças crescem
Por debaixo dos ombros. Para ouvir essas coisas,
Desdêmona se inclinava compenetrada,
Mas o afazer de casa a chamava outra vez.
Mesmo assim, tão logo ficasse livre, vinha
150 Rápido de volta, e com ouvidos sedentos
Bebia a minha fala; e eu, notando aquilo,
Busquei o instante certo e o modo apropriado
De levá-la a pedir com coração sincero
Que eu relatasse a ela minha peregrinagem,
155 Da qual ela já ouvira uma coisa ou outra,
Mas não atentamente. Eu consenti com isso.
E várias vezes eu conjurei as suas lágrimas,
Ao falar de algum golpe duro que sofri
Quando era jovem. Ao terminar o meu relato,
160 Ela brindou com mil suspiros os meus tormentos,
Jurou que era estranho, muito, e que sentia
Pena, muita pena. Não queria mais ter
Ouvido aquilo, mas só que os céus lhe tivessem
Feito um homem assim. Ela me agradeceu,
165 Disse que se eu tivesse um amigo que a amasse,
Bastaria ensiná-lo a contar minha história
Que isso a cativaria. Peguei a deixa e disse:
Que ela me amou pelos perigos que passei,
E eu a amei pela sua pena das minhas penas.
170 E foi esse o único feitiço que usei.

Entram Desdêmona, Iago e acompanhantes.

Aqui está ela, que ela dê seu testemunho.

DUQUE Uma história assim ganharia até minha filha.

Meu bom Brabâncio, tente ver o melhor nesse negócio
torto:

175   Vale mais empregar uma espada quebrada
Do que os próprios punhos.

BRABÂNCIO   Por favor, vamos escutá-la.

Se confessar sua parte nisso, caia a ruína
Sobre mim, por ter feito denúncia leviana
Contra este homem! Venha, senhora,

180   Diante os aqui presentes, pode me dizer
A quem mais deve obediência?

DESDÊMONA   Meu nobre pai,

Eu noto aqui que o dever está dividido.
É ao senhor que devo a vida e a educação:
E minha vida e educação me ensinam a respeitá-lo

185   Sempre, pois o senhor encarna o dever.
Até aqui fui sua filha, mas eis meu marido:
E assim como minha mãe mostrou seu dever
Ao senhor, quando o pôs à frente de seu pai,
Sustento que a mim cabe professar, senhor,

190   Dever ao Mouro.

BRABÂNCIO   Deus a tenha, é o que basta.

Peço à Vossa Graça, volte às coisas do Estado.
Se eu ao menos tivesse adotado, nunca gerado
Uma criança! Vem, Mouro, aqui te entrego
De todo o coração o que eu te negaria

195   De todo o coração, se já não a tivesses.
E tu, meu tesouro, por tua causa apenas,
Fico contente de não ter tido outros filhos,
Pois tua fuga me ensinaria a ser tirano
E a acorrentá-los. Isso é tudo, meu senhor.

200 DUQUE Permita-me trazer à baila algumas máximas
Que talvez, passo a passo, ajudem esses amantes

A resgatar o favor do senhor.

Quando o remédio gora, a agonia descansa,

Pois se vê o pior onde havia esperança;

205   O dano lamentar que está morto e passado

Traz no dia que vem um agravo inovado;

O que perdido está quando a sorte se apossa

De sua injúria a paciência ri, debocha e troça.

O roubado que ri do ladro algo captura

210   Rouba de si quem vive na inane amargura.

BRABÂNCIO Então deixe que o Turco Chipre nos conquiste,

Não há nada a perder se o sorriso persiste.

Os ditados são bons pra quem não leva o fardo,

Que ao ouvir o que diz se sente um felizardo.

215   E quem tem de aturar ditados e a dolência

Pra saldar sua dolência debita a paciência.

Esse fraseado todo ou é doce ou amargo,

Se tem lá sua força, seu ar é meio vago.

Mas frases são só frases, e um peito dorido

220   Ao que sei não se fere jamais pelo ouvido.

Eu humildemente vos suplico, retornem às questões de
Estado.

DUQUE O Turco com poderosos preparativos já se dirige a
Chipre. Otelo, as fortificações são mais bem conheci-

225   das por você, e embora tenhamos lá um substituto com
habilidades assaz louváveis, a opinião, amante sobera-
na dos resultados, escolhe com mais segurança o seu
nome. Assim terá de embaçar um pouco o lustre de suas
novas conquistas e lançar uma expedição mais dura e

230   violenta.

OTELO O costume tirano, nobres senadores,

Transformou meu leito pétreo e férreo de guerra

Em um colchão suave e macio. Já percebo

O impulso pronto e natural que me surge

235   Sempre frente às provações, e eu abraço o encargo

Dessa presente guerra contra os otomanos.

Assim, humildemente, curvando-me ao Estado,

Peço que minha esposa seja aqui provida,
Que lhe concedam endereço e pensão e
240   Também as acomodações e a companhia
Que estejam à altura de sua estirpe.
DUQUE Mas, na casa do pai...
BRABÂNCIO   Eu não vou permitir.
OTELO Nem eu.
DESDÊMONA   Também não poderia morar lá.
Lançaria meu pai em inquietos pensamentos
245   Só com minha presença. Generoso Duque,
Dê ouvido favorável ao que vou revelar,
E espero muito ouvir em sua voz a sanção
Que virá assistir à minha simplicidade.
DUQUE O que deseja, Desdêmona?
250 DESDÊMONA Que eu amo o Mouro a ponto de viver com ele,
Minha extrema violência e meu desdém à sorte
Já esbravejam pra o mundo. Minha essência está
Atrelada às virtudes desse meu senhor:
Vi na mente de Otelo seu próprio semblante,
255   E às suas honras e aos seus dotes valorosos
Consagrei minha alma e também meu destino, e
Tanto, senhores, que se eu for deixada aqui,
Lerda traça da paz, e ele for pra guerra,
Sou privada dos ritos pelos quais o amo,
260   E um duro ínterim terei de suportar
Por sua terna ausência. Deixai-me segui-lo.
OTELO Eu rogo que lhe deis vossa sanção.
Que o céu testemunhe que não a peço agora
Pra adular o palato de meu apetite,
265   Nem pra ceder, já que não tenho o antigo fogo,
Aos gozos e mesmo às satisfações mais lícitas,
Mas pra ser largo e liberal com a mente dela.
Não permitam os céus que vossas almas pensem
Que irei descurar de vossos sérios negócios
270   Se ela vier comigo. Não, quando o airoso jogo
Do Cupido cegar com lúbrica indolência

Meu poder reflexivo, meu tino no ofício,
E o prazer corromper e aviltar meus negócios,
Que as mulheres transformem meu elmo em panela
275   E que as adversidades todas, vis e abjetas,
Se amotinem contra a minha reputação.
DUQUE Façam o que acharem melhor em fórum privado.
Ela indo ou ficando, o assunto exige pressa
E pronta resposta.
SENADOR I   Partirão esta noite.
280 ᵠDESDÊMONA Nesta, senhor?
DUQUE   Nesta.ᵠ
OTELO   Com todo o coração.
DUQUE Nos reencontramos aqui novamente às nove.
Otelo, deixe conosco um oficial seu,
Ele lhe transmitirá nossas instruções
E tudo o mais que seja do seu interesse
285   E relevante.
OTELO   Se lhe agradar: meu alferes.
É homem íntegro, de grande confiança.
À sua escolta, então, confio minha esposa,
Junto com o que mais Sua Graça achar por bem
Enviar comigo.
DUQUE   Muito bem, que assim seja.
290   Boa noite a todos. E, meu nobre senhor,
Se ao valor não falta a aprazível formosura
Em seu genro há mais beleza que negrura.
SENADOR I Adeus, bravo Mouro, trate bem de Desdêmona.
BRABÂNCIO Fique de olho, Mouro, seja minucioso,
295   Quem enganou o pai pode enganar o esposo.

Saem Duque, Brabâncio, Senadores, Oficiais, acompa-
nhantes.

OTELO Aposto a vida que ela é fiel. Honesto
Iago, deixarei contigo a minha Desdêmona:
Peço que tua esposa lhe preste assistência

E que tragas as duas no oportuno momento.
300 Vem, Desdêmona, não tenho mais que uma hora
Para tratar de amor, dos arranjos domésticos
E das coisas práticas. É o tempo que manda.

Saem Otelo e Desdêmona.

RODRIGO Iago!
IAGO O que é que me dizes, nobre coração?
305 RODRIGO O que achas que devo fazer?
IAGO Ora, vá para a cama e durma.
RODRIGO Vou me afogar agora, imediatamente.
IAGO Se fizeres isso, nem conta com minha estima. Mas por
quê, afinal? Mas que santa asneira, cavalheiro!
310 RODRIGO Asneira é viver quando viver é só tormento; e aí
ganhamos uma prescrição para morrer, quando a morte é nosso médico.
IAGO Criatura asquerosa! Eu estudei o mundo sete anos vezes quatro, e desde que aprendi a distinguir entre um
315 benefício e uma injúria, nunca encontrei homem que
soubesse como é que se ama a si mesmo. Eu, antes de
sair por aí dizendo que vou me afogar por amar a uma
franguinha-guiné, eu trocaria a minha condição com a
de um babuíno.
320 RODRIGO O que é que faço então? Eu confesso, é uma vergonha para mim essa paixão, mas não está em minha
condição repará-la.
IAGO Condição, uma ova! Está nas nossas mãos ser uma
coisa ou outra. Nosso corpo é um jardim, e nossa von-
325 tade é o jardineiro. Pois então, se a gente planta urtiga,
semeia alface, estaca o hissopo ou arranca o tomilho,
se a gente põe ali só um tipo de erva ou distrai tudo
com espécies várias, usando o ócio pra esterilizá-las e
a indústria para adubá-las... resumindo, o controle e a
330 autoridade que regula isso tudo estão na nossa vontade.
Se na balança de nossas vidas não houvesse o prato da

razão para aprumar os rasgos da sensualidade, o sangue e a baixeza, coisas que são de nossa natureza, nos
precipitariam a conclusões das mais aberrantes. Mas
335 nós dispomos da razão para resfriar a fúria das paixões, o ferrão da carne e também a nossa desabalada
lascívia. De modo que onde tu falas de amar, eu vejo
plantar, estaquear, enxertar.

RODRIGO Não pode ser.

340 IAGO Isso aí é só a lascívia do sangue e a permissividade da
vontade. Vamos, seja homem! Ora, te afogar. Afoga um
gato, um cachorrinho cego. Já declarei: sou teu amigo
e confesso que estou entrelaçado ao teu merecimento
por cabos de duradoura resistência. E nunca pude aju-
345 dá-lo como posso agora. Põe dinheiro na bolsa, segue
para a guerra, deforma o rosto com uma barba espú-
ria. Repito: põe dinheiro na bolsa. Não é possível que
Desdêmona continue a amar o Mouro — mete grana
no bolso — e nem que ele continue a amá-la. Foi um
350 começo violento esse dela, e logo vais ver a respectiva
ruptura — recheia teu bolso com dinheiro. Esses mouros são volúveis em seus desejos — vai, estofa o bolso
com dinheiro. O prato que agora, para ele, é saboroso
que nem alfarroba, não demora vai ficar tão amargo
355 quanto o coloquinto. Ela vai trocá-lo por um mais novi-
nho. E quando estiver saciada — farta — com o corpo
dele, vai notar que errou na escolha: vai procurar algo
mais variado. Por isso, enche a trouxa com dinheiro. Se
tens mesmo que te desgraçar, faz de um jeito mais apra-
360 zível que por afogamento — junta todo o dinheiro que
puderes. Se a santimônia e os frágeis votos entre um
bárbaro errante e uma veneziana hipersutil não forem
lá muito penosos para a minha agudeza e para a tribo
inteira dos infernos, tu vais poder desfrutar dela — por
365 isso junta dinheiro. Dane-se essa tua ideia de se afogar,
está fora de questão: antes te enforquem por teres obtido algum prazer, que te afogares, e sem Desdêmona.

RODRIGO Mas caso eu aguarde o desfecho disso, vais te
manter fiel à minha esperança?

370 IAGO Confia em mim. Vai, junta o dinheiro que der. Já disse
várias vezes e vou dizer mais uma, duas vezes: eu detesto o Mouro. Meus motivos estão bem arraigados no
fundo, e os teus não estão lá muito longe: então vamos
nos coligar numa vingança contra ele. Se tu botares uns
375 cornos nele, vais te deleitar, e eu, me divertir. Há muito
acontecimento sendo gestado no útero do tempo, e o
trabalho de parto não vai demorar. Em frente! Vamos,
arranja o dinheiro: amanhã tratamos um pouco mais
do assunto. Adeus!

380 RODRIGO Mas onde nos encontramos de manhã?
IAGO No meu alojamento.
RODRIGO Estarei contigo na hora.
IAGO Então, adeus. Estamos entendidos?
^QRODRIGO Como assim?
385 IAGO Nada de afogamentos, está bem?
RODRIGO Mudei de ideia. Vou vender todas as minhas terras.^Q
IAGO Vai, adeus, e forra o teu bolso de dinheiro.

Rodrigo sai.

Viram como se usa um trouxa pra encher a trouxa?
Seria profanar meu saber conquistado,
390 Se gastasse, por algo além de ganho e troça,
Meu tempo com esse panaca. Eu detesto o Mouro,
Corre por aí que ele, em meio aos meus lençóis,
Oficiou meus encargos. Eu não sei se é verdade,
Mas eu, frente a uma mera suspeita do tipo,
395 Ajo como se fosse vero! Ele me estima,
E isso já ajuda meu intuito de trabalhá-lo!
Cássio é homem decente. Muito bem, vejamos.
Tomar o seu lugar e coroar meu desígnio
Com dupla patifaria. Mas como? Como?
400 Dentro em breve, insuflando nos ouvidos de Otelo

Que Cássio é familiar demais com sua mulher.
Seu ar macio, esses seus jeitos são suspeitos,
Forjados pra fazer das fêmeas seres falsos.
O Mouro é de um caráter aberto e liberal
405   Que acha que é honesto quem só parece ser,
E assim se deixará levar pelo nariz
E com grande doçura — ao modo de um asno.
E é isso! Está engendrado! A noite e o inferno fundo
Trarão essa nascença monstra à luz do mundo.

Sai.

Ato II

Entra Montano, governador de Chipre, com dois fidalgos.

MONTANO E dali do cabo o que podes ver do mar?
FIDALGO 1 Nada, somente o mar se agitando, se erguendo:
    Não consigo divisar entre o porto e o mar
    Sequer uma vela.
5 MONTANO Acredito que o vento bradava com a terra,
    Nunca vento tão forte açoitou nossos muros.
    E quando pune assim as águas do oceano,
    Que traves de carvalho, ao golpe dessas penhas,
    Não rompem seus encaixes? O que isso nos diz?
10 FIDALGO 2 O que diz é que há dispersão na frota turca:
    Vá lá até a praia espumante e olhe: as ondas,
    No repuxo, parecem açoitar as nuvens,
    E o aflito vagalhão, de crina alta e hórrida,
    Parece esborrifar a Ursa flamejante,
15   Extinguindo os guardiões do polo sempiterno.
    Eu nunca vi tanto tumulto sobre o mar
    Em fúria.
    MONTANO   Se a frota turca não encontrou
    Abrigo numa baía, já naufragou.
    Não há como sobreviver ali.

Entra um terceiro fidalgo.

20 FIDALGO 3   Notícias, amigos! A guerra acabou!
    O insano temporal bateu tanto nos turcos
    Que eles sustaram o ataque. Uma nau de Veneza
    Presenciou um sério naufrágio e a confusão
    Geral da frota.
    MONTANO   Como foi isso? É verdade?
25 FIDALGO 3 O navio está aqui no porto,
    Um barco veronês. Miguel Cássio, tenente
    Do Mouro aguerrido, Otelo, já está em terra.
    Quanto ao Mouro, se encontra em alto-mar, e está
    Municiado de um mandato aqui para Chipre.
30 MONTANO Fico feliz, ele é um governador valoroso.
    FIDALGO 3 Mas quanto a Cássio, embora mostre estar seguro
    Quanto às perdas dos turcos, parece triste, e reza
    Pra que o Mouro esteja a salvo, pois o temporal
    Separou os dois.
    MONTANO   Queiram os céus que ele esteja,
35 Servi com ele, é homem que, quando comanda,
    É um grande soldado. Pra praia então! Vamos!
    Vamos ver essa nau que acaba de chegar,
    E vasculhar tudo em busca do bravo Otelo,
    FAté que o mar e o azul aéreo se embaracem
40 Na nossa visão.F
    FIDALGO 3   Vamos lá, façamos isso,
    Porque cada instante renova a expectativa
    De novos desembarques.

Entra Cássio.

    CÁSSIO Obrigado, valentes dessa ilha bélica
    Pelo apoio que dão ao Mouro. Queiram os céus
45 Defendê-lo e abrigá-lo contra os elementos,
    Pois dele me perdi num mar aterrador.
    MONTANO O navio em que está é nau bem equipada?
    CÁSSIO É um navio de casco sólido, e o piloto
    É famoso por sua perícia e provação.

50   Assim, sem cair em excessos, continuo
      Confiante e esperançoso.
      VOZES (*dentro*)   Uma nau! Um navio!
      CÁSSIO Que ruído é esse?
      FIDALGO 2 A cidade está vazia, há uma multidão
         Na beira da praia gritando "navio, navio".
55   CÁSSIO A esperança me diz que é o governador.

Um tiro.

      FIDALGO 2 Estão disparando salvas de cortesia.
         São os nossos amigos!
      CÁSSIO   Vá lá ver, por favor,
         E me diga quem é que está chegando.
      FIDALGO 2 Sim, senhor.

Sai.

60   MONTANO Tenente, é fato que o general se casou?
      CÁSSIO Com grande distinção. Conquistou uma jovem
         Que paragona os moldes e as famas mais notáveis,
         Excede em fineza os mais eloquentes versos.
         A criação de sua essencial vestimenta
65   Exauriu o Inventor.

Entra Fidalgo 2.

                              Então? Quem aportou?
      FIDALGO 2 Um tal de Iago, que é alferes do general.
      CÁSSIO A presteza e a fortuna lhe foram favoráveis!
         A tormenta, o mar bravio, os ventos uivantes,
         As rochas escavadas e os bancos de areia,
70   Vilões ocultos n'água engastalhando as quilhas,
         Como se vissem a beleza, largam os pendores
         Cruéis e deixam passar ilesa a divina
         Desdêmona.

MONTANO Quem é ela?

CÁSSIO   Eu já lhe falei,
    É quem comanda o nosso grande comandante,
75   E que está sob a guarda do intrépido Iago,
    Cuja arribada aqui precede nossos cálculos
    Em sete dias. Grande Jove, cuida de Otelo,
    E emprenha suas velas com teu sopro fogoso,
    Pra que ele benza essa baía com seu mastro,
80   E se inflame de amor nos braços de Desdêmona,
    Renove a flama de nosso exaurido ânimo
    E traga conforto a toda Chipre.

Entram Desdêmona, Iago, Rodrigo e Emília.

                    Oh, vejam
    Os tesouros da nau já estão pisando a terra:
    Homens de Chipre, ajoelhem-se! Salve, grande
85   Senhora, que toda a graça dos céus a envolva,
    E a acompanhe sempre, na sua frente, atrás
    De todo o lado.

DESDÊMONA   Obrigada, valente Cássio.
    Que notícias pode me dar de meu senhor?

CÁSSIO Não aportou ainda, eu não sei quase nada
90   Salvo que está bem e que estará logo aqui.

DESDÊMONA Tenho medo. Como se perderam um do outro?

CÁSSIO O gigantesco embate dos céus e do mar
    Nos separou.

Vozes gritam de dentro: "Um barco, um barco!".

           Escuta! Uma vela! Uma vela!

Ouve-se um tiro.

FIDALGO 2 Eles saúdam com salvas a cidadela:
95   Só pode ser amigo:

CÁSSIO   Vá, traga notícias.

Sai fidalgo.

Bom alferes, bem-vindo.
(*para Emília*)   Senhora, bem-vinda.
Que eu não fira sua paciência, Iago, estendendo
Os meus cumprimentos. É a minha educação
Que me dita esse gesto de audaz cortesia.

Beija Emília.

100 IAGO Senhor, se ela lhe desse tanto de seus lábios
          Quanto ela brinda com frequência sua língua,
          Ficaria farto.
      DESDÊMONA   Como assim, ela mal fala.
      IAGO Fala, sim, e muito!
          Basta eu ir pra cama que descubro essas coisas.
105   Mas, diante da senhora, devo admitir
          Que ela esconde um pouco a língua no coração,
          Fazendo suas censuras só em pensamento.
      EMÍLIA Você tem poucas razões para dizer isso.
      IAGO Ora, vocês são lindos retratos no lar,
110   Matracas no salão; na cozinha, gatos loucos,
          Quando ferem, são umas santas, se ofendidas são o Cão,
          Nas lidas da casa mundanas,
          Nas lidas da cama madonas.
      DESDÊMONA   Isso é calúnia.
      IAGO Não é. Se for mentira, então sou turco. Elas
115   Acordam e vão brincar; se deitam, é mourejar.
      EMÍLIA Não quero seus elogios...
      IAGO   Com certeza que não.
      DESDÊMONA O que escreverias ao meu respeito, se tivesses
          de me louvar?
      IAGO Oh, nobre senhora, não me force a fazê-lo,
120   Pois a nada me inclino a não ser à censura.
      DESDÊMONA Ora, vamos, tenta. Alguém já foi ao porto?

IAGO Sim, senhora.

DESDÊMONA Isso não me alegra, mas sei bem distrair
O que sou com aquilo que aparento ser.

125 Vamos: como então tu farias meu louvor?

IAGO Quase lá, essa minha invenção realmente
Me sai da cachola como visco sai do feltro:
Vai arrancando miolo, tudo! Mas minha musa
Está trabalhando. Pronto! Eis o filhote:

130 *Se ela é bela e sábia, saber e belezura*
Um é bom pra o uso, o outro para a usura.

DESDÊMONA Bom elogio. E se for morena e sábia?

IAGO *Se a dama for morena de juízo sabido,*
Um branco há de encontrar que lhe faça o cabido.

135 DESDÊMONA Cada vez pior.

EMÍLIA E se ela for bela e boba?

IAGO *Jamais foi uma boba aquela que foi bela*
A bobice um herdeiro com arte abarbela.

DESDÊMONA Está aí a típica pilhéria boba para divertir os
140 simplórios nas tabernas. E que elogio miserável tens
para aquela que é feia e tola?

IAGO *Não há nenhuma tão boba e feiosa*
Que não faça as loucuras da sábia e formosa.

DESDÊMONA Ah, grande ignorância! Tu elogias melhor o que
145 é pior. Mas que elogio conferirias a uma mulher que realmente merecesse loas? Uma mulher que, pela autoridade
de seu mérito, faria com que até a malícia a aprovasse?

IAGO *A que foi sempre bela e nunca soberba,*
Que é livre em sua fala, mas nunca acerba,
150 *Que tendo muito ouro, é simples no vestir*
Que foge do desejo, mas sabe quando agir,
Ela que, quando em fúria, a vingança despreza
Não apaga seu erro ou com rancor se enfeza,
A que cheia de tino não fez confusão
155 *Co'a cabeça do bagre e o rabo do salmão,*
Que sabendo pensar, não externa sua mente,
Vê o galante passar, mantém o olhar pra frente,

Então seria alguém, se houvesse dessas belas...
DESDÊMONA Alguém para quê?
160 IAGO *Pra aleitar os sandeus e dizer bagatelas.*
DESDÊMONA Que conclusão mais capenga e impotente! Não
aprenda com ele, Emília, mesmo que seja seu marido. E
Cássio, me diz se esse conselheiro não é um libertino,
um profano?
165 CÁSSIO Ele vai diretamente ao ponto, senhora. Vais apreciá-
-lo mais como soldado do que como erudito.
IAGO (*aparte*) Ele a conduz pela mão. Sim, muito bem, sus-
surrem. Vai ser assim, com uma teia finíssima, que vou
capturar essa mosca graúda desse Cássio. Isso, pode
170 sorrir para ela, faz isso: eu vou te enredar nas tuas próprias cortesias. Falas a verdade, de fato: Se perderes teu
posto de tenente com esses teus truques, melhor seria
que não tivesses beijado seus três dedos tantas vezes.
Muito bem, muito bem beijado e que cortesia esplêndi-
175 da. Isso, isso... Mas... os dedos no lábio, de novo? Seria
melhor para ti que fossem tubos de clister...

Trombetas.

(*alto*) O Mouro! Conheço esse toque!
CÁSSIO   É ele mesmo.
DESDÊMONA Vamos até lá recebê-lo.

Entram Otelo e acompanhantes.

CÁSSIO   Lá vem ele!
OTELO Minha bela guerreira!
DESDÊMONA   Meu querido Otelo!
180 OTELO Quanto encanto, que alegria eu sinto de ver
Que chegaste antes! Gozo da minha vida!
Se a bonança vem sempre depois da tormenta,
Que a ventania sopre até acordar os mortos,
E a brava barca galgue os píncaros olímpicos

185   Do mar, para então cair tão fundo quanto o vácuo
       Que há entre inferno e céu. Se a morte viesse agora,
       Seria a máxima alegria, pois eu temo
       Que o regalo na minh'alma é tão absoluto
       Que outro conforto igual não vai se suceder
190   No incógnito futuro.
DESDÊMONA   Que os céus só permitam
       Que o nosso amor e prazer pra sempre se ampliem
       Como os nossos dias!
OTELO   Amém, forças benignas!
       Eu mal consigo expressar meu contentamento,
       Ele me paralisa, é tanta alegria.
       (*beijam-se*)
195   E que isso, mais isso, seja a maior discórdia
       Entre o meu coração e o seu.
IAGO (*aparte*) Hum, mas quanta afinação. Eu vou afrouxar
       As cordas que fazem essa melodia, que é
       Tão honesta quanto eu.
OTELO (*para Desdêmona*)   Vamos... para o castelo.
200   (*para todos*) Meu amigos, há novas,
       A guerra terminou e os turcos naufragaram.
       Como vão meus amigos que habitam essa ilha?
       Querida, terás sempre estima aqui em Chipre,
       Pois sou querido no país. Oh, minha amada,
205   Eu tagarelo à toa, é que estou deslumbrado
       De tanto contentamento. Iago, eu peço
       Vai até a praia e descarrega os meus cofres.
       Leva o mestre da nau até a cidadela,
       É um homem bom e tem um valor que merece
210   Todo o nosso respeito. Desdêmona, vem;
       E repito: tu és muito bem-vinda em Chipre.

       Saem todos menos Iago e Rodrigo.
IAGO (*Para um servidor*) Encontre-me sem demora no por-
       to. (*Para Rodrigo*) Vem aqui: se tu és corajoso — pois,
       como corre por aí, um homem baixo, quando se apai-

215   xona, adquire uma natureza mais fidalga que ele não
       possui ao natural — escuta... O tenente hoje à noite es-
       tará de vigia no pátio da guarda. Começo já te dizendo
       isto: Desdêmona está de fato apaixonada por ele.
       RODRIGO Por ele? Como assim, não é possível!
220   IAGO Põe o dedo nos lábios e deixa que tua alma seja instruí-
       da. Deves te lembrar com quanta violência ela se apaixo-
       nou pelo Mouro por conta das fanfarronices e das fábu-
       las quiméricas que ele contou para ela — achas que, com
       toda essa parlapatice, ela vai amá-lo pra sempre? Não
225   deixa teu coração sensato se enganar. Ela vive e se nutre
       do olhar — e que deleite pode haver pra ela em olhar de
       frente o capeta? Quando o sangue esfria por efeito de
       tanta diversão, ele precisa, para novamente se inflamar
       e dar sabor fresco à saciedade, certo dom de beleza, afi-
230   nidade dos anos, maneiras e bonitezas, tudo aquilo de
       que o Mouro é deficiente! Agora, pela falta dessas conve-
       niências requeridas, a terna delicadeza dela vai se sentir
       abusada, e ela vai pegar asco e nojo do Mouro e abomi-
       ná-lo — e a natureza vai se incumbir de instruí-la e de
235   impeli-la a uma segunda escolha. Agora, senhor, isso ad-
       mitido — já que se trata de asserção óbvia e natural —,
       haverá alguém que esteja em grau tão elevado na escada
       que leva a essa ventura das venturas quanto Cássio? Um
       pilantra volubilíssimo, assaz consciencioso, sobretudo
240   quando veste as formas postiças de uma aparência poli-
       da e humana, para a melhor consecução de suas esconsas
       e lascivas paixões desembestadas. Não, não há ninguém,
       ninguém! É um magano rebuscado, escorregadiço, um
       farejador de ocasiões, que tem um olho fino para cunhar
245   e fabricar vantagens, mesmo que a própria vantagem em
       pessoa jamais se anuncie — um salafrário traquinas... E
       para completar, o patife é todo garboso, é moço e possui
       os quesitos que toda a cabecinha boba e novidadeira pro-
       cura. Um rematado patife pestilento, e a mulher já deu
250   com os olhos nele.

RODRIGO Não posso acreditar em algo assim nela, suas inclinações são as mais abençoadas.

IAGO Abençoadas, uma figa! O vinho que ela bebe é feito
de uvas. Se ela fosse abençoada, nunca que teria amado
255   o Mouro. Abençoada, uma ximbica. Não viste a moça
amimando a palma da mão dele? Não notaste?

RODRIGO Sim, isso sim, mas foi apenas uma simples cortesia.

IAGO Era lascívia, e eu aposto a minha mão! O índex e obscuro prólogo para uma história de luxúria e pensamen-
260   tos sujos. Eles ficaram com os lábios tão próximos que
os hálitos se entrelaçaram num amplexo. Pensamentos
imundos, Rodrigo: quando tais mutualidades preparam
o caminho, logo atrás vem o exercício mestre e principal: o desfecho com corpos incorporados. Pish! Mas se-
265   nhor, apenas siga o que vou dizer. Eu trouxe o senhor de
Veneza: esta noite fique na vigia. Quanto à ordem para
tal, deixe que eu me encarrego de passá-la. Cássio não o
conhece, eu não vou ficar longe dos senhores: encontre
uma oportunidade para enraivecê-lo, falando alto, me-
270   noscabando sua disciplina, ou usando de qualquer outro
pretexto que lhe apraza e que o momento venha a ofertar
de modo favorável.

RODRIGO Bom.

IAGO Senhor, ele é impulsivo e abrupto na cólera, e, com sor-
275   te, ele pode até golpeá-lo com o bastão: provoque-o até
que ele reaja, e isso bastará para que eu atice o pessoal
de Chipre num motim, gente cuja natureza só vai voltar
a nutrir confiança, se Cássio for removido. O senhor terá
assim uma jornada mais curta até os seus desejos, por
280   meios que em breve terei para promovê-los, e terá os impedimentos mui proveitosamente removidos, sem o que
não haveria nunca esperança de prosperidade.

RODRIGO Farei como diz, se você arranjar o ensejo.

IAGO Isso eu te garanto. Encontra-me daqui a pouco na cida-
285   dela. Tenho que descer as bagagens dele. Até mais tarde.

RODRIGO Até.

Sai.

IAGO Que Cássio a ama, nisso eu bem que acredito,
     E que ela o ama, é provável e crível.
     O Mouro, por mais que eu mesmo não o tolere,
290 É de âmago constante, amável e nobre,
     E ouso pensar que provará para Desdêmona
     Que é um marido bom. Mas eu também a amo,
     Não por pura luxúria, embora eu talvez tenha
     Contas a pagar por esse grande pecado,
295 Mas mais pela dieta própria da vingança,
     Pois suspeitas tenho de que o Mouro lascivo
     Trepou na minha sela, o que só de pensar
     Me rói as entranhas como um sal venenoso;
     E nada vai me contentar a alma até
300 Que eu lhe dê o justo troco, esposa por esposa;
     Mas, se falhar, ao menos lançarei o Mouro
     Num ciúme tão intenso que vai lhe faltar
     Juízo pra amansá-lo. E depois, o que faço?
     Se esse traste de Veneza, de cuja rápida
305 Caçada estou ao encalço, aguentar o tranco,
     Eu vou é botar Miguel Cássio no cabresto
     E difamá-lo ao Mouro na farda e no grau —
     Pois, acho, ele também dormiu com minha touca —
     E o Mouro vai me agradecer, amar e honrar,
310 Por tê-lo inclitamente transformado em asno
     E também transforjado sua paz e quietude
     Num delírio. Tá tudo aqui, inda confuso.
     O rosto da vileza se vê só quando em uso.

Sai.

Ato II

Entra o arauto de Otelo, com proclamação.

ARAUTO (*lê*) *É desejo de Otelo, nosso nobre e valoroso general, que, por ocasião das notícias que ora chegam, concernentes à perda total da frota turca, que todos celebrem em triunfo: que alguns bailem, outros acendam fogueiras, cada um se entregando aos folguedos e às folias de sua inclinação. Pois, para além dessas benéficas notícias, o general celebrará suas núpcias. — Eis o que aprouve a ele que fosse proclamado. Estão franqueadas as despensas públicas e inteiramente liberados os banquetes desde agora, às cinco horas, até o sino das onze. Que o céu abençoe a ilha de Chipre e nosso nobre general Otelo!*

Sai.

Ato II

CENA III

Entram Otelo, Cássio e Desdêmona.

OTELO Bom Miguel, você cuide da guarda esta noite.
Que seja lembrado: cabe a nós adotar
O honroso rigor de não transpor a discrição.
CÁSSIO Iago já tem instruções sobre o que fazer.
5   Mas, sim, estarei lá e cuidarei de tudo
Com os meus próprios olhos.
OTELO   Iago é confiável.
Boa noite, Miguel. Venha falar comigo
O mais cedo possível amanhã. Venha, amor,
Depois da aquisição, sucedem-se os frutos,
10   E os ganhos hão de vir que haverão de ser mútuos.
Boa noite.

Saem Otelo e Desdêmona.
Entra Iago.

CÁSSIO Bem-vindo, Iago. Temos que ir montar a guarda.
IAGO Ainda não agora, tenente. Não são nem dez horas ainda. Nosso general nos dispensou cedo por amor à sua
15   Desdêmona — e não devemos culpá-lo por isso. Ele ainda não brincou com ela à noite, e ela é uma brincadeira
digna de Júpiter.
CÁSSIO É uma dama do mais alto requinte.

IAGO E aposto que cheia de gracinhas e truques.

20 CÁSSIO Realmente, é uma criatura vivaz e refinada.

IAGO Que olhar ela tem! Parece até um chamado para parlamentar, cheio de provocação.

CÁSSIO Um olhar convidativo, mas que a mim me parece bastante modesto.

25 IAGO E quando fala, não soa como um clangor marcial para o amor?

CÁSSIO Com efeito, ela é pura perfeição.

IAGO Muito bem: abençoados sejam os seus lençóis! Vamos, tenente, tenho um caneco de vinho, e aqui fora tem um
30 grupo de galantes de Chipre que gostariam de tomar uns goles e fazer um brinde ao negro Otelo.

CÁSSIO Não esta noite, meu caro Iago, tenho um cérebro fraco e frágil pra bebida. Bem que gostaria que a cortesia inventasse outro modo de diversão.

35 IAGO Ora, são amigos nossos... Só uma taça. Beberei por você.

CÁSSIO Eu só bebi uma taça esta noite, e que diluí cuidadosamente, e olhe só o efeito que teve! É uma infelicidade ter esta enfermidade, e por isso não me atrevo a provocar essa fraqueza ainda mais.

40 IAGO Ora, homem, isso é uma noite de festejo. É o que os galantes querem.

CÁSSIO Onde estão eles?

IAGO Aqui, na porta, poderias chamá-los para entrar.

CÁSSIO Está bem, aceito, ainda que a contragosto.

Sai.

45 IAGO Se eu puder lhe empurrar apenas mais um copo,
Com o que bebeu esta noite, vai ficar
É mais tinhoso e abusado que o cachorrinho
Da minha esposa. Agora, esse imbecil, Rodrigo,
Que o amor já revirou quase que do avesso,
50 Emborcou esta noite, em brindes a Desdêmona,
Quase que um tonel. E ele vai estar na guarda.

Três outros cipriotas, fidalgos de alma inflada,
Que estão sempre atentos a afrontas à honra,
Gente de cepa aqui dessa ilha aguerrida,
55   Aticei com rodadas de copos a rodo,
E vão estar na guarda. Em meio a essa manada
De ébrios vou pôr o nosso Cássio a fazer uma coisa
Que ofenda a ilha inteira.

FEntram Cássio, Montano e cavalheiros.F

                                    Ah, ali estão, chegaram...
Se ao meu sonho existir um fato consequente,
60   Minha nau singra livre ao vento e à corrente.
CÁSSIO Por Deus! Eu já bebi uma rodada inteira.
MONTANO Santa fé, só um copinho, não foi mais do que um
      quartilho.
IAGO Vai vinho aqui, ô!
      (canta)
65   Vai, taça minha, retine e repica,
         Me atiça, belisca e me alambica
                Pro pobre recruta
                A vida é bem curta
             Vai, pega a taça e embica.
70   Vinho, rapazes!
CÁSSIO Que canção linda!
IAGO Foi na Inglaterra que aprendi, lá todo mundo é bom
      de copo. Não me vem falar do danês, do alemão — va-
      mos beber, gente! — e nem daquele holandês da barriga
75   bamba, eles não chegam nem aos pés do inglês.
CÁSSIO Mas será que o vosso inglês é tão deslumbrante as-
      sim no trago?
IAGO Quê? Ele mete fácil goela abaixo esse teu dinamar-
      quês, já podre de bêbado, moribundo; ganha fácil no
80   trago qualquer alemão; e mete o holandês aos vômitos,
      antes até da próxima rodada.
CÁSSIO À saúde de nosso general!

MONTANO Apoiado, tenente, acompanho o brinde!

IAGO Ó, saudosa Inglaterra!

85   *Estêvão foi brioso rei,*
       Pagou as calças com um dobrão;
       Por ter apego a vinte réis,
       Xingou o alfaiate: ladrão!
       Era homem de grão renome,
90   *E tu não passas de um vilão.*
       O estado, inflado, se consome,
       Volta e veste o velho gibão!

       Aqui, vinho!

CÁSSIO Por Deus, essa canção é ainda mais deslumbrante
95   que a outra!

IAGO Quer ouvir de novo?

CÁSSIO Não, pois tenho por indigno do seu posto quem...
       quem faz essas coisas. Deus está acima de tudo e todos,
       e há almas que devem ser salvas, e tem almas que não
100   devem ser salvas.

IAGO É verdade, tenente.

CÁSSIO Da minha parte, mas não quero aqui ofender o ge-
       neral ou quem quer que seja de distinção, eu espero ser
       salvo.

105 IAGO E eu também, tenente.

CÁSSIO Sim, mas com a devida licença: não vai antes de
       mim. O tenente tem que receber salvação antes do al-
       feres. E chega desse assunto, vamos aos nossos negó-
       cios. Deus nos perdoe os nossos pecados! Cavalheiros,
110   vamos aos nossos afazeres. Não pensem, cavalheiros,
       que estou bêbado: este aí é o meu alferes, esta aqui é a
       minha mão direita, e aqui tá a minha mão esquerda. Eu
       não tô bêbado agora, e até que não tô falando mal.

CAVALHEIRO Com grande perfeição!

115 CÁSSIO Pois, aí que está: não há por que vocês ficarem pen-
       sando que eu estou de porre.

Sai.

MONTANO Vamos para a plataforma, vamos montar a guarda.
IAGO Está vendo esse sujeito que foi na frente,
    Este soldado digno de estar junto a César
120   E bom de comando? Agora, olha só o seu vício,
    Que é, para sua virtude, um perfeito equinócio,
    Um anulando o outro. É muita pena, eu temo
    Que a confiança que Otelo lhe deu inda vai,
    Em algum momento da sua enfermidade,
125   Abalar esta ilha.
MONTANO   Mas então isso é hábito?
IAGO É um prólogo pra o sono. Ele pode vigiar
    Até os dois marcos do relógio — se a bebida
    Não lhe embalar o berço.
MONTANO   Seria prudente
    Que o general ficasse a par desse detalhe.
130   Talvez não esteja vendo isso, ou, por ser bom,
    Premie a virtude que é visível em Cássio,
    Sem que veja os seus defeitos. Não é verdade?

Entra Rodrigo.

IAGO *(aparte para Rodrigo)* Vamos, Rodrigo...
    Vamos, por favor, segue já o tenente, vai!

Sai Rodrigo.

135 MONTANO É uma grande lástima que o nobre Mouro
    Ponha em risco um posto que lhe foi confiado
    Com alguém que tem uma tal moléstia enxertada.
    Seria uma ação honesta avisar o Mouro.
IAGO Por esta ilha, não conte comigo. Eu tenho
140   Muita estima por Cássio e faria de tudo

Um grito dentro: "Socorro! Socorro!".

Pra curá-lo desse mal. Que barulho é este?

Entra Cássio perseguindo Rodrigo.

CÁSSIO Santa chaga, vagabundo, canalha!

MONTANO Mas o que foi, tenente?

CÁSSIO Um salafrário — vai agora me ensinar meu dever?
145   Vou te bater tanto que logo vais parecer uma garrafa
empalhada.

RODRIGO Me bater?

CÁSSIO Vais tagarelar, agora, cafajeste?

MONTANO Não, meu bom tenente! Por favor, senhor, abaixe
150   a mão!

CÁSSIO Me larga, ou vou te arrebentar a cabeça.

MONTANO Vamos, vamos, o senhor está bêbado.

CÁSSIO Bêbado?
    (lutam)

IAGO *(aparte para Rodrigo)* Saia, agora, saia e grite que há
155   um motim.

Rodrigo saì.

Não, tenente! Pelo amor de Deus, cavalheiros!
Venham, ajudem! Tenente! Senhor... Montano!
(Montano é ferido)
Senhores, ajudem... Que bela guarda esta.
(um sino toca)
Quem tocou o sino? Diablo! Vão acordar
160   A cidade. Ô! Por Deus, meu tenente, pare,
Isso vai degradá-lo para sempre!

Entram Otelo e acompanhantes com armas.

OTELO Que houve aqui?

MONTANO   Chagas, estou sangrando! Ferido
De morte.

(*investe contra Cássio*)
          Morra!
OTELO   Parem ou morrerão!
IAGO Parem, vamos! Tenente... Montano, senhores...
165   Perderam o senso da hora e do dever?
         Parem — vergonha! — o general está falando!
OTELO Mas o que é isso? Como começou? Viramos
         Reles turcos então, fazendo aquilo que o Céu
         Proíbe ao otomano? Tenham algum pudor
170   Cristão, e parem já essa assuada bárbara.
         Quem fizer um só gesto e atiçar mais raiva
         Tem pouco apreço à vida. Quem se mover, morre!
         Calem esse sino atroz. Está assustando a ilha,
         Ameaçando o sossego. O que houve? Bom Iago,
175   Pareces estar morrendo de aflição, me diz
         Quem começou. Sê leal, cumpre o teu dever.
IAGO Eu não sei. Eram amigos até agora há pouco,
         Estavam em bons termos como noivo e noiva
         Que se despem para a cama. E aí, agora mesmo,
180   Como se um astro houvesse enlouquecido os homens,
         Foi espada pra fora, ataques peito a peito,
         Uma luta sangrenta. Não sei como essa rusga
         Turrona iniciou, mas teria preferido
         Perder as minhas pernas numa ação gloriosa,
185   A ser trazido aqui para ver estas coisas.
OTELO Como pudeste esquecer quem tu és, Miguel?
CÁSSIO Não sei o que dizer, mas imploro perdão.
OTELO Bravo Montano, foste sempre tão cortês:
         A calma e a gravidade de tua juventude
190   O mundo vislumbrou, e, pra os que têm bom juízo,
         É grande o teu nome. O que está acontecendo
         Que desbaratas desse modo o teu renome,
         Estragando o teu mérito e abraçando a fama
         De um reles baderneiro noturno? Responde!
195 MONTANO Bravo Otelo, eu estou gravemente ferido,
         Não posso falar muito, sinto muita dor.

Mas Iago, seu oficial, pode informá-lo
De tudo aquilo que sei. Não lembro de haver
Dito ou feito esta noite algo de indevido,
200   A não ser que seja pecado se cuidar
Quando a violência nos ataca.

OTELO   Pelos céus,
Meu sangue já quer governar meus guias lúcidos
E a cólera, turvando o meu melhor juízo,
Já quer avançar. Por Deus, se eu me mover,
205   Se eu erguer meu braço, o melhor dentre vocês
Cairá ao peso da punição. Digam, como
Começou essa arruaça torpe, quem a instigou?
E aquele que for culpado dessa infração,
Mesmo sendo meu irmão gêmeo de nascença,
210   Há de me perder. Quê? Numa cidade em guerra,
Ainda atribulada, com seu povo inquieto,
Entrar numa rixa assim, pessoal e doméstica?
E à noite, na guarda, quando o zelo é tudo...!
Monstruoso. Iago, quem foi que começou?

215   MONTANO Se por parcialidade ou espírito de corpo,
Disseres menos ou mais do que a pura verdade,
Não és soldado.

IAGO   Não me envolva tão de perto.
Prefiro ter a língua arrancada da boca
A permitir que ela ofenda a Miguel Cássio,
220   Mas convicto estou de que dizer a verdade
Não vai prejudicá-lo. Foi assim, general,
Estávamos, Montano e eu, numa conversa,
Quando chegou alguém gritando por socorro,
E atrás vinha Cássio com a espada empunhada,
225   Pronto para golpeá-lo. O cavalheiro aqui
Põe-se à frente de Cássio e lhe implora que pare.
Quanto a mim, persegui o que estava gritando,
Pois temia que os gritos lançassem a cidade
Em pânico, como aconteceu. Mas ele é ágil,
230   Me vence na corrida e assim dou meia-volta,

Pois ouvi por perto estalos, golpes de espada,
E Cássio que berrava, o que até esta noite
Eu nunca havia visto. Assim que retornei —
Foi tudo num instante — vi os dois, peito a peito,
235   Aos socos, aos empurrões, desse jeito que estavam
Quando você chegou aqui para apartá-los.
Mais nada sobre o caso eu tenho a relatar;
Os homens são o que são: esquecem de si mesmos.
Por mais que Cássio o tenha ofendido um pouco,
240   Feito um varão feroz que fere quem o estima,
Mesmo assim, parece que Cássio recebeu
Do que fugiu algum insulto que a paciência
Não pode tolerar.

OTELO   Iago, sei que tua estima
E boa-fé estão buscando atenuantes
245   Que favoreçam Cássio. Gosto de ti, Cássio,

Entra Desdêmona, acompanhada.

Mas jamais, nunca mais, serás meu oficial.
E vejam, meu gentil amor foi despertado!
Servirás de exemplo!
DESDÊMONA   O que está havendo, querido?
OTELO Tudo está bem agora. Vai para a cama.
250   Senhor, para essas suas feridas eu mesmo
Serei o cirurgião.

Montano é levado para fora.

E, Iago, inspecione a cidade com cuidado,
E acalme os que essa vil arruaça perturbou.
Vem, Desdêmona, eis a vida do soldado,
255   Ser no oásis do sono por rixas despertado.

Saem todos, salvo Iago e Cássio.

IAGO Que foi, tenente, está ferido?

CÁSSIO Sim, e para isto não há cirurgia.

IAGO Que Deus não permita!

CÁSSIO Reputação, reputação, reputação! Perdi toda a repu-
260   tação! Perdi a minha parte imortal, e o que restou é a
        parte bestial. Minha reputação, Iago, minha reputação!

IAGO Honestamente, pensei que o senhor tinha só um fe-
        rimento corporal: faria bem mais sentido que a tal da
        reputação. Reputação é imposição infundada e falsa,
265   amiúde angariada sem merecimento e perdida sem
        motivo. Você não perdeu nada da reputação, a menos
        que repute a si mesmo um perdedor. Que é isso, ho-
        mem! Há modos vários de recuperar o favor do gene-
        ral. O senhor foi destituído por um acesso de mau hu-
270   mor, uma punição mais política que maldosa, como se
        alguém surrasse um cachorrinho só para meter medo
        num leão imperioso. Apele ao general de novo, e logo
        ele será seu.

CÁSSIO Eu apelaria, sim, mas muito mais para ser despre-
275   zado do que para enganar um comandante tão exce-
        lente com um oficial tão leviano, bêbado e indiscreto.
        Bêbado! Ter virado um papagaio, baderneiro, fanfar-
        reando, praguejando! Falando cheio de pompa com
        a própria sombra. Oh, espírito invisível do vinho, se
280   não tens um nome próprio, fica então com o nome de
        demônio!

IAGO Quem era aquele que você perseguiu com a espada? O
        que foi que ele lhe fez?

CÁSSIO Não sei.

285 IAGO Será possível?

CÁSSIO Lembro de um embolado de coisas, mas nada dis-
        tintamente: de uma briga ruidosa, mas não das motiva-
        ções. Ah, Deus, que um homem derrame na garganta
        um inimigo que no final vai lhe roubar o cérebro! Que
290   os homens, com toda alegria, prazer, festança e aplau-
        so, se transformem em bestas!

IAGO Mas agora você está muito bem. Como foi que se recu-
perou assim?

CÁSSIO É que o demônio da bebedeira quis conceder lugar ao
295   demônio da fúria. Uma imperfeição acaba revelando a
outra, o que francamente faz que eu mesmo me despreze.

IAGO Ora, vamos, está sendo um moralista severo demais.
Tendo em conta o momento, o lugar e as condições do
país, teria gostado sinceramente que isso não houvesse
300   ocorrido; mas já que aconteceu, faça a emenda que lhe
seja oportuna.

CÁSSIO Então vou lá pedir-lhe que entregue de volta o posto;
responderá que não passo de um beberrão. Se eu tivesse
as muitas línguas de Hidra, só essa resposta bastaria
305   para travá-las todas. Ser um homem sensato e, passado
um instante, um bufão, e ao final uma besta! Ah! É
estranho! — Todo copo em excesso leva à desgraça, e o
ingrediente é o próprio demônio!

IAGO Ora, vamos, um bom vinho é criatura boa e familiar,
310   quando bem empregado: não fique bradando contra ele!
E, meu bom tenente, creio que o senhor sabe que lhe
tenho grande estima.

CÁSSIO Sim, e tenho disso boas provas, senhor. Eu, bêbado!

IAGO Sim, o senhor, e qualquer homem vivo, pode ficar
315   bêbado em algum momento. Vou lhe dizer o que deve
fazer. A esposa do general é quem é agora o general.
Isto eu posso dizer porque ele tem se devotado e entregue à contemplação, ao estudo e à apreciação de
suas partes e de suas graças. Vá e se confesse a ela
320   abertamente. Importune-a para que o ajude a resgatar
seu posto. Ela tem uma índole tão liberal, tão gentil,
tão vivaz e abençoada que, em sua bondade, considera um vício fazer menos do que aquilo que lhe foi
requestado. Essa articulação rompida entre você e o
325   marido exige dela que ela sirva de tala — e aposto minha sorte: essa fratura nas vossas afeições ficará mais
sólida do que antes.

CÁSSIO É um bom conselho.

IAGO E o declaro, com a sinceridade da minha estima e com
330   minha honesta afeição.

CÁSSIO Acredito e não tenho reservas. E cedo de manhã
       suplicarei à virtuosa Desdêmona que interceda por
       mim. Se me pararem aqui, perco a esperança na mi-
       nha boa sorte.

335 IAGO Tem toda a razão. Boa noite, tenente. Tenho de ir para
       a ronda.

CÁSSIO Boa noite, honesto Iago.

Sai.

IAGO E quem dirá que o meu papel é o de vilão,
       Se o conselho que dou é isento e gratuito,
340   Muito razoável e até o melhor caminho
       Para reconquistar o Mouro? Pois é fácil
       Atrair a boa e solícita Desdêmona
       Pra uma causa justa. Ela é fértil, generosa,
       Uma força primeva: e, pra ela, ganhar
345   O Mouro — mesmo que custe a ele o batismo,
       Os símbolos dos pecados que ele redimiu —
       A alma dele está tão atada à estima dela,
       Que ela pode fazer, desfazer, ao bel-prazer,
       Enquanto seu ávido gênio agir nas frágeis
350   Faculdades dele. E então eu sou um vilão,
       Quando aconselho Cássio a seguir outra rota
       Que o leva reto ao seu bem? Deidades do inferno!
       O diabo, quando quer vestir negros pecados,
       Começa encenando uma peça angelical,
355   Como eu faço agora. Enquanto esse honesto otário
       Rogar a Desdêmona que lhe ajeite a sorte,
       E ela interceder junto ao Mouro em seu favor,
       Verterei esta pestilência em seus ouvidos:
       Que ela só quer salvá-lo pra sua luxúria;
360   Assim quanto mais esforço fizer em ajudá-lo,

Mais desgastará seu crédito junto ao Mouro...
E assim converterei em piche sua virtude,
E co'a sua bondade, engendrarei a rede
Que enredará aos três.

Entra Rodrigo.

E então Rodrigo?

365 RODRIGO Estou na perseguição, não como o cão que caça,
mas como o cão que vai atrás ladrando. Já está quase
se esgotando meu dinheiro. Esta noite fui surrado que
é uma beleza; e creio que o resultado disso é que muita experiência ganhei com tantas penas, e que, com os
370 bolsos vazios e uma pitada mais de juízo, já vou me
retirando a Veneza.
IAGO Quanta pobreza há nos que não têm paciência!
E que ferida sara que não seja aos poucos?
Se a gente age é por ardil, não por feitiço,
375 E a ardileza se aprimora no tempo dilatório.
Nem tudo vai bem? Cássio sentou-lhe uma surra,
E, ferido, fizeste Cássio ser cassado?
Embora outras coisas cresçam à luz do sol,
O fruto precoce é o primeiro a maturar...
380 O gozo e a ação fazem as horas ficar curtas!
Recolhe-te. Vai para o teu alojamento.
Vai. Ficarás sabendo mais daqui a pouco.
Vamos, anda logo.

Sai Rodrigo.

Há duas coisas a fazer:
Primeiro minha esposa intercede por Cássio
385 Junto à sua ama. Eu mesmo a instigarei —
Entrementes, vou atrair o Mouro à parte,
E levá-lo ao lugar onde encontrará Cássio

Apelando à sua esposa. Assim tudo avança:
Que não sucumba o ardil por frieza ou tardança.

Sai.

Ato III

Entram Cássio e alguns músicos.

CÁSSIO Mestres, toquem aqui, compensarei seus esforços;
Toquem algo breve, um "bom-dia" ao general.

Eles tocam. Entra um palhaço.

PALHAÇO Meus mestres, por acaso os vossos instrumentos
estiveram em Nápoles, pra que vocês falem assim pelo
5   nariz?
PRIMEIRO MÚSICO Como assim, senhor...
PALHAÇO O que é isso, uma flauta com saco embaixo?
PRIMEIRO MÚSICO É uma gaita de foles, senhor, sim...
PALHAÇO E por aqui tem um rabo solto...
10 PRIMEIRO MÚSICO Onde é que tem rabo, senhor?
PALHAÇO Senhor, sei disso por muita gaita e flauta que conheço. Mas, mestres, trouxe-lhes aqui um dinheirinho, e
o general gosta tanto da sua música que deseja que, pelo
amor do nosso senhor, não façam mais barulho com ela.
15 PRIMEIRO MÚSICO Pois bem, senhor, não faremos...
PALHAÇO Se tiverem algum tipo de música que não se possa ouvir, podem tocar de novo. Mas, como se diz, ouvir música não é lá coisa que o general se interesse muito em fazer.
PRIMEIRO MÚSICO Bom, desse gênero de música não temos,
20 senhor.

PALHAÇO Então ponham as flautas no saco, que eu já me
vou. Saiam, desapareçam, xô!

Músicos saem.

CÁSSIO Estás ouvindo, meu bom amigo?
PALHAÇO Não, não estou ouvindo o seu bom amigo, só ouço
25   você.
CÁSSIO Por favor, me poupa das tuas gracinhas. Pega aqui,
tem uma moedinha de ouro para ti. Se a dama que faz
companhia à esposa do general já estiver acordada e
bem-disposta, diz a ela que alguém de nome Cássio lhe
30   suplica o simples obséquio de lhe conceder uma entre-
vista. Poderias fazê-lo?
PALHAÇO Ela se encontra, senhor, prenhe de disposição. Caso
ela se disponha a vir aqui, garanto que hei de notificá-la.
CÁSSIO Sim, faça isso, meu amigo.

Sai o palhaço.
Entra Iago.

                              Em boa hora, Iago.
35 IAGO O senhor não se deitou?
CÁSSIO   Claro que não.
Já era dia quando nós nos separamos.
Eu ousei mandar chamar sua mulher, Iago.
Vou lhe pedir que obtenha para mim acesso
À virtuosa Desdêmona.
IAGO   Farei que venha já.
40 E acertarei um modo de afastar o Mouro,
Pra que o senhor desfrute de mais liberdade
Nos arranjos e na conversa.
CÁSSIO Eu agradeço humildemente.

Sai Iago.

                                        Eu nunca vi
        Um florentino tão honesto e tão gentil.

Entra Emília.

45   EMÍLIA Bom dia, tenente. Eu sinto muito pelo
        Seu desfavor. Mas tudo há de terminar bem.
        Otelo e sua esposa estão tratando disso,
        Ela o defende com vigor. O Mouro alega
        Que o senhor feriu alguém de renome, gente
50   Grande aqui de Chipre. E, assim, em são juízo,
        Diz não ter outra escolha senão rejeitá-lo,
        Mas também que lhe tem apreço, e não precisa
        De outro pleiteante além de sua própria estima
        Para agarrar a chance boa pelo cacho
55   E assim, readmiti-lo.
     CÁSSIO   Imploro mesmo assim,
        Caso julgue correto e oportuno fazê-lo,
        Que me dê o ensejo de falar brevemente
        Sozinho com Desdêmon.
     EMÍLIA   Por favor, entre.
        Vou conduzi-lo a um lugar onde terá tempo
60   Para expressar seus sentimentos livremente.
     CÁSSIO Fico-lhe muito grato.

Saem.

Ato III

CENA II

Entram Otelo, Iago e fidalgos.

OTELO Dê estas cartas ao piloto, e, por intermédio
　　　Dele, transmita os meus respeitos ao Senado.
　　　Feito isso, estarei nas fortificações,
　　　Vá lá me encontrar.
IAGO 　　　　　　　　　Farei isso, meu senhor.
5　OTELO Senhores, vamos vistoriar nossas defesas?
　　FIDALGOS Senhor, estamos às suas ordens.

Saem.

Ato III

Entram Desdêmona, Cássio e Emília.

DESDÊMONA Fique certo, Cássio, de que usarei de todas
As minhas habilidades em seu favor.
EMÍLIA Faça-o, senhora. Meu marido está chateado
Com isso, como se fosse ele o afetado.
5   DESDÊMONA Ele é um homem honesto. Cássio, não tenha
dúvida,
Vou fazer que brilhe novamente a amizade
Sua e de meu marido.
CÁSSIO   Generosa senhora,
Qualquer que seja a fortuna de Miguel Cássio,
Sempre ele há de ser seu fiel servidor.
10   DESDÊMONA Eu sei e sou grata. Você estima meu marido
E o conhece há muito. Então fique seguro
De que todo esse estranhamento não é mais
Que um ardil político.
CÁSSIO   Eu sei, senhora,
E essa tal política pode durar tanto,
15   Nutrir-se de dieta tão aquosa e magra,
Ou se engendrar tão a partir de circunstâncias
Que, estando eu ausente e meu posto ocupado,
Ele esquecerá minha estima e meus préstimos.
DESDÊMONA Confia: aqui, diante de Emília, garanto
20   Que voltas ao posto. Fica certo: se juro

Amizade, cumpro até a derradeira cláusula.

Otelo não vai ter paz, vou lhe pôr numa doma,

Falar até que enjoe, e sua cama vai

Virar escola, sua mesa, um confessionário,

25   E o que quer que ele faça eu vou associar

Co'a demanda de Cássio. Assim, alegra-te, Cássio,

Pois o teu intercessor prefere morrer

A abandonar tua causa.

Entram Otelo e Iago.

EMÍLIA Senhora, aqui está chegando o senhor.

30 CÁSSIO Senhora, eu me despeço.

DESDÊMONA Mas como... Fique aqui e me escute falar.

CÁSSIO Não agora, senhora; estou pouco à vontade,

Não estou preparado pra servir meus propósitos.

DESDÊMONA Bom, faça conforme seu arbítrio.

Sai Cássio.

35 IAGO Hum, não gostei disso.

OTELO O que disseste?

IAGO Nada, senhor. Mas se... não, não me lembro bem.

OTELO Não foi Cássio que se apartou de minha esposa?

IAGO Cássio, senhor? Não. Não consigo imaginá-lo

40   Saindo assim se esgueirando, com ar culpado,

Só por vê-lo chegar.

OTELO   Eu acho que era ele.

DESDÊMONA Como está, meu senhor?

Estava aqui falando com um pleiteante,

Que está sofrendo com a sua rejeição.

45 OTELO De quem está falando?

DESDÊMONA De Cássio, de seu tenente. Meu bom senhor,

Se há em mim graça e poder para comovê-lo,

Aceite dele agora a reconciliação.

Pois se ele não é alguém que lhe tem apreço

50   Errando mais por descuido que subterfúgio,
Então não sei julgar o que é um semblante honesto.
Chame-o de volta.

OTELO   Ele saiu daqui agora?

DESDÊMONA Oh, sim. E ele estava tão contrito e humilhado
Que deixou parte de sua aflição comigo

55   Para sofrer com ele. Amor, chame-o de volta.

OTELO Agora não, Desdêmona, em outro momento.

DESDÊMONA Será em breve?

OTELO   O mais breve, amada, e por ti.

DESDÊMONA Hoje à noite, na ceia?

OTELO   Esta noite não.

DESDÊMONA Amanhã, no jantar?

OTELO   Não vou jantar em casa:

60   Vou encontrar os capitães na cidadela.

DESDÊMONA E amanhã à noite, terça de manhã,
Ao meio-dia, à noite, ou quarta de manhã —
Diga quando será, mas não deixe que passem
Mais de três dias. Certo é que ele está contrito,

65   Mesmo assim, sua ofensa, no juízo geral —
Embora se diga que, na guerra, os melhores
Devem servir de exemplo — quase não é uma falta
Que exija censura pessoal. Quando ele volta?
Diga! Eu me pergunto em minha alma que coisa

70   Você me pediria que eu recusaria,
Quando é que eu hesitaria assim? Quê? É Cássio,
Que fez parte da sua corte e que tantas vezes,
Quando falei de você de modo mais crítico,
Se pôs em seu lugar — e agora tudo isso

75   Pra trazê-lo de volta! Eu faria muito...

OTELO Chega, por favor. Que ele venha quando quiser,
Não nego nada a você.

DESDÊMONA   Mas não é um pedido,
É como se pedisse que calçasse luvas,
Que comesse bons pratos, ficasse aquecido,

80   Como se lhe implorasse que fizesse um bem

Para si mesmo. Não, quando eu tiver um pedido,
Com o qual eu pretenda testar seu amor,
Ele será de peso e duro de pesar,
Terrível de outorgar.

OTELO   Nada te negarei.

85   E assim te suplico que me concedas isto:
De só me deixar um pouco aqui sozinho.

DESDÊMONA Como lhe negaria isto? Adeus, senhor.

OTELO Adeus, Desdêmona, logo estarei contigo.

DESDÊMONA Venha, Emília.

(*para Otelo*) Faça como lhe dita a fantasia,

90   Pois, onde quer que esteja, serei obediente.

Saem Desdêmona e Emília.

OTELO Rica criatura! Que eu caia em perdição,
Mas eu te amo! E quando eu deixar de te amar,
Vai ser o Caos novamente.

IAGO Meu nobre senhor —

OTELO   Que que dizes, Iago?

95   IAGO Cássio sabia de seu amor, quando estava
Cortejando a minha senhora?

OTELO   Sim, do início ao fim.
Mas por que perguntas?

IAGO Só para a satisfação do meu pensamento,
Nenhum mal.

OTELO   Como assim teu pensamento, Iago?

100 IAGO Não sabia que eles tinham proximidade.

OTELO Sim, estava com frequência entre nós dois.

IAGO É verdade?

OTELO Sim, verdade, sim. Vês algo de estranho nisso?
Ele não é honesto?

105 IAGO Honesto, senhor?

OTELO Honesto. Sim, honesto.

IAGO Senhor, por tudo o que sei.

OTELO O que estás pensando?

IAGO Pensando, senhor?

110 OTELO Pensando, senhor! Céus, tu me ecoas em
tudo,
Como se tivesses um monstro em tua mente,
Atroz demais pra mostrar. Tens algo a dizer,
Eu ouvi: disseste há pouco que não gostaste
Quando Cássio deixou minha esposa. Do que
115 Afinal não gostaste? E quando eu disse que ele
Serviu de conselheiro enquanto fiz a corte,
Retrucaste "É verdade?" e enrugaste a testa
Como se houvesse trancafiada em teu cérebro
Uma imagem horrível. Se me estimas, me mostra
120 Teu pensamento.

IAGO   O senhor sabe o quanto o estimo.

OTELO Sim, creio que sim.
E por saber que tens estima e honestidade
E pesas as palavras antes de emaná-las,
Tuas pausas me amedrontam ainda mais.
125 Pois essas coisas num canalha falso, infiel,
São truques corriqueiros, mas num homem justo,
São dilações opacas que emanam do fundo e
Que a paixão não pode controlar.

IAGO   Quanto a Cássio,
Ouso jurar que ele é honesto.

OTELO   Também acho.

130 IAGO Um homem deveria ser o que parece;
Mas se não for, se parecer com mais ninguém.

OTELO Sim, ele deve ser aquilo que parece.

IAGO Pois bem, acho que Cássio é um homem honesto.

OTELO Não, há mais coisa aí. Eu peço, revela
135 O que tens em tua mente, o que estás pensando,
Por que ruminas? Dá ao teu pior pensamento
Tuas piores palavras.

IAGO   Senhor, me perdoe;
Embora eu esteja preso às ações do dever,
Não estou preso à ação de que escravos são livres.

140   Dizer meus pensamentos? E se forem vis, falsos?
       Onde é que está o palácio inteiramente imune às
       Coisas imundas? Quem tem um peito tão puro,
       Que não carrega ideias sujas quando entra
       Num tribunal, mas que se mostra nas sessões
145   Imbuído das grandes leis?
OTELO Tu conspiras, Iago, contra um amigo teu,
       Ao pensá-lo ofendido e ao torná-lo um estranho
       Ao que tens em tua mente.

IAGO   Eu lhe imploro, embora
       Haja talvez vício nessa suposição...
150   — Pois, confesso, detectar abuso é uma praga
       Da minha índole, e meu ciúme às vezes forja
       Crimes irreais — rogo, use de juízo,
       E não dê atenção a quem faz conjecturas
       Tão imperfeitas. Também não crie um problema
155   Baseado num exame errático e impreciso.
       Não seria bom pra o seu sossego e seu bem,
       Nem pra minha hombridade, honestidade e tino
       Revelar meus pensamentos.

OTELO   E por que não?
IAGO No homem, na mulher, um bom nome, senhor,
160   É a joia mais rara que lhe decora a alma:
       Quem rouba meu bolso, rouba só bagatela.
       Foi meu, foi dele, foi escravo de milhares.
       Mas aquele que rouba de mim meu renome
       Não está furtando nada que vá enricá-lo,
165   E só me joga na pobreza!
OTELO Céus, vou descobrir teu pensamento.

IAGO   Não pode,
       Mesmo que tenha meu coração em sua mão,
       Nem deve — pois isso está sob minha guarda.
OTELO Não!
170 IAGO Cuidado, senhor, com o ciúme. Ele é um monstro
       De olho verde que vive a escarnecer da carne
       Que o nutriu. Feliz é o corno que, consciente

De seu fado, não ama aquela que o ofendeu,
Mas que tétricas horas as daquele homem
175   Que venera e duvida, suspeita e adora!
OTELO Oh, miséria!
IAGO O pobre e o feliz são ricos, bastante ricos,
E a opulência infinita é pobreza invernal
Para quem temeu sempre um dia empobrecer:
180   Oh, meu bondoso Deus, afaste o ciúme
Das almas de toda a minha tribo.
OTELO Que é isso, por que isso agora?
Crês que eu levaria uma vida de ciúme,
Perseguindo sempre, a cada suspeita nova,
185   As mutações da lua? Não: onde paira a dúvida
Surge a decisão. Vai, troca-me por um bode,
Se eu me puser a cismar em vãs conjecturas
E inchadas prognoses, se eu me deixar imbuir
Por tuas induções. É razão pra ciúmes,
190   Ouvir que a esposa é bela, gentil, sociável,
Fala bem, canta, toca e dança com primor?
São mais nobres os dons se estão onde há nobreza.
Não será com meus débeis dons que vou forjar
Suspeita ou temor de que ela me traiu.
195   Ela tem olhos, me escolheu. Não, Iago, quero
Ver antes de duvidar; quando eu duvidar,
Prova. E tendo já a prova só me resta isto:
Mandar às favas amor e ciúme!
IAGO Fico feliz, porque assim tenho mais razões
200   De mostrar, com espírito mais franco, o amor
E o dever que lhe devoto. E, portanto, instado,
Digo o seguinte. Não estou tratando de provas:
Note sua esposa, observe-a andando com Cássio,
E mantenha o olhar nem ciumento, nem seguro;
205   Não quero que sua essência, franca e nobre, seja
Abusada por sua própria bondade. Vigie.
Eu conheço as tendências de nosso país:
Em Veneza, a mulher deixa Deus ver as farras

Que não ousa mostrar ao marido. Sua prática
210   Não consiste em não fazer, mas manter oculto.
OTELO Achas isto mesmo?
IAGO Ela enganou o próprio pai ao desposá-lo,
E quando parecia temer seu aspecto,
Na verdade o amava, senhor.
OTELO   É fato.
IAGO   Então!
215   Ela que era tão jovem, que iludiu o próprio pai,
Cegou o velho como um tronco. E ele achando
Que era feitiçaria...! Mas me vem uma culpa...
E peço humildemente o perdão do senhor,
Por estimá-lo tanto.
220 OTELO Meu laço e gratidão contigo são pra sempre.
IAGO Noto que o assunto lhe afetou um pouco o espírito.
OTELO Não: nem um pouco.
IAGO   Pois temo que sim. Eu espero
Que considere minhas palavras como algo
Que vem do meu amor. Noto que isso o afetou.
225   Eu peço, não leia em minhas palavras nada
De mais grosseiro ou que tenha mais amplitude
Que a mera suspeita.
OTELO Isso não farei.
IAGO   Se fizer, minhas palavras
Podem ter sequelas vis que meu pensamento
230   Não pretendia. Cássio é meu ilustre amigo.
Mas o que foi? O senhor está bem?
OTELO   Não muito.
Só penso que Desdêmona é honesta.
IAGO   Então,
Longa vida a ela e ao senhor por pensar assim.
OTELO Contudo, a natureza às vezes se extravia...
235 IAGO Eis o ponto: se não me atrevo, por exemplo,
Quando ela rejeita propostas de casamento
Dos que são de sua terra, cor e distinção,
Tendência que seria a mais natural...

Fuff. Dá para cheirar nesse desejo rançoso
240 Aberrações sujas, juízos anormais...
Perdoe-me: se digo isso, não estou
Falando dela — embora tema que talvez
Seu desejo, resgatando um melhor juízo,
Venha a compará-lo aos padrões do país
245 E talvez se arrepender.
OTELO   Adeus, adeus.
Se notares mais coisa, eu peço que me avises.
Põe tua esposa a sondá-la. Deixa-me, Iago.
IAGO Senhor, peço licença.
OTELO   Por que me casei?
É certo: essa honesta criatura vê mais,
250 Sabe mais, muito mais, do que está revelando.
IAGO Perdoe-me, senhor, se peço que não sondes
Mais essa questão. Deixe tudo ao tempo. Embora
Convenha restituir Miguel Cássio ao seu posto,
Pois sabe preenchê-lo com incomum destreza,
255 Talvez o senhor deva mantê-lo à distância,
Pois assim poderá sondá-lo e ver seus métodos:
Observe se ela não vai pedir seu retorno
Com inoportuna insistência ou ainda veemência — e
Terá muito pra ver. Agora considere
260 Que posso estar por demais metido em meus medos —
E eu tenho justa causa pra temer que eu esteja.
Peço assim que a mantenha sem imputações.
OTELO Não tema minha ingerência.
IAGO Peço mais uma vez sua licença.

Sai.

265 OTELO Esse homem é muito honesto e conhece a essência
Das coisas humanas com acurada instrução.
Se ela for mesmo uma águia sem doma, embora
Suas tiras sejam os fios do meu coração,
Num assobio a expulso, jogo-a vento abaixo,

270   Pra rapinar na sorte. Talvez por eu ser negro,
        Por não ter os doces encantos da conversa
        Que os cortesãos possuem, ou por ter já descido
        O vale da idade — mesmo assim nem é tanto —
        Ela partiu, me ofendeu e agora o consolo
275   Vai ser odiá-la. Praga do casamento,
        Dizer que essas ternas criaturas são nossas,
        Mas não seus desejos. Mil vezes ser um sapo,
        Viver do miasma de um fétido calabouço
        A reservar um canto para o amor, que será
280   Usado pelo alheio. Essa é a praga dos grandes,
        Que menos privilégios têm do que os comuns.
        É um fado inescapável, como a morte.
        Flagelo de dois galhos que nos metem desde
        O nascimento.

        ᶠ*Entram Desdêmona e Emília.*ᶠ

                            Ali vem ela: se ela é falsa,
285   Então os céus estão zombando de si mesmos.
        Não posso acreditar.
        DESDÊMONA   Então, querido Otelo?
        Seu jantar e também os ilhéus generosos
        Que você convidou estão à sua espera.
        OTELO Tenho essa culpa.
        DESDÊMONA   Que é isto, tua voz está rouca,
290   Não estás bem?
        OTELO Eu estou com essa dor na testa, aqui.
        DESDÊMONA   Oh, céus,
        São essas noites de vigília — logo passa.
        Vou fazer uma bandagem aqui, ficarás
        Melhor em uma hora.
295   OTELO   Teu lenço é pequeno demais.
            (*ela deixa cair o lenço*)
        Deixa assim... Vamos entrar, eu a acompanho.
        DESDÊMONA Fico triste de saber que não está bem.

Saem Otelo e Desdêmona.

EMÍLIA Fico feliz por ter encontrado esse lenço.
Foi o primeiro mimo que o Mouro lhe deu.
300   Meu genioso marido me pediu cem vezes
Que o furtasse, mas ela estima tanto esse brinde —
Pois ele lhe pediu que jamais o largasse —
Que o carrega junto a si a todo momento,
Pra beijar, conversar. Eu vou mandar copiá-lo,
305   E o entregarei a Iago: o que fará com ele,
Só os céus é que sabem, eu não sei.
Fora agradar suas fantasias, nada sei.

Entra Iago.

IAGO Mas o que fazes aqui, sozinha?
EMÍLIA Não fique já irritado, tenho algo pra você.
310 IAGO Algo para mim? Algo trivial...
EMÍLIA Como assim?
IAGO Ter uma esposa abobada.
EMÍLIA Ah, é isso? E então o que me daria agora
Em troca daquele lenço?
IAGO   Lenço? Qual lenço?
315 EMÍLIA Ora, qual lenço!
O lenço aquele que o Mouro deu a Desdêmona,
Que me pediste tantas vezes pra roubar.
IAGO Tu o roubaste dela?
EMÍLIA Não: ela o deixou cair no chão por descuido,
320   E, estando aqui, eu aproveitei e o apanhei.
Olhe, aqui está.
IAGO   Moça perfeita! Dá isso aqui...
(ele agarra o lenço)
EMÍLIA O que vai fazer com ele, já que insistiu tanto
Que eu o roubasse?
IAGO   O que é que você tem com isso?
EMÍLIA Se não for com propósito que tenha importância,

325   Me devolva. A coitada vai enlouquecer
       Quando der falta dele.
IAGO   Não se meta nisso,
       Eu sei bem onde vou usá-lo. Vá, me deixe.

Sai Emília.

       Vou jogar o lenço no aposento de Cássio
       E deixar que ele o encontre. Essas fúteis baganas,
330   Para o ciumento, são signos tão poderosos
       Quanto a Santa Escritura. Isso aqui me é útil:
       F O Mouro já se transforma com meu veneno:F
       Imagens insidiosas são como a peçonha
       Que, no início, não inspira maior repulsa,
335   Mas basta o sangue atiçar com um toque de arte,
       E a mina de enxofre se incendeia!

Entra Otelo.

                         Eu não disse?
       Já voltou. Nem a papoula, nem a mandrágora,
       Nem todas as poções soníferas do mundo
       Hão de te reconduzir àquele suave sono
340   Que ainda ontem tiveste.
OTELO   Ah, falsa comigo?
IAGO Ora, vamos, general, chega agora disto!
OTELO Vai, sai... tu me prendeste numa estaca: eu juro
       Que é bem melhor ser ofendido do que saber
       Sequer um pouco...
IAGO   Senhor, como assim?
345 OTELO Nada eu sabia de suas horas de lascívia!
       Não via, não pensava e assim não me doía,
       Dormia bem, comia, era livre e feliz.
       Nos lábios dela não via os beijos de Cássio;
       Aquele que é roubado e não percebe o roubo,
350   Se ficar sem saber, não houve nenhum roubo.

IAGO Fico muito triste de ouvir isso.

OTELO Se não soubesse nada, mesmo que a tropa,
    Peões, todos provassem do seu lindo corpo,
    Eu estaria feliz! Agora, adeus pra sempre!
355   Adeus alma tranquila, adeus contentamento,
    Adeus tropas, penachos, adeus violenta guerra,
    Que a ambição transformas em virtude. Oh, adeus,
    Relinchante corcel e estridente trombeta,
    Flamejante tambor e estrepitosos pífaros,
360   Adeus régio pendão, e toda a qualidade,
    Orgulho, pompa e ritos da gloriosa guerra!
    E vós, engenhos mortais cujas goelas ásperas,
    Imitam o atroz clamor de Jove eternal,
    Adeus — a profissão de Otelo não é mais.

365 IAGO Será possível, senhor?

OTELO Biltre! É bom que tu proves que ela é uma puta,
    E é bom que tu me tragas uma prova ocular,
    (*ele o agarra pelo pescoço*)
    Ou então, pelo valor da eterna alma humana,
    Te seria mais fácil ter nascido cão
370   Que reagir à minha ira.

IAGO   Chegamos a isso?

OTELO Faz com que eu veja, ou prova de modo tal
    Que a evidência não tenha os ganchos e as presilhas
    Onde a dúvida se agarra. Ai de tua vida...

IAGO Meu nobre senhor —

375 OTELO Se a estiveres difamando ou me torturando,
    Desiste de tuas preces, abandona o remorso;
    Joga os horrores todos sobre o próprio horror;
    Faz o céu se atristar e a terra se espantar;
    Não poderás somar nada à tua danação
380   Maior do que isso.

IAGO   Ó, céus, tenham-me piedade!
    Você não é um homem? Não tem senso nem alma?
    Deus o tenha, tire meu posto. Grande tolo,
    Que amas transformar tua honestidade em vício!

Oh, monstruoso mundo. Anota, anota, Oh, mundo!
385   Que ser direto e honesto não traz segurança.
Eu agradeço a lição, e doravante, agora,
Não amo amigos mais, se amor rancor aflora.
OTELO Fica, tu deves ser honesto.
IAGO Sim, eu devo, pois a honestidade é uma tola
390   Que põe a perder o que fez.
OTELO   ᶠPelo universo,
Acho que ela é honesta e acho que não é.
Acho que tu és justo e acho que não és.
Eu quero provas. O nome dela, antes límpido
Como a fronte de Diana, está negro e escuro,
395   Como o meu próprio rosto. Se há cordas e facas,
Se há veneno, fogo, correntes asfixiantes,
Não resistirei. Queria ser satisfeito!ᶠ
IAGO Senhor, vejo que a paixão o está consumindo,
E eu já me arrependo de tê-la incitado.
400   Queres ser satisfeito?
OTELO   Quero, não! Serei!
IAGO E pode. Mas como? Senhor: quão satisfeito?
Ficarias ali, boquiaberto, espiando
Enquanto ela é montada?
OTELO   Oh, morte, danação!
IAGO Vai ser duro, chato, creio, fazer que os dois
405   Nos deem esse espetáculo. Que eles se danem
Se algum olho humano flagrá-los carregando
Mais que seus próprios corpos. E aí? O que fazer?
E eu, o que digo? Onde está a satisfação?
Não deve assistir isso, mesmo que pareçam
410   Lascivos feito cabras, ardentes feito símios
Lobos suados no cio, ou bobos grosseirões
Tropeçando no porre. E ainda assim, eu digo
Que se a imputação e as provas circunstanciais
Que levam de imediato à prova da verdade
415   Satisfazem o senhor, neste caso as terá.
OTELO Dê-me a prova válida de que ela é infiel.

IAGO Essa tarefa não me agrada.
Mas como já estou dentro do caso, por conta
De minha tola estima e honestidade, vou
420 Em frente. Recentemente deitei com Cássio,
E muito incomodado com uma dor de dente,
Não consegui dormir. Há homens que têm a alma
Tão frouxa que, de noite, ficam resmungando
Sobre seus casos — e Miguel Cássio é um deles.
425 No sono, eu o ouvi dizer: "Minha doce Desdêmona,
Sejamos prudentes, escondamos nosso amor".
E pegou minha mão apertando e gritou:
"Doce criatura", e me beijou como se
Quisesse sugar longos beijos dos meus lábios,
430 E aí jogou a perna por sobre a minha coxa,
Suspirou, beijou e gritou: "Maldito fado
Que te entregou ao Mouro".
OTELO   Monstruoso, monstruoso!
IAGO Não, isso era só o seu sonho.
OTELO Mas denota uma prévia consumação.
435 IAGO É suspeita forte, inda que só um sonho,
E deve ajudar no adensar de outras provas
Que ainda se mostrem frágeis.
OTELO Eu vou cortá-la em pedaços!
IAGO Não: seja prudente, não vimos nada ainda,
440 E talvez ela ainda esteja limpa. Diga-me,
O senhor nunca viu na mão de sua esposa
Um lenço todo decorado com morangos?
OTELO Sim, eu lhe dei algo assim. Meu primeiro presente.
IAGO Eu não sabia... Mas esse lenço que, tenho
445 Certeza, era o de sua esposa, hoje eu vi
Cássio secando a barba com ele.
OTELO   Se era mesmo...
IAGO Se era o lenço — ou outro qualquer que ela possua —
Isso a acusa, se juntarmos as outras provas.
OTELO Ah, se esse escravo tivesse quatro mil vidas!
450 Uma só não basta para a minha vingança.

Eu já estou vendo a verdade. Olha aqui, Iago,
Todo o meu amor — todo — eu jogo pra os ares!
Agora já se foi!
Levanta, negra Vingança, boca do inferno,
455   E entrega, Amor, teu trono amado e tua coroa
Ao Ódio atroz. Infla, peito, com tua carga,
Crivada de línguas viperinas.

IAGO   Acalme-se.
         (*Otelo se ajoelha*)
OTELO Oh, sangue, sangue!
IAGO Calma, insisto, ainda pode mudar de ideia.
460 OTELO Nunca, ^FIago. Do mesmo modo que o mar Pôntico
         Cujo gélido curso e caudal compulsivo
         Nunca recua, mas avança irresistível
         Em direção ao Proponto e ao Helesponto,
         Meus brutais pensamentos com violento passo
465   Só vão recuar, retornar ao humilde amor,
         No dia em que a revanche vasta e abrangente
         Tenha tragado os dois. Por estes céus de mármore,^F
         Em devida reverência a um voto sagrado
         Dou minha palavra.

IAGO   Não se levante ainda.
         (*Iago se ajoelha*)
470   Vede, eternos fogos que queimais nas alturas,
         E vós, elementos que sempre nos rodeais.
         Vede aqui como Iago renuncia a usar
         Da sua argúcia, a mão, o coração, pra servir
         Ao ultrajado Otelo. Que ele me comande,
475   E em mim será ato piedoso cumprir
         Qualquer ação atroz.

OTELO   Eu saúdo tua estima,
         (*levantam-se*)
         Não com agrados vãos, mas com quente acolhida,
         E agora mesmo eu vou te colocar a teste.
         Espero ouvir de ti nos próximos dias
480   Que Cássio já não vive.

IAGO   Meu amigo está morto,
    Está feito — a teu pedido. Mas deixe-a viver.
OTELO Dane-se ela, aquela lasciva vadia!
    Vamos. Vem, me acompanha. Eu vou me retirar
    E me fornir dos meios rápidos para matar
485   Aquele lindo demônio. Agora és meu tenente.
IAGO Eu sou vosso para sempre.

Saem.

Ato III

Entram Desdêmona, Emília e um palhaço.

DESDÊMONA Rapaz, você sabe onde o Tenente Cássio está?

PALHAÇO Onde está metido? Eu não vou me atrever a dizer.

DESDÊMONA Por quê, homem?

PALHAÇO Ele é um soldado, e é melhor eu não me fazer de
5   metido e dizer onde um soldado tá mentindo — é arris-
    car umas facadas.

DESDÊMONA Ora, ora, onde é que ele está albergado?

PALHAÇO Dizer onde ele tá albergado é dizer onde eu tô metido.

DESDÊMONA Há algo aqui que se aproveite?

10 PALHAÇO Não sei em que albergue ele está metido e esta-
    ria mentido se dissesse que está metido aqui ou men-
    tindo ali.

DESDÊMONA E você poderia perguntar por ele e buscar edi-
    ficar-se com alguma informação?

15 PALHAÇO Eu vou catequizar o mundo por ele, ou seja, vou
    fazer perguntas e, de acordo com elas, vou responder.

DESDÊMONA Procure por ele, peça que venha aqui, diga-lhe
    que sensibilizei o meu senhor em seu favor e tenho espe-
    rança de que tudo agora correrá bem.

20 PALHAÇO Cumprir um tal dever está dentro do escopo da
    argúcia de um homem e, portanto, farei o possível para
    cumpri-lo.

Sai.

DESDÊMONA Onde foi que perdi aquele lenço, Emília?

EMÍLIA Não sei, minha senhora.

DESDÊMONA   Acredite: teria
25   Sido melhor que eu perdesse a minha bolsa
        Cheia de dobrões. Não fosse o nobre Mouro
        Um espírito reto que não tem as baixezas
        Típicas dos ciumentos, isto bastaria
        Pra lançá-lo em suspeitas.

EMÍLIA   Ele é ciumento?

30 DESDÊMONA Quem, ele? Eu acho que o sol que o viu nascer
        Secou seus humores.

EMÍLIA   Veja, ele está chegando.

Entra Otelo.

DESDÊMONA Eu não irei largá-lo até que chame Cássio
        De volta. Como vão as coisas, meu senhor?

OTELO Bem, minha senhora. (*aparte*) Ah, fingir é difícil!
35   E como estás, Desdêmona?

DESDÊMONA   Bem, meu senhor.

OTELO Dê-me sua mão. Senhora, sua mão está úmida.

DESDÊMONA A idade ainda não a tocou, nem a mágoa.

OTELO Mostra fertilidade e um peito generoso:
        Quente, férvido, úmido. Essa mão pede
40   Privação de liberdade, jejum, pede preces,
        Muitos corretivos e exercícios devotos.
        Está aqui um jovem demônio acalorado,
        Que, às vezes, se rebela. É uma mão boa, franca.

DESDÊMONA Pode chamar assim, pois foi essa mão que
45   Lhe deu meu coração.

OTELO   Uma mão liberal.
        Os corações outrora se davam as mãos,
        Mas hoje a heráldica tem mãos, não corações.

DESDÊMONA Eu nada sei disso. Mas, diga, e sua promessa?

OTELO Que promessa, minha menina?

50 DESDÊMONA Mandei dizer a Cássio que lhe viesse falar.

OTELO Estou com essa reuma agora me incomodando,
Empresta-me um lenço.

DESDÊMONA Pois não, senhor, aqui.

OTELO O lenço que eu te presenteei.

55 DESDÊMONA Não está comigo agora.

OTELO Não?

DESDÊMONA Não, senhor.

OTELO   É uma falha. Aquele lenço, minha
Mãe ganhou de uma egípcia. Era uma vidente
Que sabia ler bem o coração humano,

60   E disse à minha mãe que, se ela o guardasse,
Seria sempre amada, mantendo o meu pai
Sempre atrelado ao seu amor. Mas se o perdesse ou
Doasse, meu pai a olharia com ódio,
A mente dele, enfurecida, iria atrás

65   De fantasias. Quando morreu, me deu o lenço,
Pediu que quando a sorte me desse uma esposa,
Eu lhe entregasse. E foi o que fiz. Mas cuidado!
Cuida dessa joia como os teus próprios olhos!
Perdê-lo ou dá-lo seria uma perdição

70   Incomparável.

DESDÊMONA   É possível?

OTELO   É verdade,
Há muita magia naquelas tessituras.
Uma sibila que havia somado no mundo
Duzentos compassos completos pelo sol
Teceu o lenço em meio ao seu furor profético,

75   Eram sacros os insetos que fiaram a seda,
E o tingiu co'o sumo que os peritos conservam
Do coração embalsamado das donzelas.

DESDÊMONA É verdade?

OTELO É a pura verdade. Cuida de não perdê-lo.

80 DESDÊMONA Quisera Deus que eu nunca o tivesse visto!

OTELO Ah, e por quê?

DESDÊMONA Por que falar desse jeito abstruso, ríspido?
OTELO Foi perdido? Sumiu? Fala, onde ele está...
DESDÊMONA Que os céus o abençoem!
85   OTELO Vamos, fala...
DESDÊMONA Não está perdido — mas... e se estivesse?
OTELO O quê!
DESDÊMONA Já disse, não foi perdido.
OTELO   Traga-o aqui.
DESDÊMONA É claro, posso trazê-lo, mas não agora.
90   Diga: isso é para eu desistir do pedido?
        Eu imploro: receba Cássio novamente.
OTELO Traga o lenço. Começo já a ficar apreensivo.
DESDÊMONA Vamos, vamos,
        Nunca encontrará um homem tão eficaz.
95   OTELO O lenço!
DESDÊMONA   Eu suplico — fale-me de Cássio!
OTELO O lenço!
DESDÊMONA   Um homem que ao longo de toda a vida
        Pautou a sorte pelo amor que ele lhe tem,
        Que enfrentou perigos com você —
OTELO O lenço!
DESDÊMONA   Realmente: está sendo ofensivo.
100 OTELO Chega!

Sai.

EMÍLIA Este homem não está com ciúme?
DESDÊMONA Eu nunca vi nada assim antes. Certamente,
        Deve haver alguma assombração nesse lenço,
        Já sinto que estou triste de tê-lo perdido.
105 EMÍLIA Basta um ano ou dois, e os homens se revelam.
        São só estômagos, nós somos a comida:
        Eles nos devoram e, depois, empanturrados,
        Nos arrotam.

Entram Iago e Cássio.

Veja, é Cássio e o meu marido.

IAGO Não há outro modo, ela é que deve fazê-lo.

110   Olhe, quanta sorte! Vá lá, insista com ela.

DESDÊMONA Como vai, meu bom Cássio, quais são as
           notícias?

CÁSSIO Senhora, meu pedido anterior. E eu suplico
       Que use de seus meios bons para que eu possa
       Voltar a existir e resgatar toda a estima

115   De Otelo, a quem eu honro com todo o dever
       Do coração. Não quero esta questão adiada:
       Se meu delito foi tão mortal que nem meus
       Préstimos passados, nem meu pesar presente,
       Nem minha promessa de mérito futuro

120   Bastam pra resgatar a estima dele, ao menos
       Sabê-lo deveria ser meu benefício,
       E assim porei um rosto de contentamento,
       E hei de me isolar numa senda que traga
       A esmola da sorte.

DESDÊMONA   Nobre Cássio, a minha

125   Defesa não chega em boa hora. Meu marido
       Mudou. Não o reconheceria nem se houvesse
       Mudado o rosto como mudou de humor.
       Que me ajudem todos os santos espíritos,
       Pois falei o melhor que pude em seu favor,

130   E aos tiros eu me expus do desagrado dele
       Por falar com franqueza. Eu lhe peço paciência,
       O que posso, farei, e é mais do que ousaria
       Fazer para mim. Então que isto lhe baste

IAGO Meu senhor está furioso?

EMÍLIA   Saiu agora mesmo,

135   E certamente numa estranha inquietação.

IAGO Está irado então? Eu já vi o canhão
     Arremessar aos ares sua tropa inteira
     E diabolicamente explodir seu irmão
     Que estava ao seu lado. Está irado? Só pode

140   Ser algo de importância. Vou lá encontrá-lo.

Se ele está furioso, deve ser algo sério.
DESDÊMONA Sim, faça isso.

Sai Iago.

                      Por certo um assunto de Estado,
Algo de Veneza ou um complô em gestação
Que só aqui em Chipre lhe foi revelado,
145   Turvou sua mente lúcida, e, nestes casos,
A essência do homem, que almeja o que é grande,
Contenda com coisas reles. É sempre assim,
Pois nos basta que doa o dedo pra sentir
A mesmíssima dor já nos membros sadios.
150   Não! É um erro pensar que os homens sejam deuses,
Ou deles esperar os cuidados que convêm
A noivos. Que eu seja amaldiçoada, Emília,
Eu estava — guerreira inábil que sou —
Com minha alma denunciando a sua rudeza,
155   Mas noto agora, subornei a testemunha,
E ele é acusado injustamente.
EMÍLIA   Queira o céu
Que esteja certa e seja um assunto de Estado.
E não ciúme ou uma fantasia a seu respeito.
DESDÊMONA Meu Deus, eu nunca lhe dei uma só razão.
160 EMÍLIA Mas almas ciumentas não operam assim:
O ciúme que sentem não tem motivação,
O ciúme vem do ciúme. É um monstro
Que a si mesmo gera e a si mesmo procria.
DESDÊMONA Que o céu mantenha esse monstro longe de
                    Otelo!
165 EMÍLIA Amém, senhora.
DESDÊMONA Vou procurá-lo. Cássio, fique por aqui,
Se ele estiver melhor, retomarei seu caso,
E farei todo esforço pra solucioná-lo.
CÁSSIO Agradeço humildemente a Vossa Senhoria.

Saem Desdêmona e Emília.
Entra Bianca.

170 BIANCA Salve, amigo Cássio!
        CÁSSIO   O que faz fora de casa?
            Como está, minha linda Bianca? Por Deus,
            Minha querida, já ia agora em sua casa.
        BIANCA E eu, ao seu alojamento, Cássio. Sete dias,
            Sete noite separados! Uma semana.
175   Cento e sessenta e oito horas, tão tediosas
            Para os amantes quanto as horas no relógio.
            Tediosa contagem...
        CÁSSIO   Perdoe-me, Bianca,
            Andei às voltas com pesados pensamentos,
            Mas em breve vou dispor de tempo mais largo
180   Pra quitar as horas de minha ausência, Bianca.
            (dá-lhe o lenço de Desdêmona)
            Esse molde, podes copiar?
        BIANCA   De onde é isso, Cássio?
            Ah, sei: uma lembrança de uma nova amiga!
            Já estou vendo a causa de sua saudosa ausência,
            Chegamos a isso? Bom, bom...
        CÁSSIO   Chega, mulher.
185   Joga essas suposições na boca do diabo,
            Que é de onde vieram. Você está com ciúme,
            Achando que isso é uma lembrança de uma amante.
            Não, Bianca, acredite.
        BIANCA   De quem é, então?
        CÁSSIO Não sei também, encontrei no meu quarto. Gosto
190   Do desenho: antes que o peçam de volta,
            Como é provável, quero que seja copiado.
            Leve e faça-o. Deixe-me agora sozinho.
        BIANCA Deixá-lo? Mas por que motivo?
        CÁSSIO Estou esperando o general. Não
195   É uma distinção nem meu desejo que ele
            Me encontre aqui com uma mulher.

BIANCA   Mas por quê?
CÁSSIO Não que eu não a ame.
BIANCA Então é porque você não me ama.
        Por favor, venha e caminhe comigo um pouco,
200   E me diga se ainda vou vê-lo esta noite.
CÁSSIO Posso acompanhá-la, mas só um pouco.
        Fiquei de esperá-lo aqui, mas nos vemos logo.
BIANCA Está bem: só posso aceitar as circunstâncias.

Saem.

Ato IV

Entram Otelo e Iago.

IAGO Acha mesmo?
OTELO   O quê, Iago?
IAGO   Ora, beijar
    Assim secretamente.
OTELO   Um beijo proibido!
IAGO Ou ficar na cama, nua, com um amigo,
    Uma hora ou mais, e sem que seja por mal?
5 OTELO Nua na cama, Iago, sem que haja mal?
    É hipocrisia feita na cara do diabo:
    A que se quer virtuosa e age assim, o diabo
    Tentou sua virtude, e ela tentou os céus.
    IAGO Mas se não fazem nada, é um lapso venial;
10   Mas agora, se eu dou um lenço à minha esposa...
    OTELO O que tem?
    IAGO Senhor, então o lenço é dela, sendo dela,
    Ela pode, acredito, dá-lo a qualquer homem.
    OTELO Mas ela é também a guardiã de sua honra:
15   Achas que ela pode entregar isso também?
    IAGO A honra é uma essência que não é visível,
    Possui-a bem amiúde quem não a possui:
    Mas quanto ao lenço...
    OTELO Céus, faria tudo pra esquecer esse lenço!
20   Mas disseste — ah, isso me assombra a memória

Como um corvo que assola a casa infectada
Com presságios — que ele estava com o meu lenço...?

IAGO Sim, e o que tem?

OTELO   Não me parece muito bom.

IAGO E se eu lhe dissesse que eu vi Cássio ofendê-lo?

25   Ou até dizendo por aí — feito os biltres
Que conseguem, por meio de assédios contínuos,
Ou pela espontânea paixão de uma mulher,
Seduzi-las e saciá-las, e que não conseguem
Deixar de abrir a boca...

OTELO   O que foi que ele disse?

30 IAGO Disse, senhor, mas esteja certo que não disse
Nada que não vá saber negar.

OTELO   E o que disse?

IAGO Deus, que havia feito não sei o quê... Que estava

OTELO O quê, o quê?

IAGO   Mentindo...

OTELO Metido... mas como, com ela?

35 IAGO Com ela, nela, sobre ela, como o senhor quiser.

OTELO Mentindo ou metido? Sobre ela ou com ela? Alguém
que está mentindo é alguém que conta uma mentira sobre alguém. Metido sobre ela, em cima dela. Arre, es-
cabroso! O lenço! As confissões! O lenço.... ᶠConfessar
40   e depois ser enforcado pelo trabalho que fez! Primeiro
é enforcado, depois confessa. Tremo só de pensar. A
natureza jamais teria se lançado a uma paixão tão obscura sem alguma instrução. Não são as palavras que me
fazem tremer assim. Arg! Nariz, orelhas, lábios. Não é
45   possível... Confessa? O lenço? Diabo!�watQ

     (cai numa convulsão)

IAGO As drogas estão agindo,
E muito bem! Assim são pegos os tolos crédulos,
E muitas são as damas notáveis e castas,
Todas inocentes, que assim são repreendidas.

50   Ô, meu Senhor! Otelo!

Entra Cássio.

    Cássio, como está...
CÁSSIO O que aconteceu?
IAGO O meu senhor sofreu um ataque epiléptico;
    É o segundo surto, já teve outro ontem.
55 CÁSSIO Pressione as têmporas dele.
IAGO   Não, nada disso.
    A letargia tem que se dissolver com calma,
    Senão começa a espumar e vai irromper
    Num delírio atroz. Olhe, ele está se mexendo,
    Afaste-se só por um instante: ele logo
60   Recobrará as forças. Quando ele partir,
    Quero lhe falar sobre um assunto importante.

Sai Cássio.

    Como está, general, não feriu a cabeça?
OTELO Estás me zombando?
IAGO   Zombando do senhor, não!
    Eu só quero que enfrente a sorte como um homem!
65 OTELO Um homem com chifres é um monstro, é uma besta.
IAGO Então nas grandes cidades há muitas bestas,
    E muitos monstros civilizados.
OTELO Ele confessou?
IAGO   Senhor, seja homem, e pense:
    Se um comparsa já tem barba e canga, ele pode
70   Puxar a carga a dois. Há milhões desses, vivos,
    Que se metem de noite a noite em leito alheio
    Que eles ousam jurar ser exclusivos seus.
    Seu caso é bem melhor. Oh, rancor infernal,
    Troça do demônio, beijar uma devassa
75   No abrigo do leito e supô-la virginal.
    Não, prefiro saber, pois se sei o que sou
    Sei o que ela há de ser.
OTELO   Tu és muito sensato.

IAGO Fique um pouco à distância e restrinja-se
      A escutar com paciência. Enquanto o senhor
80   Aqui estava, tomado por profunda dor —
      Paixão inadequada a um homem do seu porte —
      Cássio apareceu. Fiz então que ele partisse,
      E inventei uma desculpa para o seu êxtase.
      Mandei que ele voltasse pra falar comigo,
85   O que ele garantiu. Esconda-se e repare
      Nas graçolas, deboches, as óbvias chacotas
      Que aparecem em cada canto do rosto dele;
      Farei com que conte a história novamente,
      Quando, como, desde quando, com que frequência
90   Ele cruzou ou vai cruzar com sua esposa.
      Peço, observe seus gestos — e tenha paciência,
      Senão eu vou dizer que o senhor é só bílis,
      E não um homem.
      OTELO   Escuta, Iago, escuta bem:
      Eu vou ser astucioso no uso da paciência,
95   Mas — ouve — também brutal.
      IAGO   Não seria um erro,
      Mas cuide bem do momento. Quer se afastar?

Otelo se afasta.

      Vou perguntar a Cássio acerca de Bianca,
      Uma madama que compra roupas e pão
      Vendendo os seus desejos. É uma criatura
100   Que adora Cássio — é a praga de toda puta,
      Muitos seduzir, por um só ser seduzida.
      Ele, sempre que ouve o nome dela, mal
      Consegue conter o riso. Ah, lá vem ele.

Entra Cássio.

      É uma risada dele, e Otelo fica louco.
105   É um ciúme iletrado, fará uma leitura

Dos risos, gestos, das leviandades de Cássio,
Assaz imperfeita. Tenente, como vai?

CÁSSIO Pior agora, pois você me dá um título
Cuja inexistência me mata.

110 IAGO Insista com Desdêmona e terá o que quer.
(*falando baixo*)
Mas tudo andaria bem mais rápido se o apelo
Fosse pra atrair Bianca!

CÁSSIO   A pobre coitada!

OTELO (*aparte*) Olha só, ele já está rindo!

IAGO Nunca vi uma mulher amar tanto um homem!

115 CÁSSIO Pobre vadia, e acho mesmo que me ama.

OTELO (*aparte*) Ele quer negar e se esquiva com um riso.

IAGO Está me ouvindo, Cássio?

OTELO (*aparte*)   E agora ele insiste
Para que diga tudo. Vamos, muito bem.

IAGO Pois ela diz que você vai casar com ela.

120 É essa a sua intenção?

CÁSSIO Rá, rá, rá!

OTELO (*aparte*) Celebrando, romano? Celebrando o triunfo!

CÁSSIO Eu, casar com ela? Sou só um cliente! Por favor, trate
com mais caridade a minha inteligência, que não está
125 assim tão adoentada. Rá, rá, rá.

OTELO (*aparte*) Sim, sim, sim: quem triunfa dá risadas.

IAGO Ora, o que se diz por aí é que você vai casar com ela.

CÁSSIO Por favor: fale a verdade.

IAGO Se não for verdade, então eu sou um vilão.

130 OTELO (*aparte*) Então você me feriu, me marcou... Muito
bem.

CÁSSIO Isso é só fuxico, fofoca. Ela está persuadida de que
vou desposá-la, só porque me venera e me adula, e não
porque eu tenha feito promessas.

135 OTELO (*aparte*) Iago está me fazendo um sinal. Agora começa
a história.

CÁSSIO Ela estava agora mesmo aqui. Onde quer que eu vá,
lá está ela me assombrando. Estava outro dia conver-

sando à beira-mar com uns venezianos, e aí apareceu
140   aquela bonequinha e, juro por essa minha mão direita,
ela se enganchou em volta do meu pescoço...
(*Cássio abraça Iago*)
OTELO (*aparte*) Gritando: "Oh, Cássio querido!". Dá para
ver pelo gesto dele.
145 CÁSSIO E se dependurou assim, se balançando em mim. E aí
chorou, me sacudiu, me puxou. Rá, rá, rá!
OTELO (*aparte*) Agora ele diz como ela o arrastou para o
meu quarto. Oh, estou vendo aquele seu nariz, mas não
a boca do cachorro onde vou descartá-lo.
150 CÁSSIO Bom, tenho que me afastar da companhia dela.
IAGO Olhe só, ali, ela está chegando!

Entra Bianca.

CÁSSIO Ela é só uma outra cadela, uma cachorra perfumada.
O que você quer me assombrando desse jeito?
BIANCA Te assombrar, isso eu deixo pro diabo e pra tua
155   progenitora. O que você queria dizer com aquele lenço
que acabou de dar? Foi uma idiotice minha levá-lo
comigo. Tenho que fazer uma cópia do bordado? Um
trabalho vistoso, e pelo visto você o encontrou em seu
quarto, e aí não sabe quem o soltou por ali! É de algu-
160   ma bisca vadia — e eu é que tenho que fazer a cópia?
Pega aí, leva lá para tua eguinha. Não importa de onde
veio, eu é que não vou fazer uma cópia!
(*ela joga o lenço no chão*)
CÁSSIO O que é isso, Bianca, mas o que é isso?
OTELO (*aparte*) Pelos céus, só pode ser o meu lenço!
165 BIANCA Se quiser jantar comigo essa noite, pode vir. Se não
quiser, venha quando estiver preparado.

Sai.

IAGO Atrás, atrás dela!

CÁSSIO Sim, tenho que ir, senão ela vai sair por aí na rua me
    injuriando.

170 IAGO E vai jantar na casa dela?

CÁSSIO Sim, é o que pretendo.

IAGO Bom, talvez então eu o encontre lá, gostaria muito de
    falar com você.

CÁSSIO Então, por favor, venha. Vem mesmo?

175 IAGO Vai, não diga mais nada.

Sai Cássio.

OTELO (*avançando*) Como devo matá-lo, Iago?

IAGO O senhor notou como ele ri do próprio vício?

OTELO Oh, Iago!

IAGO E você viu o lenço?

180 OTELO Era mesmo o meu lenço?

ᶠIAGO Por essa minha mão, era sim o seu lenço: para piorar,
    ter que ver que espécie de estima ele tem por sua espo-
    sa! Ela o presenteou com o lenço, e ele presenteou uma
    puta com o mesmo lenço.ᶠ

185 OTELO Eu o faria morrer pouco a pouco por nove anos. Uma
    mulher fina, uma mulher bela, uma mulher querida!

IAGO Vamos, o senhor deve esquecer isso.

OTELO Sim, que ela apodreça, pereça, caia em danação essa
    noite, pois não vai viver mais. Meu coração está virado
190   numa pedra, (*bate no peito*) se bato nele, dói a mão. Oh,
    não existe no mundo criatura tão amada: ela poderia es-
    tar ao lado de um imperador e lhe ordenar as tarefas.

IAGO Não é o que vai te acontecer.

OTELO Vá e a enforque, eu só vou dizer o que ela é: tão hábil
195   com suas agulhas, uma musicista admirável. Cantando
    desencantaria até a cólera de um urso! E tem tanta pe-
    netração, tanta invenção!

IAGO E ela fica ainda pior por ser assim.

OTELO Oh, mil vezes pior, mil vezes: e é de condição tão
200   gentil!

IAGO Sim, gentil demais.

OTELO Isso com certeza. E mesmo assim, o que vem é pena, é pena, Iago.

IAGO Se está tão deslumbrado com a iniquidade de sua espo-
205 sa, dê a ela a licença de ofender, pois se isso não o afeta, a ninguém vai interessar.

OTELO Eu vou despedaçá-la. Me cornear!

IAGO Realmente, é sórdido.

OTELO Com um oficial meu!

210 IAGO Mais sórdido ainda!

OTELO Arranje-me, Iago, algum veneno esta noite! Não vou entrar num debate com ela, pois o corpo, a beleza que ela tem vão me desnortear a mente. Esta noite, Iago.

IAGO Não, não use veneno; melhor é estrangulá-la na mes-
215 ma cama que ela própria infectou.

OTELO Ótimo, perfeito. É uma justiça que me agrada.

IAGO Quanto a Cássio, eu mesmo posso despachar. Terá mais notícias por volta da meia-noite.

OTELO Ótimo, muito bom.

Soa uma trombeta.

        Mas que trombeta é esta?
220 IAGO Sem dúvida, uma mensagem de Veneza.

Entram Ludovico, Graciano, Desdêmona e acompanhantes.

 Aquele é Ludovico, da parte do Duque.
 Olhe, a sua esposa está com ele.

LUDOVICO Que Deus vos salve, bravo general.

OTELO Grato de todo o coração, senhor!

225 LUDOVICO (*entregando uma carta a Otelo*) O Duque e os senadores mandam saudações!

OTELO Eu beijo o instrumento de suas intenções. (*abre a carta e lê*)

DESDÊMONA Quais são as notícias, meu primo Ludovico?

IAGO Fico muito feliz de vê-lo, *signor*.
230   Seja bem-vindo a Chipre.
LUDOVICO Muito obrigado. Como está o tenente Cássio?
IAGO Ele vive, senhor.
DESDÊMONA Primo, ocorreu uma ruptura entre ele
        E o meu senhor, mas isso você pode sanar.
235 OTELO Tem certeza?
DESDÊMONA Senhor?
OTELO (*lê*)
        Não *deixe de cumpri-lo, como achar melhor* —
LUDOVICO Não disse nada, está concentrado na carta.
        Há então uma cisão entre o meu senhor e Cássio?
240 OTELO Fogo e enxofre!
DESDÊMONA   Senhor?
OTELO   Você tem juízo?
DESDÊMONA Quê... ele está irado?
LUDOVICO   Deve ser a carta.
        Creio que lhe ordenam que retorne a Veneza,
        E que delegaram a Cássio o seu governo.
DESDÊMONA Pela fé, fico contente.
OTELO   É mesmo?
DESDÊMONA   Senhor?
245 OTELO Me alegra... te ver louca.
DESDÊMONA   Querido Otelo!
OTELO Demônio! (*batendo nela*)
DESDÊMONA Eu não merecia isso.
LUDOVICO   Senhor, ninguém
        Em Veneza daria crédito ao que eu dissesse
        Mesmo que eu jurasse tê-lo visto. É demais.
250   Repare o erro, ela está chorando!
OTELO   Demônio!
        Se lágrimas de mulher nutrissem a terra
        A cada gota brotaria um crocodilo.
        Suma da minha vista!
DESDÊMONA   Não vou ficar, não quero
        Ofendê-lo.

LUDOVICO   Quanta obediência nela, senhor!
255   Eu rogo à vossa graça: chame-a de volta!
OTELO E o que quer com ela?
LUDOVICO   Quem, eu, meu senhor?
OTELO Sim, não queria que eu a fizesse voltar?
      Senhor, ela pode voltar, voltear, virar.
      Pode também chorar, chorar. E será sempre
260   Obediente... como o senhor diz, obediente,
      Obediente demais. — Vai continuar chorando? —
      Quanto à carta, senhor — Ô, paixão mais postiça —
      Ordenam meu retorno. — Saia logo daqui!
      Logo vou te chamar. — Senhor, acato as ordens
265   Voltarei a Veneza. — E tu, fora daqui! —

Sai Desdêmona.

      Cássio terá meu posto. E, senhor, esta noite
      Rogo que possamos jantar em companhia.
      Seja bem-vindo a Chipre! Bodes e macacos!

Sai.

LUDOVICO É esse o nobre Mouro, que o Senado inteiro
270   Reputa de todo impecável? É essa a têmpera
      Que a paixão não abala? Cujo forte valor
      Jamais foi ferido nem por tiros da sorte
      Nem pelas setas do acaso?
IAGO   Ele mudou muito.
LUDOVICO Será que não perdeu o juízo, a lucidez?
275   IAGO Ele é o que é: não opino sobre o que
      Devia ser. Se ele não é o que devia,
      Eu peço aos céus que seja.
LUDOVICO   Quê! Bater na esposa!
IAGO Isso não foi certo. Mas quisera esse tapa
      Fosse o pior de tudo.
LUDOVICO   Mas isso já é hábito?

280   Ou foi a leitura da carta que atiçou
        Seu sangue e o levou ao erro?

IAGO   Ah! Eu não
        Seria honesto se falasse do que vi
        E do que sei. O senhor deve observá-lo.
        A conduta dele vai gerar um retrato
285   Que me poupará de falar. Siga-o agora,
        E repare como tudo continua.

LUDOVICO Fico triste de ter me enganado com ele.

Saem.

Ato IV

CENA II

Entram Otelo e Emília.

OTELO Então, você não viu nada?
EMÍLIA Nem nunca ouvi, nem jamais suspeitei.
OTELO Mas você viu Cássio e... ela juntos.
EMÍLIA Mas não vi nada de mal, além disso ouvi
5   Cada sílaba que trocaram um com o outro.
OTELO Quê! Então não sussurravam?
EMÍLIA   Jamais, senhor.
OTELO Não pediu a você que saísse?
EMÍLIA Jamais.
OTELO Para buscar o leque, as luvas, a máscara ou outra
10   coisa?
EMÍLIA Nunca, meu senhor.
OTELO É estranho.
EMÍLIA Eu me atrevo a apostar, e ponho a alma a prêmio,
     Que ela é honesta. Se vê diferente, descarte
15   Tais ideias. Só vão lhe envenenar o peito.
     Se um miserável pôs isso em sua cabeça,
     Que Deus o puna com a praga da serpente,
     Pois se ela não é honesta, casta e verdadeira,
     Não há homem feliz, e a esposa mais pura
20   É vil como a calúnia.
OTELO   Vá, chame-a aqui.

Sai Emília.

Disse alguma coisa, mas é uma alcoviteira e
Não pode dizer mais. É uma rameira sutil,
Alcova, chave e aldrava de segredos sujos;
Também se ajoelha, reza. Já a vi fazer isso.

Entram Desdêmona e Emília.

25 DESDÊMONA Meu senhor, o que quer?
    OTELO   Meu amor, venha cá.
    DESDÊMONA Mas o que deseja?
    OTELO   Ver os seus olhos. Olhe aqui
    No meu rosto.
    DESDÊMONA   Que fantasia horrível é esta?
    OTELO (*para Emília*) É sua função, mulher, deixe
    Os procriadores a sós e feche a porta;
30 E se alguém chegar, tussa e faça: hum-hum-hum.
    É seu mistério, seu mister: ande, mulher!

Sai Emília.

    DESDÊMONA (*se ajoelhando*) De joelhos pergunto: sobre o
        que está falando?
    Eu sinto algo de uma fúria em sua fala,
    Mas não ouço palavras.
    OTELO   Por quê? Quem tu és?
35 DESDÊMONA Sua esposa, senhor, sua esposa casta e leal.
    OTELO Jura, então, e te dana, pois teu rosto, que lembra
    Os entes do céu, pode fazer que os demônios
    Receiem te apanhar. Então, dana-te ao dobro,
    Vai, e jura que és honesta!
    DESDÊMONA   Os céus sabem bem...
40 OTELO O que os céus sabem é que és falsa como o inferno.
    DESDÊMONA Como assim sou falsa? Para quem, senhor, com
        quem?

OTELO Ah, Desdêmona, some daqui, fora, fora!

DESDÊMONA Céus, que dia, quanto peso, por que está chorando?

Sou eu, senhor, o motivo dessas lágrimas?

45 Se acaso o senhor suspeita que meu pai

Foi quem instrumentou essa ordem de retorno,

Não me culpe por isso: se perdeu o meu pai,

Lembre, eu também o perdi.

OTELO   Se os céus desejassem

Testar-me com aflições, se fizessem chover

50 Sobre minha cabeça chagas e vergonhas,

Se me afundassem até os lábios na indigência,

E a mim me sujeitassem e ao meu alto anseio,

Acharia inda assim em algum lugar da alma

Uma gota de paz. Porém me transformar

55 Numa figura fixa para o esgar do mundo

E me apontar o dedo móvel e vagaroso!

(*grunhe*)

E até isso aguentaria bem, muito bem.

Porém lá onde eu depus meu coração,

Onde devo viver ou já não ter mais vida,

60 A fonte de onde escoa o meu fluxo vital,

Pra que nunca resseque — extirpá-la dali!

Ela é agora uma poça para sapos sórdidos

Cruzarem, copularem! Vira lá teu rosto,

Paciência, jovem querubim de lábios róseos,

65 Sim, olha aqui — é sinistro, é o inferno.

DESDÊMONA Eu espero que o meu senhor me estime honesta.

OTELO Ah, feito mosca de verão em abatedouro

Que desova até com vento. E tu, erva brava,

Tão linda, tão cheia de cheiros que machucam

70 Fundo os sentidos: se não tivesses nascido!

DESDÊMONA Deus, mas que pecado eu cometi sem saber?

OTELO Será que esse livro lindo, essa folha branca

Foi feita pra que se escrevesse, em cima, "puta"?

FOra, "cometi"! Ora! Sua vadia pública,

75   As minhas faces, se eu ostentasse os teus atos,
        Se transformariam em forjas que queimariam
        Em cinzas a minha modéstia. "O que eu cometi..."F
        O céu fecha o nariz, a lua cerra os olhos,
        O vento obsceno, que beija tudo em seu curso,
80   Se retira pras fundas cavernas da terra
        E não quer ouvir nada. Ora, o que cometi!
        Puta impudente!

DESDÊMONA   Céus, está me injuriando!

OTELO Então não és uma meretriz?

DESDÊMONA Não, eu sou cristã.

85   Se proteger meu vaso para o meu senhor
        Contra todo odioso toque imundo ou ilegal
        Significa ser rameira, então eu sou uma.

OTELO Não é uma puta então?

DESDÊMONA   Não, e hei de ser salva.

OTELO Será possível?

DESDÊMONA   Perdoem-nos, céus!

OTELO   Então,
90   Eu rogo o teu perdão, eu achei que tu fosses
        Aquela rameira ardilosa de Veneza
        Com quem Otelo se casou. Ah, tu, mulher,

Entra Emília.

        Que ocupas o posto inverso ao de são Pedro
        E guardas as portas do inferno — Ah, sim, tu! Pronto!
95   Feita a rodada! Um troco aqui — pelo serviço.
        Fecha a porta com chave e guarda a discrição.

Sai.

EMÍLIA Céus, o que esse cavalheiro está concebendo?
        Minha boa senhora, como está?

DESDÊMONA Um pouco aturdida.

100 EMÍLIA O que está se passando com o nosso senhor?

DESDÊMONA Com quem?

EMÍLIA   Senhora, com o meu amo.

DESDÊMONA   Quem é o
teu amo?

EMÍLIA O mesmo da senhora.

DESDÊMONA   Mas não tenho um.
E não fale comigo, Emília, eu não consigo
Nem chorar, e tudo o que teria a dizer
105   Só com lágrimas conseguiria externar.
Por favor, esta noite estenda em minha cama
Meus lençóis nupciais e chame teu marido.

EMÍLIA Enfim, uma mudança!

Sai.

DESDÊMONA Faz sentido, faz, que eu seja tratada assim.
110   Mas que erro que fiz que o levou a aplicar
Opiniões tão frágeis às minhas faltas mais fúteis?

Entram Iago e Emília.

IAGO Senhora, em que posso agradá-la? Como está?

DESDÊMONA Não sei. Os que ensinam as crianças usam
meios
Brandos e censuras leves. É assim que ele
115   Devia me censurar, pois frente às censuras,
Sou como uma criança.

IAGO   Senhora, o que foi?

EMÍLIA Iago, o senhor a acusou de ser uma puta,
E a ultrajou tanto e usou de termos tão pesados
Que nenhum coração puro suportaria.

120   DESDÊMONA Esse nome, Iago, é meu?

IAGO   Que nome, senhora?

DESDÊMONA Esse que ela diz que meu amo usou comigo.

EMÍLIA Chamou-a de puta. Nem um mendigo bêbado
Usaria um termo assim com a sua meretriz.

IAGO Mas por que ele fez isso?

125 DESDÊMONA Eu não sei. O que sei é que eu, eu não sou isso.

IAGO Não chore, não chore... Mas que dia terrível.

EMÍLIA Será que ela renunciou a tantos partidos,
    Ao pai, ao seu país e aos amigos, para ser
    Tachada de meretriz? É de arrancar lágrimas!

130 DESDÊMONA É o meu triste destino.

IAGO   Maldito ele seja!
    De onde ele tirou isso?

DESDÊMONA   Só, só os céus sabem.

EMÍLIA Quero que me enforquem se um eterno canalha
    Um vilão metido e insinuante, um cafajeste
    Servil, farsante não forjou essa calúnia

135   Só para ganhar um posto — sim, que me enforquem!

IAGO Ora, ora, não há esse homem, é impossível.

DESDÊMONA Se houver um homem assim que os céus o
             perdoem.

EMÍLIA Que a forca o perdoe e o céu roa os seus ossos!
    Pra que chamar de puta? Com quem ela andou?

140   Onde foi, como, quando e que aparência tem?
    Algum biltre vilão manipulou o Mouro,
    Um biltre torpe e imundo, um tipo desprezível.
    Céu, arranque das trevas essa gente, ponha
    A peia na mão dos justos, pra que, açoitando

145   Essa corja nua, ela corra em debandada
    Saltando de leste a oeste.

IAGO   Fale mais baixo.

EMÍLIA Pro inferno com eles! Foi um sujeito destes
    Que virou do avesso a tua cabeça e te fez
    Suspeitar que eu tivesse algo com o Mouro.

150 IAGO Você é uma imbecil, vai-te embora.

DESDÊMONA   Deus, Iago,
    O que posso fazer para tê-lo de volta?
    Amigo, vá atrás, pois, pela luz dos céus,
    Eu não sei como o perdi. FE de joelhos, digo:
    Se algum desejo meu infringiu seu amor,

155   Quer seja em pensamento ou ações efetivas,
      Se meus olhos, ouvidos, meus outros sentidos
      Sentiram algum prazer co'outra forma qualquer,
      Se alguma vez eu tenha, ou ontem, ou hoje,
      Ou no breve futuro — por mais que ele me arraste
160   A um divórcio indigente — deixado de amá-lo,
      Que eu não descanse mais. Se o rancor pode muito,
      O despeito dele pode arruinar minha vida,
      Mas nunca macular meu amor. "Puta", "Puta":
      Só dizer a palavra me dá aversão;
165   Nem todas as vaidades que existem me fariam
      Perpetrar uma ação que mereça esse nome.^{F}

IAGO (*ajudando-a a se levantar*)
      Eu peço: fique tranquila. É só o seu humor.
      Ele está tenso com os negócios de Estado,
      Por isso esses reproches.

170 DESDÊMONA Se fosse só isso...

      IAGO   É sim, só isso, eu garanto.
      (*trombetas*)
      Eis o toque convocando para o jantar:
      Os arautos de Veneza aguardam a refeição,
      Vamos, entre, e não chore, tudo ficará bem.

      Saem Desdêmona e Emília.
      Entra Rodrigo.

      E então, Rodrigo?

175 RODRIGO Não acho que estás agindo de modo justo comigo.
      IAGO Que indício você tem do contrário?
      RODRIGO Todos os dias tu me dispensas com uns truques,
          Iago, e — isso é o que me parece agora — tu mais me
          privas de toda vantagem do que me supres das parcas
180   chances de esperança. Isso eu não vou aturar mais;
          nem estou disposto a engolir em paz o que já sofri bo-
          bamente.
      IAGO Você não quer me escutar, Rodrigo?

185 RODRIGO Ora, já escutei demais; e nas suas palavras e atos
       não há nada que combine.

     IAGO Está me acusando muito injustamente.

     RODRIGO É a mais pura verdade. Gastei os meus recursos
       todos. As joias que lhe confiei, que você devia entregar
       a Desdêmona, metade já bastaria pra corromper uma
190   freira. Você me disse que ela as recebeu, retribuindo
       com votos e estímulos de iminente reverência e quita-
       ção, mas até agora nada.

     IAGO Muito bem, vamos adiante.

     RODRIGO "Muito bem, vamos adiante..." Não posso ir
195   adiante, homem, e nem tudo está tão bem assim. Pela
       minha mão, isso é muita baixaria, e já estou vendo que
       fui enrolado.

     IAGO Muito bem.

     RODRIGO Eu repito: não está muito bem. Eu vou me apresen-
200   tar diante de Desdêmona. Se ela me devolver as joias,
       desisto de minha proposta amorosa e me arrependo de
       minha ilegítima solicitação. Se não for assim, esteja cer-
       to de que vou pedir satisfação a você.

     IAGO Já disse tudo?

205 RODRIGO Sim, e tudo o que disse foi só para marcar bem o
       que pretendo fazer.

     IAGO Ora, estou vendo que tens fibra e já estou até cons-
       truindo uma opinião a teu respeito bem melhor que a
       anterior. Me dá tua mão, Rodrigo. Apresentaste con-
210   tra mim uma objeção bastante justa. Mesmo assim,
       tenho que asseverar que conduzi teu caso com presteza
       e retidão.

     RODRIGO Não pareceu.

     IAGO Concordo: não pareceu, e tua suspeita não é desprovi-
215   da de juízo e argúcia. Agora, Rodrigo, se de fato pos-
       suis o que, por todas as razões do mundo, creio que
       possuis — quero dizer, iniciativa, coragem e valor —,
       mostra isso esta noite. Se, na próxima noite, não esti-
       veres desfrutando de Desdêmona, me enxota do mundo

220   com uma traição e arquiteta armadilhas contra a mi-
        nha vida.

RODRIGO Bom, do que se trata? Algo razoável, factível?

IAGO Senhor, há uma comissão especial que veio de Veneza
        para nomear Cássio no lugar de Otelo.

225 RODRIGO É verdade? Ora, então Otelo e Desdêmona vão re-
        tornar a Veneza.

IAGO Não, ele vai para a Mauritânia e leva consigo a bela
        Desdêmona, a menos que sua permanência aqui seja es-
        tendida por força de algum acidente. E não há acaso
230   que seja mais decisivo que a remoção de Cássio.

RODRIGO Como assim "a remoção de Cássio"?

IAGO Ora, alguém torná-lo incapaz de substituir Otelo: bas-
        ta esmagar-lhe os miolos.

RODRIGO E você quer que eu faça isso?

235 IAGO Claro, contanto que você se atreva a garantir para si
        um ganho e um direito. Esta noite ele janta com uma
        meretriz, e eu vou lá para encontrá-lo. Ele não sabe
        ainda de sua própria honrosa e afortunada promoção:
        se você vigiá-lo saindo de lá — aliás, vou tentar fazer
240   que isso caia entre meia-noite e uma hora — ele estará
        ao seu dispor. Estarei por perto para lhe dar suporte,
        e aí ele vai tombar entre nós dois. Venha, não fique aí
        pasmado com isso, mas venha, me acompanhe: vou lhe
        mostrar que a morte dele reclama tanta necessidade que
245   você se sentirá impelido a levá-la a efeito. Já passa da
        hora da ceia. Rápido, que a noite logo vai se esgotar.
        Mãos à obra.

RODRIGO Vou querer ouvir mais motivos para isso.

IAGO Terás, ficarás satisfeito.

Saem.

Ato IV

CENA III

*Entram Otelo, Ludovico, Desdêmona, Emília e acompa-
nhantes.*

LUDOVICO Senhor, eu peço que não se atribule mais.
OTELO Ah, perdoe-me: vai me fazer bem caminhar.
LUDOVICO Senhora, boa noite. Eu humildemente agradeço.
DESDÊMONA Sua Excelência é bem-vinda.
5 OTELO O senhor quer caminhar? Oh, Desdêmona...
DESDÊMONA Senhor?
OTELO Vá para a cama agora mesmo. Eu retorno logo. Dis-
pense sua acompanhante. Não deixe de fazê-lo.
DESDÊMONA Farei, meu senhor.

Saem Otelo, Ludovico e acompanhantes.

10 EMÍLIA Como as coisas andam? Ele parece bem mais gentil.
DESDÊMONA Ele diz que retorna imediatamente,
Ordenou-me que vá para a cama e pediu
Que eu a dispensasse.
EMÍLIA   Me dispensasse?
DESDÊMONA Foi o que me pediu. Assim, querida Emília,
15 Traga aqui minhas roupas noturnas e adeus.
Não vamos desagradá-lo agora.
EMÍLIA   Sim...
Quisera a senhora nunca o tivesse visto!

DESDÊMONA Eu não: eu o aprovo tanto em meu amor
Que até suas insistências e severidades —
20   Desprega aqui — têm para mim favor e encanto.
EMÍLIA Já estendi na cama os lençóis que me pediu.
DESDÊMONA Tanto faz. As nossas mentes, como são tolas!
Se eu morrer antes de ti, por favor, me envolve
Com estes mesmos lençóis.
EMÍLIA   Nunca diga isso.
25 DESDÊMONA Minha mãe teve uma aia que se chamava
Bárbara,
Que amou muito um homem — mas ele enlouqueceu
E a deixou. E havia essa canção, do Salgueiro,
Coisa antiga, mas que expressou bem sua desgraça.
Ela morreu cantando. Essa noite, a canção
30   Não me sai da mente. ᶠMal consigo deixar
De deitar a minha cabeça para um lado
E cantar como a pobre Bárbara. — Depressa.
EMÍLIA Trago sua roupa de dormir?
DESDÊMONA Não. Desabotoa aqui.
35   Esse Ludovico é um homem distinto.
EMÍLIA Um homem bastante vistoso.
DESDÊMONA Fala muito bem.
EMÍLIA Conheço uma dama de Veneza que faria de pés des-
calços a peregrinagem até a Palestina só para roçar os
40   lábios dele.
DESDÊMONA (*canta*)

Junto ao pé de sicômoro
Alma triste se senta, se senta e suspira —
Na beira da areia
Cante o verde salgueiro.
45 *No seu peito suas mãos e no rosto o estio!*
Cante e salve o salgueiro
Na areia da beira;
As águas murmuraram
As mais agras queixas,

50   *Oh, na areia da beira*
            Me salve, oh salgueiro,
       E eram feixes as lágrimas
       Cortando os seixos,
            Salve e salve, ó salgueiro
55   *Na barranca de areia...*

       (*fala*) Isso fica fora.

       Salgueiro, salgueiro...

       (*fala*) Te esconde: ele está vindo.

       Serás, oh salgueiro
60   *Meu véu e coroa*
       Não o acuse ninguém
       Aprovo-lhe o escárnio —

       (*fala*) Não, não é isso.[F] Ouve, quem está batendo?
EMÍLIA É o vento.
DESDÊMONA [F](*canta*)
65   *Chamei o amor de falso,*
       E o que ele vai dizer?
       Ó, salgueiro na beira,
       O teu verde na areia,
       Se vais buscar mais damas
70   *Mais homens hei de ver.*[F]

       (*fala*) Agora vai. Boa noite. Meus olhos ardem,
       Isso anuncia choro?
EMÍLIA   Nem isso, nem nada.
DESDÊMONA [F]Já ouvi dizer isso. Estes homens, estes
                homens!
       Sinceramente tu achas — me diz, Emília —
75   Que existem mulheres que abusam dos maridos
       De modo tão grosseiro?

EMÍLIA   Algumas, com certeza.[F]

DESDÊMONA Tu farias isso por tudo o que há no mundo?

EMÍLIA A senhora não?

DESDÊMONA   Pelas luzes do céu, nunca.

EMÍLIA Também não faria sob as luzes do céu,

80   Mas talvez fizesse no escuro.

DESDÊMONA Então farias isso por tudo o que há no mundo?

EMÍLIA O mundo é algo imenso. É um preço muito alto

      Pra um vício pequeno.

DESDÊMONA   Não, tu não o farias.

EMÍLIA Pela minha honra, acho que faria, e logo desfaria

85   depois de ter feito. Santa mãe, eu não faria uma coisa
      dessas por uma aliança dupla ou por braços de linho
      fino, nem por vestidos, saiotes ou toucados ou qualquer
      ostentação mesquinha. Mas por tudo o que há no mun-
      do? Pelo santo, quem não botaria chifre no marido se,

90   graças a isso, ele se tornasse rei? Eu até arriscaria o pur-
      gatório por tais coisas.

DESDÊMONA Que eu seja maldita se jamais cometer

      Um erro destes, por tudo o que há no mundo!

EMÍLIA Ora, um erro só é um erro no mundo. Pra quem

95   tem o mundo aos seus pés, esse vai ser um erro no seu
      próprio mundo, e aí rápido você pode fazer dele um
      acerto.

DESDÊMONA Não acho que exista uma mulher assim.

EMÍLIA Há, sim, uma dúzia, e além disso tantas quanto

100   Cabem nesse mundo onde folgam e se divertem.
      [F]Mas eu acho que a culpa é toda dos maridos
      Se as mulheres traem. Eles faltam aos deveres
      Quando derramam nosso ouro em colo alheio,
      Ou irrompem em ciúmes, cheios de rancor,

105   Pondo-nos restrições. Ou ainda nos batem,
      E abatem nossa renda prévia por despeito,
      Sim, temos fel: e se temos certa doçura,
      Temos também vingança. Que os homens percebam
      Que as esposas também têm sensações. Elas veem,

110   Cheiram, sabem saborear o que é amargo ou doce
       Tal como seus maridos. O que eles estão fazendo
       Quando nos trocam por outras? É diversão?
       Acho que sim. E é afeição que nutre isso?
       Creio que sim. E é por fraqueza que erram assim?
115   Sim, também sim. Mas não temos afeições, gana
       De nos divertir, fraquezas como os homens têm?
       Pois que nos tratem bem, senão usem de tino:
       As faltas que fazemos vêm do seu ensino.[F]
       DESDÊMONA Boa noite. Que Deus me possa ensinar
120   Não o mal pelo mal, mas pelo mal sanar.

Saem.

Ato v

CENA I

Entram Iago e Rodrigo.

IAGO Aqui, atrás desse balcão, ele já está vindo.
Já deixa a espada pronta e dá o golpe. Rápido,
Rápido. Não tenhas medo, estou aqui atrás.
Lembra, isso pra nós é tudo ou nada. Não erra,
5   E fica firme na sua resolução.
RODRIGO Fique perto, caso algo não dê certo.
IAGO Estou bem aqui: fibra agora, preparado.

Retira-se.

RODRIGO (*aparte*) Não sinto grande devoção por essa ação,
Mas ele me deu razões bem satisfatórias:
10   (*em voz alta*)
É só um homem. Eu finco a espada: e está morto!
IAGO (*aparte*) Esfreguei a espinha do fedelho até arder
E agora está irritado. Se ele matar Cássio,
Se Cássio o assassinar ou os dois se massacrarem
Ganho nos dois casos. Mas se Rodrigo vive,
15   Ele vai me pleitear um gordo reembolso
Do ouro e das joias que eu lhe surrupiei,
Na forma de dons para Desdêmona.
Não, não está bem. E se Cássio sai ileso
Ele tem a beleza assídua em sua vida

20   Que me torna mais feio. E mais: o Mouro pode
        Me expor diante dele... e aí estou a risco.
        Não: tem que morrer. Então, seja. Está chegando.

Entra Cássio.

RODRIGO Conheço esses passos. São dele. Morre, patife!
        (*dá uma estocada em Cássio*)
CÁSSIO Esse golpe poderia ter me ferido,
25   Mas meu casaco é bem mais sólido do que pensas:
        Agora vamos testar o teu.
        (*saca a espada e fere Rodrigo*)
RODRIGO Oh, estou morto!
        (*Iago, vindo de trás, fere Cássio na perna e sai*)
CÁSSIO Estou aleijado pra sempre! Socorro. Assassino!

Entra Otelo.

OTELO (*aparte*) É a voz de Cássio. Iago mantém sua palavra.
30   RODRIGO Ah, vilão que eu sou!
        OTELO (*aparte*)   Isso mesmo é que tu és.
        CÁSSIO Oh, socorro! Ajudem! Luz! Chamem um médico!
        OTELO (*aparte*) É ele. Oh, bravo Iago, justo e honesto,
        Julgaste com nobreza a afronta ao teu amigo.
        Deste uma aula. Doçura, eis teu amado
35   Já morto. Tua hora está chegando, rameira.
        O teu olhar e encanto se dissolvem nos escuros,
        Teu sangue há de arder nos teus lençóis impuros.

Sai.
Entram Ludovico e Graciano.

CÁSSIO Ô, ninguém na guarda, passando? Assassinato!
GRACIANO É alguma desgraça, é um grito terrível!
40   CÁSSIO Socorro!
        LUDOVICO Ouça!

RODRIGO Oh, vilão maldito!

LUDOVICO Há dois ou três gemendo. Que noite pesada.

Eles podem estar fingindo. Há certo risco

45   Em acudir aos gritos sem nenhum reforço.

RODRIGO Ninguém vem socorrer? Vou perecer sangrando.

Entra Iago, com uma luz e com a espada desembainhada.

LUDOVICO Escuta!

GRACIANO Ali vem um, de camisa, com tocha e armas.

IAGO Quem está aí, gritando que houve um "assassinato"?

50 LUDOVICO Nós não sabemos.

IAGO   Você não ouviu um grito?

CÁSSIO Aqui, aqui! Por Deus, me ajudem!

IAGO   Qual o problema?

GRACIANO Se não estou enganado, é o alferes de Otelo.

LUDOVICO É ele mesmo. Um homem de grande coragem.

IAGO Quem está gritando aí com tanto pesar?

55 CÁSSIO Iago? Fui arruinado, destruído por patifes!

Me ajude.

IAGO Tenente! Que facínoras lhe fizeram isso?

CÁSSIO Acho que um deles está aqui por perto,

E não pode fugir.

IAGO   Patifes traiçoeiros!

(para Ludovico e Graciano)

60   Quem são vocês? Venham aqui, ajudem-nos aqui.

RODRIGO Oh, me ajudem.

CÁSSIO Esse é um deles.

IAGO   Escravo assassino! Canalha!

(apunhala Rodrigo)

RODRIGO Oh, maldito Iago! Cachorro bestial!

IAGO Matar no escuro? Onde estão esses facínoras?

65   Que silêncio nas ruas! Ô, assassinato!

(para Ludovico e Graciano)

Quem são vocês? São do bem ou do mal?

LUDOVICO Nos examine antes e logo saberás.

IAGO *Signor* Ludovico?

LUDOVICO Ele, senhor.

70 IAGO Peço desculpas. Aqui está Cássio, foi ferido por facínoras.

GRACIANO Cássio?

IAGO   Como está, irmão?

CÁSSIO Minha perna está em dois pedaços!

IAGO Deus, os céus não permitam! Senhores,
      Mais luz, vou atar isso com minha camisa.

Entra Bianca.

75 BIANCA O que está acontecendo? Quem estava gritando?

IAGO Quem estava gritando?

BIANCA   Ah, não, meu querido Cássio!
      Meu doce Cássio! Oh, Cássio, oh, Cássio!

IAGO Grande rameira! Cássio, você tem alguma
      Suspeita de quem o mutilou desse jeito?

80 CÁSSIO Não.

GRACIANO É muito triste vê-lo assim. Eu estava procurando
      você.

IAGO ᶠEmpresta-me uma tira. Isso.
      (*ata a perna de Cássio*)
                                    E tragam
      Uma cadeira para levá-lo daqui.ᶠ

85 BIANCA Ele está desmaiando! Cássio! Oh, Cássio, Cássio!

IAGO Cavalheiros, eu suspeito que esse traste aí
      Teve participação nesse ato violento.
      Um pouco de paciência, Cássio.
      (*para Ludovico e Graciano*)
                                    Aqui, aqui,
      Mais luz aqui. (*indo até Rodrigo*)
                          Este rosto, alguém o conhece?

90   Mas não é o meu amigo e compatriota
      Rodrigo? Não — é ele mesmo! — Céus, Rodrigo!

GRACIANO Quê? O de Veneza?

IAGO   Ele mesmo. O senhor

Não o conhecia?

GRACIANO   Se o conhecia? Sim.

IAGO *Signor* Graciano? Peço o seu gentil perdão:
95   Esses flagelos hão de perdoar minha conduta
        Que tanto o negligenciou.

GRACIANO   Estou feliz de vê-lo.

IAGO Como está, Cássio?
        (*chamando*)
                              Uma cadeira, uma cadeira!

GRACIANO Rodrigo?

IAGO É ele, é ele.
        (*uma cadeira é trazida*)
                              Sim, aqui está a cadeira.
100   Alguém o leve daqui com cuidado. Volto
        Com o médico do general.
        (*para Bianca*)
                              Quanto a ti, mulher,
        Saia daqui. — Esse aí que está morto, Cássio,
        Foi meu amigo. Havia rusga entre vocês?

CÁSSIO Nenhuma rusga. Eu nem mesmo o conhecia.

105 IAGO (*para Bianca*)
        Você está pálida!
        (*para acompanhantes*)
                              Levem-no daqui, pra dentro.
        (*para Graciano e Ludovico*)
        Fiquem, cavalheiros.

*Saem acompanhantes com Cássio na cadeira e o corpo de
Rodrigo.*

                              (*para Bianca*) Mulher, está mais pálida?
        (*para Ludovico e Graciano*)
        Estão vendo o brilho de horror nos olhos dela?
        Não, se olharem bem, vamos logo ouvir mais.
        Olhem bem pra ela, eu peço, olhem com atenção.
110   Viram isso, senhores? Mesmo que todas as bocas

Sumissem, a culpa falaria.

Entra Emília.

EMÍLIA   O que houve aqui?
Marido, o que está acontecendo?
IAGO Cássio foi atacado aqui, na escuridão,
Por Rodrigo e por outros que estão foragidos:
115   Está quase sem vida e Rodrigo está morto.
EMÍLIA Ah, gentil cavalheiro! Ah, bom e gentil Cássio!
IAGO São os frutos de visitar as putas. Emília,
Eu te peço, vai saber de Cássio onde foi
Que jantou esta noite... *(para Bianca)*
                              Por que estás tremendo?
120 BIANCA Jantou comigo, mas não é por isso que eu tremo.
IAGO Ah, é verdade? Eu lhe ordeno, venha comigo.
EMÍLIA Sua desprezível, rameira!
BIANCA   Eu não sou rameira,
Minha vida é tão honesta quanto a de você,
Que está me insultando.
125 EMÍLIA Como a minha? Ah, fora daqui!
IAGO   Cavalheiros,
Vamos lá olhar os curativos de Cássio.
(para Bianca)
Vem, mulher, vais ter de nos contar outra história.
Emília, corra até a cidadela, e informe
Ao senhor e à senhora sobre o que ocorreu.

Sai Emília.

(para Ludovico e Graciano)
130   Vocês podem ir na frente? *(aparte)* Ah, noite mofina,
Ela vai operar ou me fazer ruína.

Saem Ludovico e Graciano, seguidos de Iago.

Ato V

Entra Otelo com uma luz. Desdêmona no leito dormindo.

OTELO Está aí a causa, a causa, minha alma... Não
    Deixem que eu a nomeie, estrelas virginais,
    Está aí a causa. Mas não vou verter seu sangue,
    Nem ferir essa tez que é mais alva que a neve,
5   E mais suave que o alabastro dos mausoléus:
    Mas sim, tem que morrer ou trairá outros homens.
    Apagar a luz e, assim, apagar a luz.
    Se agora eu te extinguir, ó núncio flamejante,
    A tua luz antiga, caso eu me arrependa,
10   Poderei restaurar. Mas morta a tua luz,
    Tu, forma ardilosa da excelsa natura,
    Não sei onde encontrar a prometeica tocha
    Que religue a tua chama: se eu extrair a rosa,
    Nunca mais poderei fazê-la irromper,
15   Hora de murchar. E eu vou cheirá-la nos ramos;
    (*ele a beija*)
    Oh, hálito balsâmeo que quase convence
    A Justiça a quebrar sua espada. Mais, mais... mais:
    (*ele a beija*)
    Fica assim quando morta, que eu te matarei
    E depois te amarei. Mais uma vez — a última.
    (*ele a beija*)
20   Oh, doçura fatal! Sinto que vou chorar,

Mas é um pranto cruel. É um pesar celestial,
Que ataca onde mais ama. Está despertando.

DESDÊMONA Quem está aí? Otelo?

OTELO   Sim, sou eu, Desdêmona.

DESDÊMONA Já vem para a cama, meu senhor?

25   OTELO Já fez as preces noturnas?

DESDÊMONA   Sim, meu senhor.

OTELO Se tiver lembrança de algum crime seu
Inda não conciliado com o céu e com a graça,
Peça agora perdão.

DESDÊMONA Oh, Deus, mas o que o senhor quer dizer com
                               isso?

30   OTELO Faça. Seja breve. Vou caminhar, já volto.
Não quero matar teu espírito em despreparo,
Que o céu me livre. Não quero matar tua alma.

DESDÊMONA Você disse matar?

OTELO   Disse.

DESDÊMONA   Então que os céus
Me tenham piedade.

OTELO   Amém. É o que desejo.

35   DESDÊMONA Se é isso, tenho esperança que não me mates.

OTELO Hum!

DESDÊMONA Ainda tenho medo. É terrível ver seus olhos
Revirando assim. Por que temo eu não sei,
Desconheço a culpa. E mesmo assim sinto medo.

40   OTELO Pensa em teu pecado.

DESDÊMONA   Ele é o amor que lhe dei.

OTELO Sim, e por isso morres.

DESDÊMONA É morte perversa a que mata por amor.
Ah, por que o senhor morde assim o lábio?
Um frêmito brutal convulsiona o seu corpo...

45   Eu só espero que esses sinais não estejam
Voltados contra mim.

OTELO   Calada, fique quieta!

DESDÊMONA Fico. Mas me diga o que foi.

OTELO   O lenço aquele

De que eu gostava tanto e te dei, tu o deste
A Cássio.

DESDÊMONA   Não! Por minha vida e alma:
50   Chame o homem e pergunte.

OTELO   Cuidado, cuidado
Com o perjúrio. Estás no teu leito de morte.

DESDÊMONA Eu? Mas não ainda pra morrer.

OTELO   Sim, agora.
Por isso confessa os pecados sem ressalvas,
Pois negações no teu juramento
55   Não vão abortar, nem sufocar o embrião
Que se mexe dentro de mim. Tu vais morrer.

DESDÊMONA Ah, que Deus me tenha piedade.

OTELO   Eu digo: amém.

DESDÊMONA E que tu também tenhas. Jamais te ofendi
Em toda a minha vida, e jamais amei Cássio
60   Senão segundo as leis celestiais que indicam
Como devo amar. Eu jamais o presenteei.

OTELO Pelos céus, eu vi o meu lenço na mão dele!
Tu perjuras, petrificas meu coração,
Me forças a chamar de assassinato o que pretendo
65   Fazer, quando imaginava um sacrifício.
Eu vi o lenço.

DESDÊMONA   Então ele o encontrou, eu nunca
Dei a ele o lenço. Chame-o aqui, agora,
Pra confessar a verdade.

OTELO   Já confessou.

DESDÊMONA O quê, senhor?

70   OTELO Confessou — morte! — que te usou...

DESDÊMONA Mas como? Ilegalmente?

OTELO   Sim.

DESDÊMONA   Ele não vai
Confirmar isso.

OTELO   A boca dele está calada.
O honesto Iago cumpriu ordens.

DESDÊMONA   O meu medo

Começa a interpretar. Quê? Ele está morto?

75 OTELO Se houvesse vida em cada fio de seus cabelos,
Teria estômago pra me vingar de todos.

DESDÊMONA Ele foi traído. E eu, arruinada!

OTELO   Fora,
Puta! Vais chorar por ele na minha frente?

DESDÊMONA (*agarrando-o, suplicando*) Senhor, me expulse,
deporte, mas não me mate!

80 OTELO Deita, meretriz!

DESDÊMONA Mate-me amanhã, poupe minha vida esta noite.
(*ela luta com ele*)

OTELO Não, se resistires...!

DESDÊMONA Meia hora, o tempo pra fazer minhas preces.

OTELO Tarde demais.
(*ele a sufoca*)
                          Depois de feito, não há pausa...

85 DESDÊMONA Oh, senhor, senhor!

EMÍLIA (*dentro*) Meu senhor, senhor! Ô, meu senhor, meu
senhor!

OTELO Que ruído é este? Não está morta, não ainda?
Mesmo sendo cruel, sei ser também piedoso,
Não gostaria que tua dor se prolongasse.

90 Assim, assim.
(*ele a sufoca novamente*)

EMÍLIA (*dentro*) Senhor, senhor, senhor!

OTELO   Quem é que está aí?

EMÍLIA (*dentro*) Ah, senhor, deixe-me falar com o
senhor.

OTELO Sim. É Emília. (*para Emília*)
                          Espere só um pouco. Está morta...
Pelo ruído intenso vem me dizer decerto

95 Que Cássio morreu. Ah, não se mexe? Quieta...
É um túmulo. Será que a deixo entrar? Parece
Que está se mexendo. Não — o que faço agora?
Se ela entrar, vai querer falar com minha esposa.
Minha esposa...! Que esposa? Eu não tenho esposa.

100   Oh, hora insuportável e pesada! Quisera
       Agora surgisse um gigantesco eclipse
       Da Lua e do Sol, e ficasse o globo atônito
       Pasmo ante tal transformação.
   EMÍLIA (*dentro*)   Senhor, suplico,
       Quero falar com o senhor. Oh, meu bom senhor!
105 OTELO Tinha te esquecido. (*chamando*)
                               Ô, pode entrar, Emília!
       Calma (*chamando*), um instante! Vou fechar o cortinado.
       (*ele fecha as cortinas da alcova*)
       (*para Emília*)
       Onde estás? O que tens, qual é o teu problema?

   Ele destranca a porta. Entra Emília.

   EMÍLIA Oh, meu senhor, houve um terrível morticínio!
   OTELO O quê? Agora?
110 EMÍLIA Agora mesmo, meu senhor.
       OTELO São essas as aberrações que a Lua produz
         Quando raramente se aproxima da Terra,
         Ensandecendo os homens.
       EMÍLIA   Senhor, Cássio matou
         Um jovem veneziano, chamado Rodrigo.
115 OTELO Rodrigo foi morto? E Cássio foi morto?
       EMÍLIA Não, Cássio não foi morto.
       OTELO   Não foi? O assassino
         Não teve o justo afino, e a doce vingança
         Já se amarga.
       DESDÊMONA Morta, injustamente, falsamente!
120 EMÍLIA Senhor, mas que grito é este?
       OTELO Que grito? Onde?
       EMÍLIA Saia, fora, era a voz da minha senhora!
         (*abre a cortina da alcova*)
         Socorro, aqui! Oh, senhora, fale de novo,
         Oh, doce Desdêmona, oh, doce senhora, fale!
125 DESDÊMONA Morro uma morte sem culpa.

EMÍLIA Quem foi que fez isso?

DESDÊMONA Ninguém. Eu mesma. Adeus.

　　Vai e me recomenda ao meu gentil esposo.

　　• Oh, adeus, adeus!　　*Morre.*

130　OTELO Assassinada? Mas como?

EMÍLIA Ah, não sei, quem pode saber?

OTELO Você a ouviu dizer que não fui eu.

EMÍLIA Sim, ela disse. Devo dizer que é verdade.

OTELO Ela é como um farsante que vai para o inferno:

135　　Fui eu que a matei.

EMÍLIA　　　　　　　　Por isso mesmo ela é um anjo,

　　E tu és um demônio negro!

OTELO　　　　　　　　　Ela estava virando

　　Uma leviana, uma puta.

EMÍLIA　　　　　　　Isso é calúnia —

　　Monstro, demônio!

OTELO　　　　　　　Ela era falsa como a água.

EMÍLIA E tu és brusco como o fogo por dizer

140　　Que ela foi falsa. Ela era fiel, celestial!

OTELO Cássio a montou, vai e pergunta ao teu marido.

　　Oh, que eu caia em desgraça nas furnas do inferno

　　Se cometi, sem o devido fundamento,

　　Uma ação assim extrema. Teu marido sabia.

145　EMÍLIA Meu marido?

OTELO　　　　　　Ele.

EMÍLIA　　　　　　　Que ela foi desleal?

OTELO Sim, com Cássio. Se houvesse sido verdadeira,

　　Se o céu me tivesse feito um outro mundo

　　De uma crisólita íntegra e perfeita,

　　Eu não a venderia em troca.

EMÍLIA　　　　　　　　　　Meu esposo?

150　OTELO Sim, foi ele quem primeiro me falou dela;

　　É um homem honesto, odeia o limo que se gruda

　　Nas ações imundas.

EMÍLIA　　　　　Meu marido.

OTELO　　　　　　　　　Pra que

A iteração, mulher? Já disse: o teu marido.

^FEMÍLIA Oh, minha ama, a vileza zombou do amor!

155   Então meu marido disse que ela foi falsa?

OTELO Ele, sim, teu marido, entendeste a palavra?

O meu amigo, teu marido, o honesto Iago!^F

EMÍLIA Se ele disse, que a alma perniciosa dele

Apodreça aos poucos. Ele vive da mentira,

160   Ela amava demais essa imunda barganha.

OTELO Ah!

EMÍLIA Vai, comete um crime. Essa tua ação

Merece tanto o céu quanto tu merecias

Tua esposa.

OTELO   Cala, que é melhor para ti!

165 EMÍLIA Não tens metade do poder para me ferir

Que eu tenho pra ser ferida. Otário, simplório,

Parvo que nem poeira. Tu fizeste algo

(*ele a ameaça com a espada*)

— não temo tua espada, vais ouvir isso, mesmo

Que eu perca vinte vidas! Socorro, socorro,

170   O Mouro matou a senhora! Assassinato!

Entram Montano, Graciano e Iago.

MONTANO O que houve, general?

EMÍLIA   Ah, vieste, então, Iago?

Um bem deves ter feito, pra que agora os outros

Pendurem seus assassinatos em teu pescoço.

GRACIANO O que está ocorrendo?

175 EMÍLIA Refuta esse vilão, se tu és homem mesmo!

Ele diz que contaste que ela era infiel,

Eu sei que não disseste, não és um vilão.

Fala, logo! Meu coração está explodindo.

IAGO Eu disse o que pensei, não disse nada além

180   Do que ele próprio achou plausível e verdadeiro.

EMÍLIA Disseste alguma vez que ela foi infiel?

IAGO Disse.

EMÍLIA   Foi mentira, mentira horrenda, ímpia!
           Que minha alma vá para o inferno, se isso
           Não é uma mentira vil. Ela, infiel?
185   E com Cássio? Será que disseste com Cássio?
IAGO Com Cássio, mulher... Fora... Cala essa tua língua.
EMÍLIA Não vou calar nada! Sou impelida a falar.
           ᶠEis minha senhora, na cama, assassinada!
TODOS Que os céus nos protejam.
190   EMÍLIA Foram teus enredos que atearam esse abate!
OTELO Senhores, não se espantem, que isso é verdade!
GRACIANO Uma verdade bizarra.
MONTANO Ato monstruoso!
EMÍLIA Perfídia, vileza, perfídia!
195   E vejo, sinto o cheiro, vilania!
           Eu tinha visto: vou me matar de tanta dor!
           Perfídia, vilania!ᶠ
IAGO Você está louca. É uma ordem: vá para casa.
EMÍLIA Cavalheiros, deem-me licença pra falar.
200   É apropriado obedecê-lo — mas não agora.
           Iago, talvez eu nunca mais volte pra casa.
OTELO Oh! Oh! Oh!
           (*Otelo tomba na cama*)
EMÍLIA Vai, deita, urra,
           Mataste a inocente mais doce que jamais
205   Abriu os olhos.
OTELO   Estava infectada! Eu
           Nem mesmo o conhecia, tio. Eis tua sobrinha,
           Cujo sopro essas mãos realmente estancaram;
           Sei que esse ato parece cruel, horrível.
GRACIANO Pobre Desdêmona, fico feliz que teu pai
210   Esteja morto. Tua união foi, para ele,
           Fatal, e o pesar puro interrompeu-lhe o fio
           Da vida. Se estivesse vivo, ele faria
           Um gesto de desespero, amaldiçoaria
           Seu anjo bom, cairia em eterna desgraça.
215   OTELO É deplorável. Mas Iago sabe que ela

Cometeu com Cássio a vergonhosa ação
Mais de mil vezes. Cássio confessou. E ela
Gratificou os afáveis avanços dele
Com a mesma lembrança e penhor de devoção
220 Que eu lhe havia dado: e vi isso na mão dele,
Era um lenço, aquela antiga lembrança, dom
Que meu pai deu à minha mãe.

EMÍLIA Oh, Deus! Deus celestial!

IAGO   Arre, tu... Cala a boca!

EMÍLIA Não! Vou falar tudo. Como é que vou calar?
225 Falarei livremente como o vento norte.
Decretem minha infâmia — todos! — vou falar!

IAGO Tenha juízo, vá para casa.

EMÍLIA   Não vou.

(Iago tenta apunhalar Emília)

GRACIANO Quê? Apontando a espada para uma mulher!

EMÍLIA Ah, Mouro obtuso! Esse lenço de que tu falas,
230 Eu o achei por acaso e dei ao meu marido,
Pois várias vezes, com solene honestidade,
Pediu-me que o furtasse.

IAGO   Sua vadia vil!

EMÍLIA Ela o deu a Cássio? Não. Eu o encontrei.
Eu dei ao meu marido.

IAGO   Imunda, estás mentindo!
235 EMÍLIA Por Deus, senhores, eu não estou, eu não estou.
Assassino... o que faz esse palhaço otário
Com mulher tão boa?

*Otelo corre até Iago, mas é desarmado por Montano. Iago
apunhala Emília.*

OTELO   Haverá no céu mais pedras
Além das que servem o trovão? Oh, exímio canalha!

GRACIANO Ela está caindo; matou a própria esposa.
240 EMÍLIA Oh, sim: deitem-me ao lado de minha senhora.

Sai Iago.

GRACIANO Ele fugiu. Deixou a esposa morta aqui!
MONTANO É um canalha notório. Pegue essa espada
    Que acabo de tomar do Mouro. Vigie — vamos! —
    Essa porta, não deixe que ele passe. Mate-o,
245   Se necessário. Vou atrás daquele monstro,
    Do maldito escravo.

Saem Montano e Graciano.

OTELO   Se qualquer tipo mirrado
    Me rouba a espada, então me falta valentia.
    Mas onde a honra sobrevive à honestidade?
    Termine tudo.
EMÍLIA   ᶠQue presságio havia, ama,
250   Em tuas canções? Não me escutas? Serei o cisne
    Que expira na canção. *(canta)* Ô, salgueiro, salgueiro.ᶠ
    — Mouro, Mouro brutal — seja salva minha alma
    Ao falar a verdade — ela era casta, te amava!
    E assim, falando o que penso, eu morro — morro!
    (ela morre e cai sobre a cama)
255 OTELO Tenho outra arma neste quarto, uma espada
    De Espanha, temperada nos córregos frios;
    E aqui está ela. Tio, eu preciso sair.
GRACIANO *(à porta)* Não tentes, que isso vai te custar muito
               caro.
    Tu não estás armado, vais ser golpeado.
260 OTELO Entra, então, olha pra mim e fala comigo,
    Senão vou te atacar, mesmo que desmunido!

Entra Graciano.

GRACIANO Qual o problema?
OTELO   Olha aqui, tenho uma arma,
    E jamais existiu uma tão boa presa

À perna de um soldado. Eu vi o dia em que,
265 Com esse braço menor e essa espada excelente,
Eu desbravei trincheiras cem vezes mais duras
Que essa tua barreira. Mas, ah, jactância vã,
Quem controla o destino? Não vai ser agora...
^FNão receies, por mais que me vejas armado.
270 Aqui minha andança termina — fim de jornada,
O vero cais da minha extrema singradura.
Recuas aterrado? Desperdiças o medo.
Crava uma lâmina contra o peito de Otelo,
E ele se retira. Pois aonde iria Otelo?
      (*vai em direção à cama*)
275 E olha como estás, moça de má sorte,^F alva
Como os teus lençóis. Quando vier o juízo,
Esse olhar lançará minha alma céu abaixo
Nas garras dos demônios. Fria, estás fria,
De uma frieza casta! Vil, maldito escravo!
280 Açoitem-me, demônios, para
Longe da presença dessa visão sublime!
Arrojem-me nos ventos e me queimem no enxofre,
Lavem-me no íngreme antro de fogo líquido!
Oh, Desdêmona, Desdêmona, morta! Oh! Oh!

*Entram Ludovico, Montano, oficiais com Iago, prisioneiro, e
Cássio numa cadeira.*

285 LUDOVICO Onde está esse homem temerário e infeliz?
OTELO Aquele que já foi Otelo? Aqui estou.
LUDOVICO Onde está aquele réptil? Tragam o vilão!
OTELO Olho para os pés dele, mas é só uma fábula.
      Se és mesmo o demônio, não posso te matar.
      (*fere Iago*)
290 LUDOVICO Tirem a espada dele.
IAGO Estou sangrando, senhor, mas não estou morto.
OTELO Não lamento por isso, prefiro que vivas.
      Pois morrer, eu percebo, é uma felicidade.

LUDOVICO Oh, tu, Otelo, tu que já foste tão bom,
295 Batido pela intriga de um escravo maldito,
  O que dizer pra ti?

OTELO Qualquer coisa. Me chamem de assassino honrado,
  Se assim quiserem, pois eu não agi por ódio,
  Mas só pela honra.

300 LUDOVICO Esse biltre em parte já confessou sua infâmia.
  Planejaste com ele o assassínio de Cássio?

OTELO Sim.

CÁSSIO Caro general, eu jamais lhe dei motivo.

OTELO Sim, acredito. E peço o seu perdão. Eu peço,
305 Pergunte a esse semidemônio por que foi
  Que enredou assim o meu corpo e minha alma.

IAGO Não me perguntem nada. O que sabem, já sabem.
  Não esperem de mim mais nenhuma palavra.

LUDOVICO Nem preces?

GRACIANO   Sevícias abrirão tua boca.

310 OTELO Bem: façam o que entenderem por bem.

LUDOVICO Hás de compreender, senhor, o que aconteceu,
  Algo que, creio, não sabe. Eis uma carta,
  Que acharam no bolso de Rodrigo, já morto,
  E aqui está uma outra: uma delas trata
315 Da morte de Cássio, estando dela incumbido
  O próprio Rodrigo.

OTELO Cachorro vil!

CÁSSIO   Monstro horrível e repulsivo!

LUDOVICO E aqui outra folha, também do bolso dele,
  Repleta de queixas. Esta, ao que tudo indica,
320 Ele queria enviar a esse cão maldito.
  Mas então, pelo visto, no exato momento,
  Iago apareceu, e deu explicações.

OTELO Oh, patife pernicioso!
  Mas, Cássio, como foi que encontrou esse lenço
325 Que era de minha esposa?

CÁSSIO   Encontrei no meu quarto,
  E ele confessou agora nesse instante

Que o jogou lá com o propósito específico
De assistir seu intento.

OTELO   Tolo, estulto, estulto!

CÁSSIO Há também nessa mesma carta de Rodrigo
330   Repreensões contra Iago, por tê-lo incitado
      A me atacar na guarda, o que ocasionou
      Minha demissão. E agora mesmo, depois
      De muito tempo ali, já parecendo morto,
      Disse que foi Iago que o feriu e o instilou.

335   LUDOVICO (*para Otelo*) Cumpre que deixe esse quarto e venha
               conosco,
      Pois seu comando e poder já lhe foi tirado,
      E Cássio governa Chipre. Quanto a esse escravo,
      Se alguma requintada crueldade existe
      Que lhe traga tormento e o conserve vivo,
340   Ele a terá. Tu vais ficar encarcerado,
      Até que o teor do teu crime fique claro
      Pra o Estado de Veneza. Levem-no daqui!

OTELO Esperem, duas palavras antes de irem.
      Prestei serviços ao Estado e isso é sabido:
345   E basta do assunto. Rogo-lhes que em suas cartas,
      Quando relatarem essas ações aziagas,
      Falem de mim como sou. Não abrandem nada,
      Nem usem de malícia. Falarão de alguém
      Que amou muito, mas com insensatez, alguém
350   Pouco propenso ao ciúme, mas que, defraudado,
      Perpetrou ato extremo, cuja mão, como a do pobre
      E baixo indiano, jogou fora uma pérola
      Mais cara que sua tribo; cujos olhos baixos,
      Mesmo que pouco afeitos aos líquidos humores,
355   Derramam lágrimas tão fartas quanto os bálsamos
      Dos arbustos árabes. Sim, transcrevam isto.
      E digam também que certa vez em Aleppo,
      Quando um turco pernicioso e aturbantado
      Golpeava um veneziano e difamava o Estado,
360   Peguei pelo pescoço esse cão circunciso

E o golpeei — assim!
(*ele se apunhala*)

LUDOVICO Oh, fim terrível!

GRACIANO   Tudo o que disse se arruinou!

OTELO Eu te beijei, depois te matei: só o que deixo,
Matar a mim mesmo e morrer com um beijo.
(*beija Desdêmona e morre*)

365 CÁSSIO Temia isso, mas não vi que estava armado,
Pois tinha grande altivez.

LUDOVICO (*para Iago*)   Oh, cão espartano
Mais selvagem que a angústia, que a fome ou o mar,
Olha bem o fardo trágico desse leito:
É obra tua. Oh, visão que envenena o olhar,
370   Melhor cobri-la.
(*as cortinas da cama são fechadas*)
                    Graciano, fique com a casa,
Tome posse dos bens do Mouro cuja herança
Lhe pertence. E ao senhor, governador, fica
O ofício de enquadrar esse monstro infernal,
Quando, onde, quais torturas. Oh, execute,
375   Eu vou logo embarcar. E ao nosso antigo Estado
Tudo isso narrarei com o peito atormentado.

Saem.

Agradecimentos

Gostaria de agradecer, antes de tudo, ao CNPq, pelo apoio essencial em minhas pesquisas sobre tradução. Quero expressar minha gratidão a algumas pessoas que participaram direta ou indiretamente deste projeto de tradução. À Kathrin Holzermayr Rosenfield, influência intensa sobre esse projeto e em todos os outros dos quais participei. Ela fez uma leitura completa da introdução, intervindo sempre com sugestões cruciais. A ela devo e dedico este *Otelo*: pois foi observando seu modo original de crítica que aprendi a ver com mais atenção. Aos amigos do *Commonwelth of Amherst*: o professor Arthur Kinney, que pela primeira vez me sugeriu a tradução de *Otelo*, e a professora Daphne Patai, amiga acolhedora. Sou grato aos que, muito cedo, quando estas traduções eram apenas manuscritos, reconheceram suas qualidades: à própria Kathrin, ao Pedro Sette Câmara, ao Luciano Alabarse, à Lúcia Ricotta Vilela Pinto, mas também a João César de Castro Rocha, por sua generosidade desde o início do empreendimento shakespeariano, que souberam ver na tradução de *Hamlet* um *frisson nouveau*. Agradeço também ao amigo Leandro Sarmatz, que abraçou esse projeto sem titubear. E, novamente, aos admiráveis Mauricio Santana Dias, Susana Kampff Lages, Andrea Lombardi, Walter Costa, por estarem de algum modo nesta história. Finalmente, agradeço a Francisco Botelho, irmão de jornada nessa façanha cheia de esperança, um jovem cuja tradução dos *Contos da Cantuária* considero um evento incomparável.

A atual tradução ainda não passou pelo teste dos palcos. No entanto, sua clareza e sua poeticidade estão em débito com as experiências de encenação de *Hamlet* feitas há uma década em Porto Alegre. De novo, devo agradecer à Kathrin, "vulcão benéfico", promotora inicial do projeto de encenação tanto de *Antígona* como de *Hamlet*, e a Luciano Alabarse, que dirigiu a peça. Há, contudo, um número de pessoas que estiveram envolvidas nas encenações e cujas perguntas e sugestões foram fundamentais para esse experimento tradutório-encenatório: Evandro Soldatelli, que encarnou um Hamlet fulminante à época, mas também todos que participaram das noites memoráveis no Theatro São Pedro e no grande Solís de Montevideo: Ida Celina, Cláudio Cunha, José Baldissera, Ekin, Mauro Soares, Alexandre Silva, André Petry, Breno Ketzer, Cassiano Ranzolin, Edgar Pedrosa, Edgar Rosa, Faber Morrido Silva, Fernando Zugno, Marcelo Adams, Margarida Leoni Peixoto, Paulo Fernandes, Rafael Mentges, Tuta Camargo e Vinícius Meguzzi.

Notas

1-3   *Chega... tudo*: Nessa conversa que se dá numa rua
       fora da casa de Brabâncio em Veneza, Rodrigo re-
       preende Iago por ter participado da corte de Otelo a
       Desdêmona, quando, na verdade, ele havia sido em-
       pregado/contratado para defender os interesses dele,
       Rodrigo, junto a Desdêmona. A cena começa no meio
       do diálogo, atiçando a curiosidade do público em re-
       lação aos envolvidos. "Ele" na linha 6 é obviamente
       Otelo, que será identificado apenas em 32.

6   *dele...*: O personagem de que Rodrigo e Iago falam
       permanece sem nomeação, o que revela o desprezo
       que ambos nutrem por Otelo, sendo também um arti-
       fício teatral para despertar a curiosidade do público.

7   *Três nobres...*: Talvez Shakespeare esteja se referindo
       aos *Savii Grandi*, que, em Veneza, eram eleitos pelo
       Senado para supervisionar comissões estatais. (Ver
       Wotton, 1.413n.)

10-3   *Sei bem... bélicos*: Uma prestigiosa tradição crítica
       postula que a perfídia de Iago é intangível, sem cau-
       sa real. Como de hábito em Shakespeare, contudo,
       é raro o vilão que se furta a debuxar os contornos
       pragmáticos de seu ódio. Aqui, Iago resume um
       ódio que teria sua origem no tratamento desigual que
       recebeu, uma vez que ele "sabe seu preço" (ou seu
       "prêmio", pois "price" tem esses dois sentidos), isto

é, sabe a que classe pertence e também seu preço em dinheiro, o preço de alguém da cidade, de Veneza, com história, e não entende que Otelo escolha Miguel Cássio como seu oficial. Ele não está errado ao escarnecer a retórica pomposa recheada de circunlóquios e epítetos guerreiros de Otelo.

9 *tenente*: As graduações militares de porta-bandeira, tenente e general não são comparáveis, segundo Honigmann, às graduações usadas atualmente. O "Cássio" de Cinthio é um cabo, mas Shakespeare o transforma em um tenente, de modo que seria superior ao porta-bandeira, embora, segundo Paul A. Jorgensen, houvesse "uma sobreposição das duas posições, ocasião para conflitos" (Ver Honigmann, p. 352, e Jorgensen, pp. 100-18).

13 *Horripilantes... bélicos*: A retórica de Otelo é a do general habituado à necessidade de reforçar o moral da soldadesca errática. Agora, no pântano mundano e político de Veneza, onde a ação é mediada pela discussão parlamentar e pela burocracia de uma cidade mercante, essa linguagem soa, para Iago, personagem intrinsecamente urbano, como uma algaravia de pouca precisão, carente das qualidades analíticas que ele diz prezar. Embora não se possa confiar de todo nos maledicentes e rancorosos comentários de Iago, eles são penetrantes: se revelam, de um lado, o homem de guerra, do outro sugerem em Otelo certo orgulho desmedido, certa *vanitas* de um personagem autoconsciente demais de seu lugar e posição.

15 *improcedente... mediação*: O verbo "to nonsuit" significa "interromper a mediação/causa". "To suit" pode significar "intermediar" algo, um interesse, fazer lobby pessoal, mas é também usado no sentido de "processar". "Suitor" é tanto o pretendente ao casamento como aquele que processa, litiga ou demanda, solicitador, pleiteante. Ou seja, Otelo "julga improcedente" a intermediação dos "grandes" que tentaram interceder em seu favor. Essa é uma peça marcada profundamente pela linguagem legal e cortesã, que

aqui se confundem. O contraponto à trepidante retórica marcial e orgulhosa de Otelo são os ermos
da linguagem legal que aparece na voz de diversos
personagens. Interessante ver esse maquinador, esse
prestidigitador discursivo, com senso único de oportunidade, criticar os discursos de Otelo e acusá-los
de lançar um manto de invisibilidade sobre valores
verdadeiros e próprios.

16   *Certes*: "na verdade". Em francês no original, termo
usado pelas altas classes como distinção linguística.

19   *Miguel Cássio, um florentino*: Ao enfatizar a estrangeiridade de Cássio, Iago também incita a antipatia
de Rodrigo. Florença era, no mundo elisabetano,
associada a um de seus mais célebres cidadãos, Maquiavel, cujo pensamento político, mal compreendido, foi submetido a várias alterações na época de
Shakespeare. As relações entre o pensamento dramático de Shakespeare e o pensamento de Maquiavel
são questionáveis, mas possíveis: no século XVI, houve diversos deslizamentos de leitura sobre o florentino, descrito pelos adversários como um ser diabólico,
sem lei, afeito à traição e mesmo ao assassinato, assim como à mentira e aos atos antiéticos. O pragma-
tismo político de Maquiavel, que se contrapunha à
precedência do direito sobre o político — como, aliás,
defendia Cícero em *De officiis* —, era mal interpreta-
do por alguns segundo a fórmula "Os fins justificam
os meios" — a qual punha o poder e a hegemonia
no centro da discussão política e questionava assim
o princípio ético (ou até mesmo divino) envolvido no
exercício do poder. Da figura histórica ao vilão da
tragédia shakespeariana, há contínuos deslizamentos
de sentido. Isso fica patente no próprio uso do nome
de Maquiavel, que, na Inglaterra do Renascimento,
vinha com a marca da forma francesa popularizada
por Gentillet (Machivil, Machevill, Matchavil etc.),
prestando-se a diversos jogos de palavras em inglês
("make evill", "Chavillian", "matchless villain" =
"celerado"). Seria igualmente fácil pensar em fór-

mulas similares em português, como "maquinavil", pensando aqui na alusiva ligação entre o termo "máquina", "maquinar" e "Maquiavel"... O personagem apareceu em várias peças elisabetanas um pouco antes de 1590: Lorenzo, na *Tragédia espanhola*, de Thomas Kyd, o judeu Barrabás (*O judeu de Malta*, de Marlowe) e o duque de Guise (*O massacre de Paris*, de Marlowe) são personagens maquiavélicos. Obviamente, essas transformações se originam da estereotipia política da época. Ela vai se manifestar finalmente no teatro de Shakespeare. Dois de seus personagens mais famosos levam a marca desse clichê: Ricardo III, cujo "maquiavelismo" político é um misto de habilidade com perfídia "maquinal", e justamente Iago.

20   *esposa*: No original, "A fellow almost damned in a fair wife". Passagem obscura. O que é certo é que ela expressa a misoginia corrente de Iago. Pode significar que Cássio está "desgraçado" por uma esposa. Entretanto, Cássio não é casado, e, nesse caso, Shakespeare teria mudado de ideia no curso da composição. Pode ser, por outro lado, que Cássio esteja envolvido com uma esposa (de outro). Ou ainda está prestes a casar, e Iago assim está sugerindo que ele está fadado a ser traído. Terceira possibilidade, Iago fala de modo solto e diz simplesmente que ele é um mulherengo ou está já envolvido em algum adultério. Pode ser, finalmente, uma referência a Bianca, uma cortesã — "wife", de fato, é usado muitas vezes simplesmente no sentido de mulher. Alguns tradutores interpretaram a passagem como uma menção à efeminação de Cássio. Nesse sentido: ele está desgraçado (no papel) de uma esposa (Neill, 2008, p. 198; Honigmann, 1996a, p. 335).

43-54   *Há lacaios... eu me incluo no tipo*: Iago é a encarnação da duplicidade e da teatralização: se apresenta aqui como uma espécie de subalterno astuto que sabe usar a proximidade de seus superiores para seu próprio proveito. No que tem de farsesca, a passagem lembra os personagens que encarnam o mal no antigo teatro medieval inglês. Um desses tipos era o Vice, que tendia a ser apresentado de modo cômico no estilo das representações do diabo nos folhetos de cordel no Brasil. Por outro lado, seria até indecoroso chamar de "maquiavélica" a posição de Iago, pois a comparação com o puxa-saco subalterno que vive das migalhas do seu senhor e que é condenado no final da vida ao descarte e à indiferença atesta muito mais a impotência do que a força que Iago, de resto, também possui. A negação dos princípios da autoridade patriarcal e da obediência, inscritos no quadro das hierarquias sociais na primeira modernidade, é, contudo, a marca desse discurso. Em Shakespeare, ocorre de modo insistente em diversos personagens "vilãos". Alguns exemplos são Ricardo III e Edmundo em *Rei Lear*, que rejeita peremptoriamente a ideia de "legitimidade" do filho, sendo ele um bastardo, e que, para inverter essa injustiça, incorpora os traços típicos da vilania.

64   *Eu não sou o que sou*: Cf. nota 43-54. A marca do vilão é ser várias coisas ao mesmo tempo, de modo que sua identidade é abolida na ação. Negação malévola da centralidade do sujeito ético, ele encarna uma individualidade extrema que não se atrela às regulações e leis exteriores, éticas, políticas, sociais etc. Cf. o ensaio de Auden nesta edição, "O curinga no baralho". Nesse sentido, o vilão nem mesmo se "constrói". Paradoxal, a frase "Eu não sou o que sou" significa "Eu não sou o que pareço", mas talvez, para além da oposição entre essência e aparência, Iago veja o universo imenso de possibilidades na "pureza do não ser", à semelhança da serpente de *Esboço de uma serpente*, de Paul Valéry, poema magistralmente traduzido para o português por Augusto de Campos. Se é de fato assim, a passagem é uma profanação da expressão do próprio Deus do Êxodo, que diz "Eu sou o que sou".

65   *beiçudo*: A metonímia marca a hostilidade racial de Iago contra Otelo. Shakespeare já havia utilizado o

termo em *Tito Andrônico* IV.II.175, em que o Mouro diz ao seu filho "you thick-lipp'd slave" ("escravo beiçudo"). Iago insuflará diversas vezes outros personagens recorrendo a menções infamantes e ultrajantes ao corpo de Otelo, geralmente com fortes associações animalescas e libidinosas.

67   *velho*: Um sinal da idade de Otelo. O que interessa, contudo, é o conjunto da frase, que combina a animalização (lúbrica) com a idade avançada: Otelo é apresentado por Iago como um animal luxurioso, cuja cor guarda um defeito de origem, e que, em acréscimo, é velho demais para a moça com quem se casou. Um velho marido com uma jovem esposa era um tema comum na comédia, como em *Miles Gloriosus* (*O soldado fanfarrão*), de Titus Maccius Plautus. Na linha seguinte, o verbo "to tup" ("tupping"), significando fecundar, cobrir, é um dos muitos exemplos em que Iago forja uma linguagem sexual pela animalização ou bestialização.

105   *granja*: Uma casa de campo, que, ao contrário da residência urbana, era considerada vulnerável.

111   *cavalo da Barbária*: Garanhão árabe, mas, em inglês, sugere também "bárbaros", ou seja, trata-se de uma menção às origens bárbaras-berberes de Otelo na região dos mouros da Barbaria, a oeste do Egito. O termo, contudo, era usado de modo genérico. Iago funde numa única imagem três níveis do estereótipo que ele reserva a Otelo: a animalidade, a origem estrangeira e seu suposto barbarismo sexual.

116   *besta de oito patas*: Literalmente "besta de dois traseiros (ou duas costas)". Outra das imagens de Iago que animalizam o ato sexual. Importante aqui é sugerir a imagem "monstruosa" de um animal "raro". Aproveitando sugestões da língua portuguesa, como a "besta sem cabeça", sugiro, como tradução, "besta de oito patas".

119-27 *Mesmo assim... insolentes*: Reproduzi aqui parte da estrutura assintática do original. É comum em Shakespeare frases incompletas que buscam reproduzir as oscilações e rupturas emocionais do fraseado comum.

135-6   *forasteiro errático... lugar*: Rodrigo sublinha maldosamente não apenas a estrangeiridade de Otelo, mas também seu caráter "extra-vagante", que vaga de modo errático em todos os lugares possíveis, não possuindo a territorialidade do cidadão comum de Veneza. Se Iago se concentra sobre imagens animalescas do instinto sexual, associadas à "barbárie" e à "cor" de Otelo, Rodrigo enfatiza mais sua estrangeiridade e seu caráter pretensamente andarilhesco. O estrangeiro ou ainda o forasteiro é sempre visto segundo categorias do "exterior" estranho e perigoso (Honigmann, 1996a, p. 125).

157   *Sagitário*: Uma estalagem com o sinal do Sagitário, um dos signos do zodíaco. O que vale lembrar aqui, no conjunto de alusões, é que o Sagitário é um centauro, ou seja, um monstro com corpo de cavalo e torso humano, simbolicamente pertencendo ao terreno do semi-humano inquietante. O encontro entre Otelo e Desdêmona já foi descrito por Iago com associações com a animalidade (do cavalo da Barbária) e com a posição sexual que cria um ser fantástico e monstruoso. Desnecessário lembrar da antiga representação dos monstros como seres luxuriosos, bárbaros, violentadores de mulheres. Todo um imaginário é conjurado nesse início da peça para que as figuras fantasmáticas da sedução animalizadora e erótica trabalhem na imaginação tanto dos personagens como do próprio público no teatro.

168   *Trair o seu sangue*: Vários comentaristas assinalam a polissemia do termo "sangue". As acepções abrangem linhagem (nobre), dever para com a família (também chamada de "sangue") e finalmente pai, chefe patriarcal com poder similar ao de um rei no contexto da família.

181   *oficiais... noturna*: Os oficiais que faziam a guarda noturna, segundo Lewknor, eram eleitos pelas seis "tribos" da cidade de Veneza. Sua função era evitar

a desordem noturna, e tinham delegação para punir
com aprisionamento e flagelação.

ATO I • CENA II

17-24   *Ora, deixe-o... conquistei*: Uma passagem notável
pela mostra de autoconfiança que Otelo dá. Esse
traço estava ausente no texto-fonte de Giraldi, o que
revela a intenção de Shakespeare de adensar a heroi-
cidade de Otelo desde o início. O Mouro revela seu
firme entrelaçamento com a aristocracia "estrangeira" (africana?) e em diversas outras redes de amizade, confiando que seus "serviços" inestimáveis serão
mais apreciados pelos membros desse instituto do
que as calúnias que ora pesam sobre ele. Surpreendentemente, mesmo temendo a jactância, Otelo reivindica origens nobres e reais que lhe permitiriam,
nas suas palavras, falar francamente ("unbonneted").
Assim, sua fortuna (conquista "pessoal") encontra-se
com sua origem (filho de reis) e a confirma. Gasparo
Contarini, cuja obra *The Commonwealth and Go-
vernement of Venice*, datada de 1599, Shakespeare
consultou, assinala, ademais, que "estranhos às vezes
são adotados como cidadãos de Veneza" (Contarini,
1599, p. 18), pelos serviços prestados ao Estado.

18   *Signoria*: Era o corpo supremo do governo da República de Veneza, que possuía tradicionalmente mais
poder que outras formas de "parlamento" em países
nórdicos. A relação direta entre o Duque e os senadores
da *Signoria* revela uma proximidade que seria impossível nas monarquias nórdicas. Para descrever o corpo "senatorial" da República de Veneza, Shakespeare
baseou-se principalmente no citado livro de Gasparo
Contarini, em sua tradução por Lewkner.

33   *Jano*: Jano é o deus romano das portas, das passagens, dos inícios e dos fins e o guardião do Elísio. Era
representado como um ser com dois rostos, de modo
que o próprio Iago possui, na sua duplicidade, as ca-

racterísticas de Jano. O traço de vidência de Jano não deixa também de ilustrar a agudeza de Iago, que o faz ver para além dos fatos ou em direções opostas.

39   *Chipre*: Na história de Giraldi, Chipre é apenas uma ilha pacífica. Shakespeare a transforma em um entreposto militar dos venezianos, profundamente implicado nas guerras contra os turcos e em particular nas guerras otomano-venezianas de 1570-3, que envolveram também a chamada Liga Sagrada, reunião de diversos Estados cristãos contra o avanço otomano. A possível fonte de Shakespeare foi *The Generall Historie of the Turkes* (1603), de Richard Knolles, que conta as guerras entre venezianos e turcos.

62-81   *Ladrão imundo... todo dele*: Em sua fúria descontrolada de pai traído — aliás, figura tradicional do teatro cômico — Brabâncio dá expressão também às fantasias mais banais de sedução, comuns em instâncias ou situações similares em Shakespeare. Em *Sonho de uma noite de verão*, Egeu acusa Lisandro de ter enfeitiçado ("bewitched") sua filha, Hérnia, com lembranças amorosas, cantorias e outros artifícios, desse modo roubando a "impressão de sua fantasia (amor)" (I.I.35-ss.). O perigo é sempre, para o poder patriarcal, o "rapto" da consciência da filha, cuja vontade verdadeira é dobrada pelos artifícios amorosos do amante, sempre associados à feitiçaria. Se, no caso de Lisandro, o feitiço é uma metáfora para poemas encantatórios, Brabâncio insiste no entorpecimento, no envenenamento e no uso de poções mágicas. Otelo teria enfeitiçado Desdêmona, deixando-a presa nas cadeias da magia, teria usado bruxarias, com encantamentos sujos, drogas e minerais que "enfraquecem a ação". Em outros termos, Otelo é descrito como uma espécie de feiticeiro negro ("necromancer") que usurpou a livre vontade de uma jovem com instrumentos de feitiçaria trazidos do outro mundo. Embora haja algo de cômico na incredulidade de Brabâncio, sua acusação será aceita e julgada em I.III, frente ao Duque e à *Signoria* — como aliás podia ser o caso em toda a Europa do período. Brabâncio menciona o estado de "danação" (maldição) de Otelo. Detalhe importante: os demônios, no período, eram geralmente representados como criaturas pretas, de modo que a própria cor implicava a danação.

98-9   *Pois se... pagãos*: A menção aos escravos e aos pagãos ou bárbaros remete à condição anterior, ainda que ocasional, de Otelo, que foi escravizado (I.III.139). Vale lembrar que, embora o tráfico transatlântico já estivesse estabelecido no início do século XVII, a escravidão podia atingir outros povos além dos africanos e dos pagãos. Ainda que Otelo se refira a si mesmo como cristão, não há dúvida de que Brabâncio vê um elo intrínseco entre cor, paganismo e escravidão (Michael Neill, p. 215). O cardeal Contarino dedica algumas páginas de seu livro sobre as instituições venezianas à exclusividade da cidadania na Veneza do Renascimento, que não incluía a plebe e só excepcionalmente incorporava o elemento estrangeiro.

ATO I • CENA III

Localização: uma sala do Conselho. A cena inteira é um exemplo notável do quanto Shakespeare buscava descrever os órgãos políticos de diferentes países, cidades ou épocas de acordo com a melhor literatura de então. Consultada para a descrição do Estado de Veneza, *The Commonwealth and Government of Venice*, em seu terceiro tomo, se ocupa do sistema político veneziano, que, apesar de contar com uma figura representativa com a dignidade do Duque, possui um núcleo decisório complexo formado pelos senadores. O Duque representa um poder atenuador e mediador. É ele quem *propõe* ao corpo de senadores os problemas a serem discutidos e encaminhados. Esse sistema misto de decisão tornava a Veneza da época um caso original de sistema decisório, estranho para muitos dos contemporâneos de Shakespeare. O Parlamento inglês, embora existisse desde o medievo, constituído da aristocracia, não era um órgão com forte poder decisório ou executivo, pois antes endossava as prévias decisões do rei, a quem interessava buscar junto aos seus integrantes a aprovação de orçamentos especiais. Shakespeare é suficientemente fiel às sugestões das descrições de Gasparo Contarino. Na mesma cena, outro tema surge, o da instabilidade hermenêutica que se manifesta nas sucessivas interpretações sobre o número de navios dos turcos e a qualidade de suas ações. O fato de a guerra levada por Veneza ser contra turcos — eles próprios às vezes denominados "mouros" em textos contemporâneos — surpreende... pois seu principal estrategista, Otelo, é justamente chamado de Mouro — ainda que se trate de um mouro "cristão".

49   *valoroso Mouro*: Outros personagens, quando falam de Otelo, sem que ele esteja presente, usam, geralmente, a alcunha "Mouro". Quando, porém, falam *para* ele ou *com* ele, preferem usar ou o seu nome, Otelo, ou ainda seu título.

61-6   *Sim, pra mim... cega nem tola*: Insistindo em descrever Otelo como um feiticeiro, Brabâncio o faz agora diante do Duque e do Senado, que doravante operará como um tribunal. A cena está marcada pela instabilidade hermenêutica nos acontecimentos bélicos (notícias marítimas incertas) e nos fatos domésticos ("sedução" de Desdêmona). No início, enquanto o Duque discute a atividade bélica turca com os senadores, os "sinais" enviados vão sendo alterados à medida que a discussão e a interpretação são feitas. A intuição do Duque mostra-se perfeita, no caso da tentativa turca de mascarar suas verdadeiras intenções. Agora, na segunda parte da cena, com a chegada de Brabâncio, o grupo é obrigado a acolher provisoriamente a acusação deste, segundo quem Otelo é culpado de feitiçaria — outro indício de interpretação instável.

64   *Pois nunca que sua essência*: "Essência", aqui, traduz "nature". Subliminarmente, em inglês, o termo

"nature" — ou seja, a natureza, ou ainda a essência humana de Desdêmona, que é o equivalente não
apenas de caráter ou de moralidade, mas de algo
intrinsecamente ligado ao "nascimento", portanto,
à ligação com o pai. O termo tem, como antônimo,
na linguagem do Renascimento tardio, "unnatural",
contra a natureza. Ora, a origem de Otelo, assim
como sua aparência, seria "naturalmente" abominá-
vel para Desdêmona, de modo que somente por meio
de feitiçarias ele teria mudado a "natureza" dela. Na
recepção masculina de Brabâncio, trata-se de uma
mudança para algo inumano, que replica aquilo que
ele, Iago e mesmo Rodrigo atribuem a Otelo na sua
linguagem racista e fantasiosa: a animalidade, ou
ainda, a "monstruosidade", aquilo que está na esfera
da deformidade inquietante.

67-8   *divorciou sua filha de sua essência*: "divorciou" traduz aqui "beguile" (separar, alienar, desviar etc.).
A hipótese de Brabâncio é de que Desdêmona tenha
sido "encantada/enfeitiçada para fora de si mesma",
num ato de feitiçaria que arranca dela aquilo que lhe
seria natural — sua própria vontade e desejo e, claro,
seu senso "natural" de dever para com o pai. A tese
dessa perda de si para o monstruoso recrudescerá ao
longo da peça por efeito dos argumentos de Iago. Por
ora, contudo, as palavras de Brabâncio não deixam
de sugerir certo ridículo de sua interpretação dos fatos. Esse traço algo caricato se confirmará em 171-4
com o comentário jocoso do Duque, segundo quem
os feitiços (verbais) de Otelo teriam conquistado até
a filha dele. Convém assinalar, quanto à acusação de
feitiçaria, que, por seu caráter excepcional, ela exige métodos de comparação diferentes dos princípios
mais rigorosos da prova ocular previstos comumente
para os crimes de felonia na *Common Law*. Como o
bruxo ou a feiticeira podiam agir segundo uma lógica
não espacial e atemporal ou por meio de catalisado-
res desconhecidos (feitiçaria), as regras de seleção de
indício não se ordenavam conforme a espacialidade

e a temporalidade humanas. Assim, por exemplo, a capacidade do bruxo de exercer a ubiquidade e de se metamorfosear tornava a prova ocular ou mesmo o álibi praticamente impossíveis, preferindo-se as provas circunstanciais e a construção gradual da culpabilidade por meio de indícios e sinais. Daí a ignomínia desses julgamentos, pois tendiam a se enveredar nas fantasias dos próprios investigadores. (Maus, 1991; Maus, 1995)".

71   *livro atroz da lei*: Em vez de questionar a ação "criminosa" que levou à sedução de Desdêmona e se perguntar quem é o sujeito dessa ação, o Duque profere uma condenação prévia do responsável: sobre ele deve recair a lei. No entanto, nas linhas seguintes, o Duque e os próprios presentes adotarão uma postura menos implacável, dando amplo espaço à defesa de Otelo. De imediato resolve ser menos draconiano, quando descobre que o acusado é Otelo, de cuja sabedoria militar Veneza, acossada por guerras prementes, depende, necessitando urgente de seus serviços.

78-9   *Potentíssimos, graves... veneráveis*: Otelo realça sua lealdade diante dos senhores de Veneza, colocando-se na posição de súdito, em contraponto à sugestão de Brabâncio, no final de 1.ii, de que logo os nobres da cidade serão governados por escravos, se a lei dos cidadãos não se impuser.

83   *Minha fala é rústica*: Ou seja, sua fala é rude, não refinada. Embora o uso do termo por Otelo soe autodepreciativo, reclamar inabilidade pode ser uma estratégia discursiva que funciona, na oratória do período, como *captatio benevolentia*, ou ainda como isca invertida: o público espera pouco e, assim, fica abismado com o efeito surpreendente da fala do pretenso rústico. Ao lembrar a rudeza de seu discurso, Otelo também é obrigado a lembrar suas façanhas, que são aquilo que o tornou um homem graduado para uma Veneza cujo poder está ameaçado. Ele as espalha em seu discurso com efeito óbvio num momento tão delicado. Sua fala, ao mesmo tempo, é

perfeitamente sintática, coerente, com boa escolha de
termos e argumentação sedutora.

94   *Com que esconjuros e... forte magia*: Otelo ironiza
Brabâncio, transformando suas palavras em meros
galimatias de uma mente criativa.

102   *errar assim contra as leis*: Brabâncio retorna à tese de
que Desdêmona foi desviada de sua verdadeira natureza, sublinhando que qualquer juiz que acreditasse
na naturalidade da inclinação de Desdêmona teria
perdido a capacidade de julgar. A argumentação de
Brabâncio incide apenas sobre o que lhe parece ser
uma obviedade — uma questão de mérito — e, assim,
basta-lhe sublinhar o erro metodológico do pensamento de um suposto juiz. No entanto, o Duque, logo
adiante, pedirá provas cabais, direcionando a discussão aos fatos, retirando o julgamento do âmbito típico dos processos de feitiçaria.

108   *Afirmar não é provar*: O Duque, agora desempe-
nhando o papel de juiz, levanta a necessidade de
comprovação de que houve uma ação criminosa em
que a vontade de Desdêmona foi subjugada. Assinala que os argumentos acusatórios de Brabâncio não
são nem mesmo argumentos: são indícios pobres
que precisam ser atestados "abertamente" ("overt").
"Overt", aberto, evidência aberta, é um termo que
vai reaparecer mais tarde na boca de Otelo, como o
único modo de comprovar uma acusação, a chamada
"prova ocular". Mas se aqui as sugestões de Brabâncio são frustradas pela ação legal da corte, que aceita
a história de Otelo sobre sua conquista "legítima" de
Desdêmona, mais tarde, quando for a vez de Otelo
julgar, as ilações de Iago sobre sua esposa, aliadas
ao açodamento angustiado do Mouro, o levarão a re-
nunciar às provas oculares, a aceitar indícios frágeis e
provas circunstanciais.

128-70 *Seu pai... que usei*: A defesa de Otelo impressiona
pela criação de uma narrativa dentro de outra narrativa. Há três tempos implicados aqui: (1) o tempo
em que Otelo fala, diante da "corte" de senadores,

um tempo de civilidade pública e política, a despeito das tensões; (2) o tempo relembrado da visita de Otelo à casa de Brabâncio e de Desdêmona, onde ele descobre o amor de Desdêmona e o seu próprio; (3) o tempo "largo" da grande vida de Otelo antes de sua ligação com Veneza, que não é objeto de narração enquanto tal, mas de menção. Na sua forma retórica perfeita, esta última menção encadeada não é mais do que uma sucessão de fatos rapsódicos de uma vida aventurosa que agora, evocada de uma só vez, soa quase como um improviso lírico de Otelo. Esse é um mundo, ao contrário da civil ordenação da casa de Desdêmona e da própria cidade de Veneza, dominado pela insegurança, pelos acontecimentos movediços, pelas escapadas por um fio, por escravidão e redenção, por lugares distantes e exóticos e seres bizarros — verdadeiro livro de *cosas raras*. O mundo anterior de Otelo oscila entre o veraz e o mítico e sobressai nas suas palavras a própria leitura que Shakespeare fez da literatura de viagem.

128-9   *Seu pai me tinha em grande estima*: Otelo implica indiretamente Brabâncio na corte a Desdêmona. Diretores costumam aproveitar essa menção para colocar Otelo ao lado de Brabâncio, como que lembrando sua proximidade.

162-9   *Pena... minhas penas*: Devendo contar sua história a Brabâncio, que aprecia histórias de aventuras, Otelo encontrará em Desdêmona um acolhimento mais profundo. O Mouro ressalta que ela, ao contrário do pai, atraído apenas pelo exotismo da história, enxerga o fundo humano da sua vida aventurosa, sentindo pena por tudo o que ouviu. Otelo lembra que ela se apaixonou por ele pelos perigos pelos quais ele passou. Ele, curiosamente, foi cativado pela *piedade* que ela demonstrou ao lamentar os infortúnios. O que Desdêmona oferece ao Mouro é um reconhecimento humano profundo, em particular do seu sofrimento, e isso, para Otelo, cujo prestígio depende inteiramente de suas credenciais e de suas façanhas bélicas, é uma novidade — algo que literalmente o cativa, a ele que até então só conhecia o cativeiro da guerra.

170 *E foi esse... usei*: Com ironia, Otelo desfaz a acusação de feitiçaria de Brabâncio. Uma possível referência ao escravo liberto C. Furius Cresinus em Plínio, acusado de enriquecer por meios ilícitos e que, em sua própria defesa, apresenta seus instrumentos de trabalho agrícola, afirmando que "estes são os feitiços, os encantamentos que usei" (Neill, p. 225).

179 *Venha, senhora*: "gentle mistress", no original, "gentil/nobre senhora", tratamento formal, contrastando com o tratamento que um pai daria à filha.

182-5 *Eu noto... dever*: A menção de Desdêmona ao dever para com o pai delineia a relação típica de uma sociedade patriarcal marcada pelo senso de hierarquia e serviço. Ela falará mais adiante de seu "ato violento" (ato desmedido, violador) ao violar o princípio de obediência ao pai. No entanto, sua deferência e submissão enquanto tais não são abolidas, mas somente transmitidas do pai para o marido. Evocar o marido como um substituto do pai na afeição é comum em Shakespeare. Na primeira cena de *Rei Lear*, Cordélia, de modo mais cru e enigmático, afirma que a transmissão de seu amor ao marido a desobriga de declarar afeição pelo pai. Pai e marido são figuras similares e excludentes ou ainda intercambiáveis no registro do dever e da hierarquia do período.

200 *Permita-me trazer à baila*: O Duque, que até aqui usara o verso "natural" sem rimas, adota agora os dísticos rimados, forma típica para transmitir sentenças morais ou máximas. No seu drama tardio, Shakespeare usou a forma do dístico como exceção, produzindo um contraste estilístico notável. É o que acontece na peça dentro da peça em *Hamlet*, mas também no final de cenas, para dar ênfase a uma intenção dramática. O dístico era usado também como gracejo cortesão, como os dísticos libertinos e misóginos de Iago endereçados a Desdêmona na sua chegada a Chipre. Na atual passagem, há um

sabor satírico, pois o Duque incorre numa gafe ao propor a Brabâncio uma rápida cura para o seu rancor. A resposta de Brabâncio é fulminante e feita também em dísticos cristalinos. Ele diz que, nesse caso, ofensa por ofensa, então que os próprios senadores fiquem à vontade e deixem os turcos conquistar Chipre. Ao comparar suas questões domésticas e os altos negócios do Estado, Brabâncio está sugerindo que aceitar Otelo como esposo para sua filha é o mesmo que os venezianos baixarem a guarda para o conquistador turco. Ambos os casos não passariam de desistência, a entrega de Veneza ao Turco, ao Mouro ou aos escravos. Ser "conquistado" pelos turcos, nessa percepção, corresponde a ter a filha conquistada pelo Mouro, mas o Duque, que tem maior urgência e precisa das habilidades de Otelo, dá pouca atenção à mensagem cifrada e rancorosa de Brabâncio.

223   *O Turco com poderosos preparativos*: Ao retornar às questões de Estado, o Duque passa a falar em prosa.

231-5   *O costume tirano... provações*: Otelo põe em contraste, indiretamente, a vida urbana (amorosa) que ele conquistou ao lado de Desdêmona e sua antiga identidade guerreira, sugerindo seu angustiado desconforto com o "colchão... macio" de sua nova existência, uma ameaça a sua masculinidade forjada no "leito pétreo e férreo da guerra". Sua alacridade em se lançar numa nova empreitada de vulto é uma resposta reativa à recente ligação com Desdêmona. Os sentimentos que essa ligação desperta o fazem regredir a um perigoso estado de vertigem e de vulnerabilidade infantil. Ele precisa da guerra para sanar essa vertigem da infância.

251   *Minha extrema violência*: no original, "downright violence". A gama de sentidos da expressão inclui tanto a ideia de veemência (fervor, ardor) como a de transgressão (violação), que Desdêmona, aqui, assume inteiramente. Iago, talvez instado pelo uso do termo "violence" por Desdêmona, dirá com escárnio

que a união teve um "começo violento" ("It was a violent commencement"), sugerindo tanto a ideia de transgressão (casamento com um estrangeiro de cor negra e uma violação do dever para com o poder paterno) como a de passionalidade e impulsividade (a suposta leviandade erótica de Desdêmona).

254 *Vi na mente... semblante*: "Visage" pode significar o centro dos sentimentos e do temperamento, mas também o "rosto aparente", que não expressa a essência do homem, apenas sua superfície. É também possível ver na expressão de Desdêmona uma sugestão de que o rosto (negro) de Otelo é apenas "aparência", sendo preciso ver sua parte interior — sua essência. Ela teria tido o privilégio de transcender o obstáculo da aparência (culturalmente condicionada). Cavell sublinhou, interessantemente, que Desdêmona teria visto em Otelo o modo como Otelo se vê, numa espécie de reconhecimento empático profundo do outro. Essa ideia encontra, talvez, correspondência na piedade de Desdêmona, que incluiria seu reconhecimento da difícil tarefa de Otelo de compatibilizar sua complexa identidade de mouro, veneziano, cristão etc. (Cavell, 2003, p. 129).

263-76 *Que o céu... reputação*: Otelo faz uma longa explanação para demonstrar que sua intenção de levar Desdêmona consigo não tem motivações libidinosas. Era opinião geral na época que, durante a guerra, o soldado devia canalizar suas energias viris inteiramente para a guerra. Segundo Vaughan, "entre as regras de Giles Clayton que devem ser observadas nas guarnições militares está: 'que nenhum homem leve mulheres à Liga, ou a mantenha na cidade, salvo se for sua esposa legítima" (1996, pp. 36-7). Mas as regras podiam ser ainda mais duras, incluindo até mesmo a proibição da presença das esposas. As explicações de Otelo assim se justificam como um argumento de interesse público. Como ele, porém, possui identidade moura e é potencialmente vítima da difamação de Iago, que o descreve sempre com termos animalescos e sexualizados, sua explanação constitui uma espécie de discurso preventivo. A oposição proposta por Otelo, entre o torpor erótico e as virtudes do instrumento especulativo (racional), aparece com frequência nos tratados contemporâneos associada às virtudes marciais.

304 *O que é que me dizes*: Iago passa a utilizar "thou" (tu) com Rodrigo, o que revela sua crescente ascendência sobre ele. Entretanto, nota-se, nos encontros diversos de ambos, que Iago alternará, conforme a situação, as duas formas de tratamento, "you", mais formal, e "thou", mais familiar e próximo.

318 *franguinha-guiné*: O termo original, "guinea-hen", significa "galinha-d'angola", "guiné" ou ainda, como se usa em alguns lugares do Brasil, "galinhola", que significa também "galinha pequena", ou então "peru". Na gíria da época, "prostituta". Em algumas regiões do Brasil, "galinhola" designa a galinha-d'angola, em vez da ave caradriforme que tradicionalmente é assim denominada.

319 *babuíno*: Macacos em geral eram considerados seres lascivos.

324 *Nosso corpo é um jardim*: Inspirada possivelmente na Epístola aos Gálatas 6,7 ("o que o homem semear, colherá"), a passagem é um arremedo de sermão. Imitando textos teológicos que falam da semente como o princípio da ação humana, dotada de consequência, Iago faz um louvor irônico do seu *self-fashioning* pessoal: o homem tem total controle sobre o seu destino, dele — e dele apenas — dependendo o plantio, a adubagem do "futuro".

350 *começo violento*: Iago pesca as próprias palavras de Desdêmona, que caracterizou, na linha i.ii.251, sua ação como violenta, no sentido de uma violação das leis do dever. Lá, contudo, ela esclarecia que estava apenas *transferindo* sua obediência do pai para Otelo. Iago transforma a livre determinação de Desdêmona num suposto sintoma de leviandade e inconstância passional.

351-2   *Esses mouros... em seus desejos*: Neill assinala que o
uso que Iago faz do demonstrativo "esses" implicaria
um conhecimento prévio de visões estereotipadas sobre hábitos africanos. Entretanto, "o estereótipo do
homem negro irracional e sexualmente insaciável não
era de modo algum muito bem estabelecido na época
de Shakespeare [...]. A teoria humoral galênica sus-
tentava que a constituição fria, seca dos povos do sul,
e a predominância da bile negra em seu temperamento, inclinava-os à constância" (Neill, 2008, p. 236).

362   *bárbaro*: na época podia significar um estrangeiro
ou um selvagem ou ainda um habitante da Berbéria,
também chamada em português de Barbaria (em inglês, Barbary), termos que, sem dúvida, se prestam
à linguagem difamatória do vilão. Ainda segundo
Leão, o Africano (cf. Introdução, pp. 67-70), o povo
pardo dessa região era chamado pelo nome de "bar-
bar", derivado do verbo "barbara", que significa
"murmurar". A sugestão seria de que a língua africana soaria aos ouvidos dos árabes "como a voz de
bichos" (Neill, 2008, p. 237).

362   *errante*: no original, "erring", aquele que "erra", "va-
gabundeia", que é "errático", desprovido de fixidez.
Por associação, o bárbaro errante está sujeito ao pecado e à falta (o erro). Iago lê a vida aventurosa de
Otelo como a de um estrangeiro sem chão e perten-
cimento, um homem que não possui a cidadania veneziana, ao contrário dele próprio, ainda que o nome
espanholado de Iago faça supor também uma origem
forasteira.

393   *Oficiou meus encargos*: ou seja, teria seduzido Emília, uma suspeita de Iago que Emília relembra em
IV.II.49. Neill sublinha a importância da expressão
"done my office", que revela a conexão simbólica,
para Iago, entre o que lhe parece ser a intrusão de
Otelo em seu casamento, fato doméstico, e o ter sido
preterido para uma promoção, fato civil (Neill, 2008,
p. 239). Desde Coleridge criou-se uma percepção de
Iago como uma figura de maldade gratuita, cuja ação

vingativa desmesurada não se explicaria pelas motivações normais da existência. Se é fato, como Neill
assinala, que o preterimento para o cargo é uma motivação para Iago, por outro lado é difícil deixar de
ver certo gosto teatral maléfico, cuja origem é difícil
de explicar a partir de uma sociologia do ressentimento (cf. Introdução, p. 30).

404   *O Mouro... liberal*: O reconhecimento do caráter
virtuoso, aberto e liberal de Otelo não deixa de sublinhar as limitações do Mouro: sua incapacidade de
ver os homens "urbanos" com outros olhos que não
os de sua irredutível confiança e seu senso de lealdade, marcas da educação militar.

ATO II • CENA I

Entra... fidalgos: No primeiro in-quarto (Q1), Montano é apresentado com a indicação de seu grau e
posto, como "governador de Chipre".

2   *mar se agitando*: Na história de Giraldi, o Mouro e
Desdêmona atravessam um mar pacífico até Chipre.
A primeira parte da cena será dominada pela imagem
ominosa do mar em fúria, profundamente simbólica.

14   *Ursa flamejante*: possivelmente "Ursa Menor".

61-5   *Com grande... Inventor*: A linguagem de Cássio está
carregada dos termos típicos da poesia amorosa renascentista, como o verbo "paragone" (diamante que
serve de modelo para outros diamantes, portanto,
que "paragona" os restantes) e o topos do Deus cria-
dor-inventor ("ingener" = inventor, engendrador, daí
engenheiro; na linguagem teológica da época, Deus,
o criador), equiparado ao artista que se concentra na
perfeição de sua criação.

96   *Bom alferes*: Por trás do adjetivo "bom" talvez haja
um tom de condescendência da parte de Cássio (Honigmann, 1996a, p. 85). Essa adjetivação era utilizada por superiores para se endereçar a inferiores. Nas
linhas seguintes, Cássio condesce com uma expli-

cação bastante rebuscada das ligações entre cortesia e criação ("breeding"), algo que, encenado diante de Iago, cuja posição inferior o torna passível de ressentimento, pode soar ofensivo.

102   *Como assim, ela mal fala*: Desdêmona possivelmente interfere na conversa para desfazer o desconforto entre Cássio e Iago.

109-13 *Ora, vocês... madonas*: busco aqui reproduzir algo do jogo de palavras de Iago, que diz que as mulheres são "jogadoras em sua (atividade) de casa, e donas de casa/prostitutas ("housewives") nas suas camas". "Housewife" pode significar "dona de casa", mas também "prostituta". Usei o termo "madona", que, em português, permite alguma aproximação com o trocadilho de Iago.

114   *então sou turco*: Iago joga com os sentidos de turco, que variavam então entre "cruel, rigoroso e tirânico", mas sempre com forte conotação de barbárie e selvageria (Neill, p. 248). O jogo de palavras é interessante em uma peça cujo principal protagonista é um mouro convertido que, no final, dirá simbolicamente que está matando um turco (cf. Introdução, pp. 65-6 e nota, p. 312).

131   *Um é bom... usura*: Nos dísticos de sabor altamente obsceno, Iago pinta a inteligência feminina como a capacidade de lançar mão da própria beleza e fazer com que o corpo seja apropriado ao uso. O termo "uso", assim como "usura" e outros similares, não raro vinha associado ao pecado e, no caso atual, à prostituição.

133   *morena*: No original, "black". O sentido de "black" variava entre "pele negra" (ou "parda") e "cabelo moreno". É o segundo sentido que predomina aqui, ainda que a obsessiva aparição do problema "racial", na peça, torne a passagem significativa e simbolicamente ativa. O termo "morena" possui diversas acepções em português. As duas implicadas aqui são a de "morena" em contraposição a "loira" e "morena" em contraposição a "branca".

133   *juízo sabido*: "witty" significa inteligente, perspicaz
       e sábio e, sobretudo, dotado de bom julgamento ou
       capacidade de juízo, mas também esperto, chistoso.
       No entanto, o jogo, na passagem, começa com o ter-
       mo "wit" (prudência, inteligência prudencial). Pelo
       tratamento nesse contexto, o sentido tende mais à
       agudeza ou àquilo que os franceses chamavam, no
       século XVII, de *esprit*. Busquei recuperar essa flutua-
       ção semântica e as implicações obscenas dos dísticos
       de Iago, explorando as variações de "saber", "sá-
       bio", "sabido", este último com conotações negativas
       implícitas.

133-4 *Se a dama... cabido*: Trata-se aqui de uma passagem
       bastante complexa, com jogos de palavras vários.
       Concentro-me em particular sobre a rima "wit" e
       "hit". Literalmente: "Se ela for morena e também tiver
       agudeza/esperteza, vai encontrar um branco (ou loiro)
       com que sua morenice acerte/bata/combine". No en-
       tanto, aqui "blackness" está ligeiramente associado ao
       alvo (da arte do arco e flecha) que deve ser *atingido/
       batido* por uma flecha, com óbvia sugestão sexual.

155   *rabo do salmão*: O que realmente importa no jogo de
       palavras aqui é o contraste entre cabeça e rabo, mais
       do que a espécie dos peixes. "Cod" em inglês pode sig-
       nificar, além de bacalhau, "testículos". Na tradução,
       as palavras "cabeça" e "rabo" já bastam, com suas su-
       gestões obscenas, para reproduzir o contraste semânti-
       co entre a esfera da prudência e a da inconstância.

176   *tubos de clister*: Tubos para enema.

183   *acordar os mortos*: Imagem apocalíptica que evoca a
       ressurreição dos mortos no dia do Juízo Final.

195-8 *maior discórdia... essa melodia*: No soneto 8 Shake-
       speare apresenta uma complexa elaboração metafóri-
       ca que relaciona a harmonia das cordas musicais dos
       instrumentos ("concord") com a união entre marido e
       mulher. O poeta lembra que o desconforto do jovem
       melancólico com os sons da música ocorre porque ele
       vê ali uma "concórdia" que desconhece. Note-se que a
       unidade em que cada voz (cada corda, daí concórdia,

que se relaciona com cordas que tocam conjuntamen-
te, mas também, se pensarmos na raiz "cor", "coração", corações que tocam juntos, que se equilibram)
contribui sem se dissolver numa grande unidade monocromática é diferenciada da unidade empobrecida
de uma única massa sonora. A qualidade da concórdia
(harmonia) musical que a persona do poema associa
à concórdia da união amorosa não se oferece como
um uníssono que "confunde" todos os sons em uma
unidade indistinta, mas como um conjunto em que
cada parte mantém sua característica, a voz da mãe,
dos filhos, do pai que constituem a família. A maior
"discórdia" que existe, segundo Otelo, é sua união
(beijo) com Desdêmona. No entanto, Iago pega a deixa da metáfora usada por Otelo, ironiza a "afinação"
("tuned") dos dois e promete agir sobre as cordas (no
original, os pinos, as cravelhas) do instrumento.

214   *homem baixo*: de baixa extração, um tratamento im-
próprio, visto que Rodrigo é superior a ele socialmente. Ou se trata de um aparte de Iago, ou Iago se sente
confiante o suficiente para tratá-lo assim, ou ainda
sua intenção talvez seja simplesmente ofensiva.

264   *corpos incorporados*: No original "th'incorporate
conclusion", o "desfecho incorporado". Em *Vênus e
Adônis*, o termo "incorporate" é usado no sentido de
união fusional dos corpos, uma das acepções possíveis no período, ou seja, a união das partes em um
único corpo: "Her armes do lend his necke a sweet
imbrace,/ Incorporate then they seeme, face growes
to face" ["Os braços dela abraçam-lhe o pescoço su-
avemente,/ parecem incorporados, um rosto diante
do outro"] (*Vênus e Adônis*, 539-40). No entanto,
como em português, o adjetivo também significa
"sem materialidade corpórea", "incorpóreo", como
em "Spirits/ things incorporate", e a noção, neste
caso, se confunde com concepções como a da encarnação divina e concepções platônicas do amor. Iago
justamente aproveita essa dupla significação ao dizer que, ao final, os dois amantes chegarão ao des-

fecho incorporado, unindo seus corpos em um ato
sexual fusional, transformando-se na "besta de quatro patas" já referida, ou seja, cometendo o crime da
miscigenação. Entretanto, aí vai uma ironia com as
formulações típicas do neoplatonismo do período,
como as que se encontram em poemas como "The
Ecstasy", de John Donne, no qual os "dois corpos"
dos amantes ensaiam tanto um encontro espiritual
como, ironicamente, uma entrega corporal. Assim,
depois da metáfora anterior da "música" harmônica
que preservava a distinguibilidade dos dois amantes,
Iago agora oferece uma visão inquietante: a dos corpos que se *confundem* num aglomerado indistinto.
Como de hábito, Iago faz o pastiche da linguagem
amorosa platônica.

297   *Trepou na minha sela*: No original, "montou/pulou
no meu assento". Triplo sentido: a) tomou meu posto,
profissão e, portanto, passou a ocupar um lugar superior; b) tomou meu lugar, minha casa; c) metáfora
equestre para sexo.

ATO II • CENA III

17   *Júpiter*: o deus romano de numerosas aventuras eróticas e extraconjugais.

21-2   *parlamentar, cheio de provocação*: Iago traduz a
linguagem nobre-amorosa de Cássio em termos militares e bélicos. "Parlamentar" aqui traduz "parley",
que significava então as negociações entre generais
adversários antes da batalha. John Donne, em seu
poema "The Ecstasy", compara a aproximação das
almas dos amantes com os generais que, se afastando
de seus respectivos exércitos, aproximam-se no meio
do campo de batalha para parlamentar.

65-9   *canção de Iago*: Possivelmente uma versão de alguma
canção popular típica de festividades acompanhadas
de bebedeiras. Notam-se fórmulas fragmentares de
outras canções de existência confirmada.

72-4   *na Inglaterra... holandês*: a brincadeira que compara
        as várias nacionalidades de beberrões inclui o este-
        reótipo relativo aos dinamarqueses (cf. *Hamlet*, I.IV.
        12-38), em que Hamlet queixa-se dos hábitos do novo
        rei Cláudio, que apenas reforçam a ideia generalizada
        que a Europa possui dos daneses como beberrões.

167-9   *Viramos reles turcos... otomano*: Otelo evoca valores
        cristãos, comparando a ação dos seus subordinados à
        dos turcos, os quais, segundo ele, mesmo não sendo
        cristãos, teriam se envergonhado de um comporta-
        mento tão abrutalhado. A comparação impressiona,
        devido à identidade ambivalente de Otelo, que é um
        mouro cristianizado, ou seja, um convertido cuja iden-
        tidade é semelhante à do personagem histórico real,
        Leão, o Africano (cf. Introdução, pp. 67-70), cuja vida
        pode ter servido de inspiração para o adensamento da
        identidade fluida de Otelo. A instabilidade identitária
        do Mouro é assim explorada por Shakespeare: suas
        atitudes e palavras possuem um caráter "preventivo"
        e muitas vezes mecânico, acentuando oposições como
        cristão vs. turco incréu, como se, vulnerável como es-
        trangeiro, ele quisesse sublinhar sua total aderência à
        religião e à cultura do Ocidente europeu. Otelo busca
        dissolver essas oposições, afastando de si as sombras
        de barbarismo ou ligação com suas origens berberes/
        bárbaras. Estas, a despeito de seus esforços, podem
        sempre ser evocadas pelos seus inimigos. Lembremos
        apenas de sua magistral defesa diante da *Signoria*, na
        qual ele desmonta habilmente a acusação de feitiçaria
        lançada por Brabâncio. Outro exemplo: ao solicitar
        permissão para que Desdêmona o acompanhe a Chi-
        pre, ele explica à *Signoria* que suas intenções não são
        eróticas (I.III.262-7), mas nobres. O resultado disso é
        que Otelo sublinha com exagerada ênfase sua conver-
        são. O termo "turco", por outro lado, aparece para
        definir não apenas os inimigos, mas o outro extremo,
        o invasor maometano de terras cristãs, imaginativa-
        mente associado à barbárie e à tirania, em oposição
        à "sereníssima" República de Veneza. "[R]epresenta-

va tudo o que é bárbaro e demoníaco, em contraste
com a retidão civil e moral cristãs" (Vaughan, 1996,
p. 13). Aos olhos dos venezianos, os turcos seriam uma
nacionalidade cruel e enganadora. Em 1603, Lozarro
Soranzo escreveu um tratado antiturco, caracterizan-
do o sistema de governo dos turcos como tirânico. O
tratado incluía uma diatribe contra o imperador otomano, Mahomet III (Vaughan, 1996, p. 23). Finalmente, como sintoma último desse caráter preventivo
e defensivo que talvez seja a razão do uso do termo
"turco" por Otelo, mencionemos o instante que precede o suicídio, quando ele evoca o seu serviço a Veneza
e a imolação na batalha do "maligno e aturbantado
turco". Ao dizer isso, o Mouro se autoimola, como se
ele próprio fosse o "aturbantado turco" combatido.

202   *Meu sangue já quer governar*: embora seja sua obri-
gação, como comandante em uma cidade ocupada,
preservar a ordem e exercer suas prerrogativas, Otelo
não consegue manter a atitude serena do pacificador.
Ele se enfurece de um modo que parece obscurecer
seus "guias lúcidos" ("Meu sangue já quer governar
meus guias lúcidos"). Sua reação excessiva revela que
já está contaminado pela fúria e que aquilo que acaba
de evocar, as qualidades cristãs da paciência, ele próprio não possui inteiramente. Como Hamlet e talvez
como o Édipo de Sófocles, Otelo cairá na cilada de
uma busca obsessiva pela verdade: no caso, definir
imediatamente quem é o responsável de fato pela briga. É essa obsessão que preparará o terreno para as
sugestões "honestas" de Iago, tornando Otelo presa
fácil de tais narrativas.

218-21   *Prefiro... prejudicá-lo*: A tática de Iago é ganhar a
confiança de Otelo fingindo que, pelo seu profundo
respeito pela própria noção de lealdade, está impedido de dizer tudo o que sabe. É uma isca notável,
pois Iago sugere ter o que não tem e torna-se o centro
do interesse do Mouro, inflamando-lhe a curiosidade
assim como o insaciável furor investigativo.

ATO III • CENA I

2   *"um bom-dia"*: Depois do dia do casamento, músi-
        ca e canções eram tocadas perto do quarto nupcial
        como saudação à alvorada (Neill, p. 279).

4-5   *Nápoles... nariz*: O palhaço quer dizer que os instru-
        mentos, não muito afinados, se assemelham ao som
        fanhoso do acento napolitano. Pode ser, por outro
        lado, uma alusão à sífilis, chamada então de *doença
        napolitana*, que atacava a parte superior do nariz.

7   *flauta com saco embaixo*: no original, "Wind instru-
        ments" (instrumentos de sopro/vento). Desde a Idade
        Média é comum a associação entre instrumentos de
        sopro, loucura e luxúria, como aparece, por exemplo,
        na terceira folha do tríptico *Jardim das delícias*, de
        Hieronymus Bosch, que representa o Inferno, entre
        cujos emblemas vários estão os instrumentos de sopro.
        No caso da gaita de fole, seu formato é facilmente as-
        sociável ao órgão sexual masculino. O próprio termo
        "fole" está associado, na cultura medieval, à loucura
        e a todo o campo semântico do mundo invertido: daí
        os termos "folia", em português, mas também "folie"
        e "folatrie", em francês, e "folly" e "fool" em inglês.
        Na tradução, busquei reconstituir um jogo semântico
        paralelo que possa equivaler às sugestões do original,
        introduzindo o termo "gaita de fole", combinado ao
        comentário sobre o "saco", ou seja, o fole. Essa pri-
        meira parte do diálogo prepara a formulação seguinte,
        que se apoia na ambiguidade sonora do termo "tail/
        tale" ("história"), que pode ser lido/ouvido no inglês
        dos séculos XVI e XVII como "tail" ("rabo"). Segundo
        Neill, a expressão "Thereby hangs a tail" é um troca-
        dilho com uma frase proverbial bíblica que significa
        "há uma história sobre isso...". Mas, na passagem,
        é possível ler "tale" ("história") como "tail" ("rabo"
        ou "pênis"), em alusão ao formato do instrumento de
        sopro. Uma primeira tradução para a passagem seria:
        PALHAÇO: Estes são instrumentos de sopro/vento? MÚ-
        SICO: São, sim, senhor. PALHAÇO: E assim vai a histó-

ria/ E dali pende um rabo [ou seja, um rabo/cano sai
do "wind instrument"].

58   *Desdêmon*: Essa forma do nome de Desdêmona aparece sete vezes na edição Folio, mas nunca na edição
in-Quarto.

ATO III • CENA III

9   *fiel servidor*: No original, "true servant". A linguagem de Cássio carrega certas gradações pouco
perceptíveis hoje em dia. Se, por um lado, o termo
"fiel servidor" atesta o reconhecimento de Desdêmona como mulher de seu superior, por outro lado,
a expressão pertence ao domínio da linguagem cavalheiresca, com todos os meios-tons da galanteria.
Nas linhas seguintes, a mudança de "thou" (tu) para
"you" (você) por parte de Desdêmona revelará sua
necessidade de estabelecer certa distância em relação
à linguagem de Cássio, que pode ser mal-entendida.

18   *minha estima e meus préstimos*: ainda no registro da
linguagem cavalheiresca, Cássio deixa escapar ino-
centemente uma combinação de termos que reforça
as sugestões caluniosas de Iago para o público. Trata-
-se aqui da obsessão, já vista em várias declarações
de Iago, de que o "seu posto" (posição, grau, mas
também lugar como amante) vai ser ocupado.

22   *vou lhe pôr numa doma*: No original "I'll watch him
tame". Ou seja, "vou mantê-lo atento", mas também
"domado", controlado. No original, o termo reporta
à linguagem da falconaria. Desdêmona talvez mos-
tre excessiva confiança e avance um pouco demais na
linguagem da "doma". A expressão era usada na época muito mais para ilustrar o domínio que o marido
exercia sobre a esposa. A inversão das posições, como
aqui ocorre, entre o papel masculino e o feminino, é
um perigo que ronda a imaginação de Otelo. A relação entre vulnerabilidade masculina e o feminino vi-
rilizado será explorada mais em detalhe no *Rei Lear*,

na relação entre Lear e suas filhas, e em *Macbeth*, na relação entre Macbeth e sua esposa.

35 *Hum*: No original, "Ha?". Não é uma exclamação, mas uma expressão de dúvida, uma interrogação retórica. Iago, fingindo, sugere algo, mas logo dá ares de não ter dito nada. Esse fragmento é a primeira isca que o vilão lança para atrair a confiança e a atenção de Otelo. Iago toma o cuidado de não elucidar o que estaria supostamente em seu pensamento, atiçando assim a curiosidade e a obsessão investigativa (ciúme) de Otelo. Nas linhas seguintes, Otelo se lançará na tentativa de arrancar da consciência de Iago tudo o que ali parece estar escondido: obviamente nada há ali, mas Iago sabe dar a impressão de que algo existe.

61-2 *E amanhã à noite... de manhã*: A insistência de Desdêmona, embora apenas sinal de sua singeleza e honestidade, ocorre imediatamente depois de Otelo vê-la com Cássio e de ele próprio ter tido sua imaginação trabalhada pelas sugestões melífluas do vilão. A combinação é venenosa, ainda que Otelo resista às suas próprias suspeitas apressadas. Uma ironia dramática ocorrerá logo adiante, quando Desdêmona relembra que na corte que Otelo lhe fizera Cássio estivera sempre com ele. Este agora vai se desenhando como uma espécie de sósia de Otelo — ou o duplo que perigosamente pode substituí-lo.

71-4 *Cássio... em seu lugar*: Desdêmona diz que Miguel Cássio estava presente quando Otelo a cortejou, mas ela comete um lapso ao dizer que Cássio veio "a wooing with you" (literalmente, "cortejando com você") e que ele "hath ta'en your part" (literalmente, "fez a tua parte/o teu papel"). O primeiro fragmento pode significar que Cássio esteve em companhia de Otelo enquanto este cortejava Desdêmona, mas também que "ele veio [me] cortejar contigo" (ou seja, os dois amigos teriam feito uma "aposta" ou simplesmente arriscaram cada um a sua sorte com Desdêmona, que teria flertado com ambos). Mas, na segunda parte, a ambiguidade é ainda mais impressionante: "se pôs em seu lugar" ["quando

eu falava de modo crítico"] soa como se Cássio subs-
tituísse Otelo no papel de amante sempre que este era
criticado por ela. Iago, que está aqui presente, aproveitará esse lapso de Desdêmona mais adiante.

90   *serei obediente*: "Obediência" é um termo frequente tanto no discurso patriarcal do período como nos
discursos de cunho teológico que apresentam Deus
como o grande patriarca cioso da obediência dos
homens. Dentre os documentos mais conhecidos
está a homilia chamada "Da obediência", do *Livro
das homilias*, que assinala que Deus apontou ordens
distintas e diversas tanto no mundo celeste como no
terreno. Assim há reis, príncipes e súditos, mestres
e escravos, pais e filhos, maridos e mulheres, ricos
e pobres, e tais diferenças devem obrigatoriamen-
te ser regidas pelo princípio da obediência. Este, na
obra de Shakespeare, é o centro de muitos conflitos:
aqui, obviamente, será entre o marido e a mulher;
em *Lear* será entre pais e filhos, mestres e súditos.
Para os casos de rebelião, Elisabeth publicou em 1570
a longa *Homily against Disobedience and Wilful
Rebellion*. Como já assinalamos, na Veneza de *Otelo*,
tais categorias estão ligeiramente alteradas, gerando
a rejeição das combinações de poder feitas segundo a
conveniência do momento.

93   *Vai ser o Caos novamente*: O termo "Caos" contém
certa sugestão filosófica e mitológica: Caos, nas cos-
mogonias antigas, é o estado anterior à criação do
universo e do cosmo. É geralmente descrito como um
"vácuo" hiante, lugar abissal que precede a criação
da forma. Em Hesíodo, "Chaos" é o deus primordial
seguido por Gaia, Tártaro e Eros. Interessa, contudo,
na exclamação de Otelo, o terror de um retorno a
um estado de indistinção ou vulnerabilidade infantil
que, fantasmaticamente, corresponde à perda do elo
amoroso e materno (representado aqui por Desdêmona. Na primeira edição de *Hamlet* — o chamado *Bad
Quarto* (Q1) —, Hamlet usa, no seu primeiro solilóquio, a palavra "caos" para significar a dissolução

de todas as coisas terrenas sob o impacto da degene-
ração sexual imaginária da figura materna: "Oh, se
essa carne muito sofrida e suja se dissolvesse em nada,
ou se o Globo universal do céu transformasse tudo
em um caos!" (*Hamlet,* Primeiro in-Quarto, 311-30).
Nas versões do Segundo in-Quarto (Q2) e do primeiro in-Fólio (F1), o termo correspondente é "orvalho"
("dew"), lugar desejável para onde o corpo de Hamlet
pode afluir, liberado das complexidades do mundo do
afeto, do ressentimento e da suspeita fantasmática em
relação à mãe. Não é mera coincidência o uso desse
termo nessas duas obras, dominadas que estão pela
fantasmática masculina sobre a sexualidade feminina. Mas é necessário sublinhar, a partir dessa ambiguidade editorial das edições de *Hamlet,* o quanto as
figuras da dissolução (caos) e do conforto maternal
(o orvalho tem formato similar a algumas "bolhas"
representadas por Hyeronimus Bosch em *O jardim
das delícias,* além de ser emblema de Vênus) podiam
ser imaginativamente permutáveis.

95-6   *Cássio sabia... senhora?*: Observador incomparável, Iago aproveita o lapso de Desdêmona ao tentar
convencer Otelo a reconsiderar o caso de Cássio ("É
Cássio,/ Que fez parte da sua corte e que tantas vezes,/ Quando falei de você de modo mais crítico,/ Se
pôs em seu lugar") e produz uma repetição sugestiva cheia de ironia e sarcasmo: "Cássio sabia de seu
amor, quando estava/ Cortejando a minha senhora?".

101   *Sim, estava... entre nós dois*: No original, "O yes,
and went between us very oft" (literalmente, "Oh,
sim, e esteve entre nós dois com frequência"). Desdêmona mais uma vez deixa escapar certa ambiguidade, quase sugerindo uma espécie de ménage à trois. A
frase soa como se Cássio estivesse sempre "entre" os
dois, se metendo nos negócios, servindo até mesmo
de substituto.

105   *Honesto*: a palavra significa "honesto", "decente",
"confiável" e "casto". A repetição acaba chamando a
atenção para a ambivalência do termo.

110   *tu me acoas em tudo*: A ideia de que Iago ecoa ou reverbera a fala de Otelo, como se fosse uma pedra refratária, revela tanto a contiguidade fusional entre os dois, em termos de identificação de sentimentos, como o terror de Otelo de não conseguir adentrar profundamente na consciência de Iago e trazer à tona os "fatos". Depois de se fascinar por aquilo que Iago supostamente oculta, deixando-se raptar pela obsessão investigativa, Otelo será dominado por aquilo que supostamente sua esposa oculta.

111   *um monstro*: A curiosidade de Otelo se intensifica, e ele chega a expressar sua profunda inquietação com o suposto conteúdo que Iago oculta em sua mente. O termo "monstro" e a própria ideia de "monstruosidade" aparecem constantemente ao longo da peça, como algo que é "engendrado". Iago, por exemplo, diz que logo a noite e o inferno "trarão essa nascença monstra à luz do mundo" i.iii.409, relacionando o imaginário procriativo com o nascimento monstruoso de seu plano pervertido. O ciúme em si mesmo é uma monstruosidade mental, como lembram Iago e Emília, para os quais ele é algo que não precisa de causa, mas que se "autoprocria". Desdêmona responde, pedindo aos céus que mantenham "esse monstro longe de Otelo" (iii.iv.164). A ideia de monstruosidade, contudo, aparece por sugestões imaginárias. Tanto Iago como Rodrigo — assim como Brabâncio — veem o casamento de Otelo como algo anômalo. Por sua característica "misturada", a união é comparada a uma animalização monstruosa e fusional, tanto na menção de Iago à "besta de oito patas" (i.i.116), como na descrição animalesca que Rodrigo faz do suposto intercurso sexual de Otelo e Desdêmona. Segundo ele, esse contato gerará animais mestiços como equinos, ao modo dos monstros míticos da Antiguidade.

127-8   *São dilações... controlar*: As "di(e)lações" ("dilations") podem ser: a) procrastinações, evasões ou subterfúgios; b) amplificações; mas também c) delações e denúncias. Ora, é apenas a credulidade de Otelo que concede a Iago a atenuante de estar *dilatando* (a revelação) de seu testemunho, mas o termo aponta para o contrário também subliminarmente: a dilação funciona e tem o poder de delatar pela dilatação de seu prazo de testemunho e pela amplificação que disso resulta.

130-1   *Um homem... ninguém*: Na formulação oblíqua de Iago ressoa o jogo com a sua multiplicidade de personas. Iago não é o que parece ser e, portanto, não deve se parecer com nada, ao contrário de Otelo, que a seguir confessa sua crença na contiguidade entre parecer e ser.

141-5   *está o palácio... leis*: Iago joga com a dualidade entre exterior e interior, entre ação e pensamento, em diálogo com as concepções jurídicas da época. De fato, havia um acordo na *Common Law* segundo o qual o objeto do julgamento devia ser sempre a ação cometida, jamais a (má) consciência ou o pensamento do acusado ou indiciado. Richard Hooker, em *Of the Lawes*, escreve que as leis de Estado, ordenadas para a ordem externa e para o regramento entre os homens, nunca são feitas como deveriam. Elas devem presumir que "a vontade do homem é interiormente obstinada, rebelde e adversa a toda obediência às leis sagradas da natureza...". Ou seja, as leis, como assinala Maus, "ignoram os desejos que não são ações, não porque os segredos devassos são raros, mas porque são universais" (Maus, p. 108). É essa regra que é transmitida por Iago, porém aqui, obviamente, menos como um alerta do que como um atiçador de curiosidade. Entretanto, Otelo transpôs a fronteira entre a necessidade de descobrir o fato e a de penetrar na consciência que comporta a "verdade" perversa.

147   *ao torná-lo um estranho*: Otelo, sedento de conhecer os pensamentos de Iago (que não existem senão como fingimento), evoca uma suposta amizade entre os dois, quando, até agora, a relação era muito menos fraternal do que hierárquica.

151   *ciúme*: O termo que traduz "jealousy" deve ser enten-
        dido, como o foi várias vezes, como suspeita, excesso
        de cuidado, falta de confiança e excessiva vigilância,
        e não apenas ciúme erótico ou amoroso. Ainda assim,
        a ironia dramática de enunciar o "nome" do senti-
        mento funciona como um atiçador da passionalidade
        de Otelo.

152-4   *rogo... Tão imperfeitas*: A sintaxe desconexa e mean-
        drosa da passagem, com parênteses, orações interpo-
        ladas na forma de apartes e comentários, demonstra
        bem as técnicas de sobreposição linguística de Iago.
        Em "rogo, use..." (III.III.152), ele retoma a frase an-
        terior, mas no nível sintático há uma ruptura. As cir-
        cunvoluções de Iago são, contudo, altamente sugesti-
        vas, como se ele tivesse vontade de dizer uma coisa,
        mas logo se interrompesse, fazendo crer que acha
        pouco conveniente entrar direto no assunto de suas
        suspeitas.

159-60 *No homem... alma*: Mesmo no original, a passagem
        soa como um lugar-comum, com sabor algo proverbial.

166-8   *Não pode... guarda*: A ideia do coração que está nas
        mãos de outra pessoa, com sua forma hiperbólica,
        nos reporta ao ato de assassinato ou às execuções pú-
        blicas em que o coração dos traidores era mostrado
        às multidões pelo executor. Mas, segundo Neill, o
        desejo de adentrar a alma e os pensamentos de Iago
        "simula o mergulho investigativo da anatomia da
        época, em que os espaços interiores do corpo eram
        abertos para a curiosidade do público" (Neill, 2008,
        p. 292, nota 166).

169   *Não!*: No original "swounds" (Deus, credo), uma
        interjeição expressando recusa e denegação. Otelo
        quer penetrar na mente de Iago, mas reconhece a im-
        possibilidade.

170-1   *monstro de olho verde*: A associação entre o ciúme e
        a coloração esverdeada dos olhos se origina da dou-
        trina dos humores, segundo a qual o ciúme seria uma
        doença biliar que gera a coloração esverdeada da tez.
        No entanto, é o "olho" ou o "olhar" que é esverdea-

do, pois justamente a obsessão de Otelo é ver, encontrar uma "prova ocular" definitiva e indubitável para as insinuações de Iago.

173-5   *não ama... adora*: A prisão fantasmática de Otelo combina a sua adoração de Desdêmona e sua suspeita inextinguível, nutrida pela própria ligação materna com a esposa.

180-1   *bondoso Deus... minha tribo*: As passagens possuem ressonância de adágios bíblicos e apenas reforçam a atmosfera fantasiosa que rodeia o ciúme nascente de Otelo.

185   *As mutações da lua?*: A mutabilidade lunar era associada em muitas figurações com a perda da sanidade ou ainda com a suposta tendência feminina à oscilação e ao comportamento inconstante. O triunfo sobre as supostas inclinações lunares do gênero feminino foi emblematizado em muitas representações da Virgem Maria pisando sobre os "cornos" da lua crescente.

185-6   *onde paira... Surge a decisão*: Otelo reage às sugestões de Iago com uma afirmação que soa como uma máxima militar. A dúvida (sobre alguém) já basta para tomar uma decisão. Ou seja, o menor sinal de dúvida basta para fazer um julgamento definitivo. No entanto, a dúvida não se funda em nada objetivo, mas apenas na pulsão obsessiva excitada pelas sugestões de Iago, as quais encontram terreno propício na vulnerabilidade de Otelo.

187-9   *conjecturas... induções*: Otelo usa uma linguagem fortemente tingida de termos lógicos, retóricos e jurídicos. Ele sabe, pelo menos racionalmente, que tudo o que Iago afirma são "vãs conjecturas", "inchadas prognoses" ou ainda "induções", processos lógicos que dependem tão só do raciocínio. Ele reconhece, contudo, o princípio da prova no direito, segundo o qual nenhum processo indutivo ou dedutivo (etc.) lógico pode servir como prova definitiva. Esse conhecimento teórico será devidamente despistado ao menor sinal de suspeita.

193-4   *débeis dons... traiu*: Essa é uma declaração de in-
        tenção, mas a paixão interpretativa de Otelo já está
        voltada para o contrário. Os "débeis dons" traduzem
        aqui os "weak merits", ou seja, os dons de raciocínio.
        Em tese, Otelo reconhece o domínio da fantasia (até
        mesmo "racional") em tais julgamentos, tanto que ele
        próprio teve de se defender de acusações de feitiçaria,
        fundadas na associação do estrangeiro (negro) com
        práticas fantásticas, típica da época. Na prática, ago-
        ra, com Desdêmona e a emergência do ciúme fantas-
        mático, aquilo que parecia negociável num contexto
        favorável torna-se uma luta contra si mesmo.

196   *antes de duvidar*: Ou seja, ele reivindica uma "pro-
        va ocular", fundamental nos processos da *Common
        Law* do período.

202   *Não estou tratando de provas*: Iago deixa claro que
        ainda não está tratando de provas, e com isso ganha
        tempo para instilar na mente de Otelo o material in-
        flamável de algumas generalizações.

207-10 *Eu conheço... oculto*: Embora não ofereça provas
        definitivas, Iago se coloca como autoridade sobre o
        estado moral de seu próprio país. De fato, ele é vene-
        ziano, por isso pode "instruir" Otelo, um estrangei-
        ro que, em tese, desconhece os costumes da terra. O
        termo "country matters", que traduzi como "tendên-
        cias de nosso país", pode significar também costumes
        obscenos, como em *Hamlet*, III.II.120.

212   *Ela enganou o próprio pai*: Iago refresca a memória de
        Otelo sobre o que lhe disse Brabâncio em I.III.294-5.
        Seu argumento é que Desdêmona agiu com "violên-
        cia", violando o dever para com seu pai. Ora, se ela
        traiu o pai, Iago sugere, açulando a desconfiança de
        Otelo, por que não trairia também o marido?

217   *Que era feitiçaria*: Brabâncio, com efeito, acusou
        Otelo de bruxaria, mas Iago argumenta aqui que,
        no caso de Desdêmona, com seus "precedentes" (o
        casamento com Otelo!) e por sua origem (a cidade
        de Veneza, onde, segundo Iago, as mulheres sabem
        ocultar aos maridos aquilo que mostram a Deus), se-

ria um erro concentrar-se apenas nas aparências para encontrar a verdade. Os métodos de acusação de bruxaria, antes direcionados contra Otelo, agora são imperceptivelmente adotados pelo próprio, que tratará a suposta culpa de Desdêmona como algo que não se pode provar pela observação da ação, mas por sinais que se mantêm ocultos. Maus assinalou que, nos julgamentos de casos de bruxaria, a investigação exigia métodos inteiramente diferentes. Como os bruxos e as bruxas tinham o dom mágico de estar em diversos lugares ao mesmo tempo, o álibi era inoperante, o que impelia os investigadores a buscar descobrir a verdade interior do acusado (Maus, 1995, p. 112).

220   *Meu laço... pra sempre*: No original, "I am bound to thee for ever". A palavra "bond" significa tanto gratidão como ligação, no sentido também de "dever" de um servo ou vassalo para com o seu senhor ou suserano. Em outros termos, os papéis de Otelo e Iago passam a simbolicamente se inverter, com Otelo fazendo uma promessa de vassalagem ao seu inferior.

234   *a natureza às vezes se extravia*: Mais uma vez, o comentário de Brabâncio sobre sua filha retorna à mente de Otelo, na forma de suspeita sobre a "natureza".

244   *padrões do país*: No original, "country forms", em que "country" pode significar também "rude", "grosseiro" ou ainda "obsceno". De qualquer modo, em nenhuma das alternativas de leitura Otelo é enaltecido. Iago aqui trabalha a vulnerabilidade maior de Otelo, sua origem, que ele apresenta como inferior aos "padrões do país" ou ainda menos atraente que as obscenidades ("country matters") que Veneza ofereceria a Desdêmona.

254   *preenchê-lo com incomum destreza*: Iago mais uma vez usa de ambiguidades para insuflar a suspeita na mente de Otelo. O termo "posto" já foi várias vezes utilizado na peça, denotando tanto posto profissional como as prerrogativas sexuais de um homem em relação a uma mulher ("ocupar o posto"). Ora, aqui Iago sugere que Cássio sabe "preencher" o seu posto com

"incomum destreza" ("fills it up with great ability"), e embora o assunto seja o posto militar de Miguel Cássio, a sugestão de substituição sexual funciona sub-repticiamente, impregna a mente de Otelo por meio das alusões de duplo sentido.

270-3   *Talvez por eu ser negro... vale da idade*: Um dos momentos em que Otelo verbaliza sua vulnerabilidade relembrando sua cor, origem, idade e condição. A passagem revela o quanto a ferida de Otelo, desde o início, estava latente.

277   *Mil vezes ser um sapo*: No original, "toad", "sapo". Otelo aplica a si próprio a linguagem animalesca antes empregada por Iago. O sapo era considerado um animal repulsivo, associado à sujeira. No contexto anglo-saxão, pode figurar como uma encarnação do demônio. Assim, Milton usa o termo para uma das transformações de Satã, quando ele entra no Paraíso terrestre para trazer a perdição aos humanos. As acepções no *Dicionário Oxford* são bastante variadas, e a associação indireta entre serpentes e outros seres tradicionalmente ligados ao demoníaco é comum.

278   *miasma de um fétido calabouço*: As masmorras de castelos eram conhecidas pela imundice, mas aqui Otelo metaforicamente evoca as masmorras infernais (da sua paixão negativa).

283   *Flagelo de dois galhos*: No original, "forked", em forma de forquilha. Na comédia era comum usar galhos para representar os chifres do homem traído ("cuckold", "cornudo"). Ainda que seja tentador, o uso de termos como "cornudo" equivaleria a avançar rápido demais para o registro da comédia: há um meio-tom estilístico em *Otelo* que precisa ser respeitado.

291   *dor na testa*: Ironia deliberada. Era comum associar a dor de cabeça com o nascimento de chifres, mas nas linhas seguintes prevalecerá a interpretação médica.

298   *Fico feliz... esse lenço*: Em Giraldi, o lenço não é encontrado, mas furtado por Iago.

321   *Moça perfeita*: No original, "a good wench", afirmação potencialmente obscena e brincalhona, tingida

de cinismo erótico, mas a ativação dessa tonalidade dependerá em grande parte da expressão do ator.

353   *Peões*: No original, "pioneers", tropas que faziam o serviço de abrir estradas e trincheiras. Eram considerados o grau mais baixo na hierarquia militar.

367   *tragas uma prova ocular*: Otelo, em seu delírio, oscila entre a aceitação das sugestões de Iago e tentativas malsucedidas de manter a integridade de seu raciocínio. Ele aqui momentaneamente se recusa a aceitar as alusões e ilações de Iago como provas e, tomado de ira, ordena-lhe que lhe ofereça uma "prova ocular". No entanto, esse rigor com as evidências e as provas é logo a seguir abandonado. O pedido de uma "prova ocular" ("ocular proof") era, na época, um amparo mais sólido contra possíveis calúnias e difamações, quase uma condição sine qua non para qualquer acusação de adultério (na Lei Canônica) (Maus, 1995) Cf. Introdução, p. 25

372-4   *ou prova de modo tal... dúvida se agarra*: Após pedir a Iago que lhe traga uma prova ocular indubitável, Otelo, tomado de angústia por causa de sua dúvida, aceitará, surpreendentemente, apenas as provas circunstanciais, justo aquelas que dependem de inferências e conjunturas complexas, dependentes do raciocínio. As idas e vindas das solicitações de Otelo revelam a sua pressa e o desejo de se livrar da dúvida (cf. Introdução, pp. 26-8).

391   *Acho que ela é honesta*: A repetição por Iago da palavra "honestidade" faz com que Otelo ative o sentido que a palavra pode ter, "fiel", assim como seu contrário.

394   *Como a fronte de Diana*: Diana não evoca apenas a imagem emblemática da "deusa da castidade", pois pelo menos desde *Hipólito coroado*, de Eurípides, Ártemis está associada não só à castidade triunfante, mas a traços femininos de natureza viril que se contrapõem à amorosidade de Vênus. A violência guerreira de Ártemis, que castiga os homens que a observam ou dela se aproximam, é signo também de sua enigmática e ameaçadora virilidade. Por outro lado,

Otelo mais uma vez faz referência ao "enegrecimento" de Desdêmona, cujo rosto agora tem a mesma marca "pecaminosa" que culturalmente se associava à cor negra. As associações com a cor da pele de Desdêmona se seguirão ao longo da peça e terminarão com a comparação mórbida, feita por Otelo na última cena da peça, de sua tez de neve com o alabastro dos mausoléus.

410-1   *Lascivos feito cabras... cio*: A listagem de animais lascivos repete as associações contínuas de Iago entre a união amorosa e a animalidade, a serem progressivamente adotadas por Otelo.

420   *deitei com Cássio*: Era normal pessoas do mesmo sexo compartilharem uma cama. A história fabricada por Iago, contudo, contém, com seus apimentados detalhes, uma óbvia sugestão de homossexualidade, além de insuflar, com a cena forjada, a percepção de Otelo de que há algo monstruoso em Desdêmona. Os detalhes comezinhos são aqui fundamentais e fazem parte do repertório de Iago, que não descuida da informação lateral para melhor sobressaltar suas vítimas.

442   *lenço... decorado com morangos*: O lenço decorado com morangos constitui um trocadilho visual complexo. Pode ser o emblema dos lençóis maculados de sangue que eram expostos nas núpcias. Além disso, os morangos tinham um conjunto de significados contraditórios: por seu formato de coração eram um distintivo de Vênus, simbolizando a volúpia e a sensualidade. Em contrapartida, na iconografia cristã, a planta, que florescia e frutificava ao mesmo tempo, era um emblema da castidade e fertilidade da Virgem Maria. A ressonância dessas duas formas alegóricas mostra a repetitiva oscilação de Otelo entre a imagem da pureza e a da contaminação de Desdêmona (cf. em particular Neill, p. 155).

457   *Otelo se ajoelha*: O ato de se ajoelhar confere à fala de Otelo uma solenidade sacra, que, contudo, no contexto da peça, é como que um pastiche grotesco das solenidades medievais entre senhor e servo.

460-3   *mar Pôntico... Helesponto*: A menção às correntezas do mar pôntico, do Proponto e do Helesponto são reminiscências de passagens de caráter puramente descritivo em Plínio sobre como, nos três mares, a correnteza segue sempre o mesmo caminho. "E o mar pôntico sempre flui e corre para dentro do mar propôntico, mas o mar nunca retorna de volta para dentro do mar pôntico" (Neill, 2008, p. 310, n. 453-6).

469 *Iago se ajoelha*: O próprio Iago se ajoelha mimetizando estrategicamente o grotesco de um juramento que evoca um ato litúrgico tradicional. Logo adiante, fala da abdicação da própria vontade em favor do serviço que prestará a Otelo, reiterando sua intenção, já externada, de adaptar-se aos desejos do mestre, para melhor reinar. Em um plano de sugestão poética, a cena inteira pode ser lida como uma paródia da união matrimonial, em que Iago se apresenta como substituto de Desdêmona.

ATO III • CENA IV

5 *tá mentindo*: No original, o verbo "to lie" é usado ambiguamente no sentido de "deitar-dormir", "jazer", "estar-morar" ou de "mentir". Desdêmona pergunta ao palhaço onde o lugar-tenente Cássio "deita" ou "está" ou "mente". "Estar metido" e "estar mentindo" é uma solução que permite ao ator desenvolver as variações do termo em português, embora, como sempre na tradução literária, ocorram certos deslocamentos semânticos. O que se recupera é o essencial, ou seja, a frivolidade das réplicas dos palhaços.

26 *Cheia de dobrões*: No original, "crusadoes", "cruzados", moedas portuguesas de ouro.

31 *Secou seus humores*: Trata-se dos quatro humores (ou sua combinação), o sangue, a fleuma, a cólera e a melancolia, fluidos corpóreos que, segundo a medicina antiga e medieval, influíam no estado físico e moral dos homens e das mulheres. A teoria humoral se combinou também com as qualidades elementares (o

quente, o frio, o úmido, o seco), o que levou a várias hierarquizações complexas, não raro aplicadas ao clima e às regiões e também aos tipos raciais. A teoria humoral muitas vezes associou os humores corporais com o caráter ou ainda a disposição e inclinação das pessoas (Klibansky et al., 1989). A ideia de Desdêmona sobre os humores dos que nasceram na África não era consensual.

36   *sua mão está úmida*: A umidade das mãos estava associada a uma natureza erótica ou amorosa. Insuflado que está pelas suas fantasias, Otelo está atento a todos os menores sinais que se originam de Desdêmona. Ora, essa umidade da mão, ele a relaciona com a "fruitfulness" ("fertilidade") da esposa, recaindo na então típica associação entre "fertilidade", "umidade", "facilidade" e "leviandade".

38   *fertilidade*: No original, "fruitfulness". Às vezes traduzido como "largueza", o termo contudo associa a "umidade" da mão de Desdêmona com sua "fertilidade" e "generosidade". As associações fantasiosas de Otelo revelam o quanto ele já não distingue mais essas acepções, que passam a se relacionar com a ideia obsessiva de que Desdêmona é sexualmente generosa (fértil), possui "abertura" para todo tipo de contato (sexual). A associação entre fertilidade e devassidão ou transgressão sexual é feita também por Hamlet, em seu primeiro solilóquio, no qual Gertrudes aparece associada à (inútil) explosão da fertilidade da natureza.

40-1   *Privação... e exercícios devotos*: Novamente, Otelo fala, de modo enfático, a linguagem "cristã" que aprendeu a articular, sobretudo a das penitências "normais", os exercícios e corretivos pelos quais os cristãos poderiam controlar os desequilíbrios da natureza e dos humores.

45   *Uma mão liberal*: Vários significados novamente: livre, generosa, mas também libertina.

46-7   *Os corações outrora... não corações*: Otelo opõe a entrega inteira e ideal presente nos antigos ideais cavalheirescos, de corpo (*mãos*) e alma (*coração*), ao comportamento "atual", em que ocorre apenas a entrega corporal, ao passo que a alma ou o espírito, livres do contrato, vão à procura de novas possibilidades (sexuais) fora da união matrimonial. Possivelmente Shakespeare se inspirou em William Cornwallis, que escreve em seus *Ensaios* (1600): "Eles [nossos antepassados] queriam entregar suas mãos e seus corações juntos; mas nós achamos que é uma graça manter um olhar de soslaio, com a mão olhando para um lado e nosso coração para o outro" (Cornwallis, 1600, p. 28).

58   *ganhou de uma egípcia*: Em inglês, "Egyptian". Os comentaristas especulam que o termo reporte a "gypsy", "cigana", já que os ciganos eram tidos como originários do Egito e no período eram tradicionalmente associados à magia e à profecia. Em *Antônio e Cleópatra*, Cleópatra é descrita como uma cigana (*Anthony and Cleopatra*, 1.1.10). O Egito era um país associado com a magia.

72   *Há muita magia... tessituras*: A dimensão mágica do lenço é uma inovação de Shakespeare em relação à sua fonte principal, a narrativa do capitão mouro, de Giraldi. Lá o objeto não passava de uma isca para movimentar a farsa. Na peça, por sua vez, a própria linguagem de Otelo torna-se bizarramente profética ("Eram sacros os insetos que fiaram a seda"), numa torção linguística que certamente fetichiza o objeto e o investe de um significado ominoso ou mágico, ou seja, o tratamento do objeto, bem como o modo como Otelo o liga à sua vida pregressa, trazendo à tona a imagem de sua mãe, faz com que a irracionalidade imaginativa se incorpore como um pesadelo.

76-7 *tingiu com o sumo... donzelas*: Nessa passagem cheia de ironia trágica, Otelo, que antes, na cena da *Signoria*, praticava a virtude do bom argumento contra as acusações de feitiçaria feitas por Brabâncio, agora, a exemplo do pai de Desdêmona, apela às "drogas", às unções, à ideia de furor profético. O termo "sumo" aqui traduz "mummy". Busquei recompor a ideia na linha seguinte com "coração embalsamado". Tratava-se de um preparado betuminoso feito a partir dos restos de cadáveres mumificados. Recorria-se a vários tipos de restos humanos, sendo privilegiadas as relíquias de santos, indivíduos sábios ou virgens. Obviamente, a associação com o coração de donzelas oferece um sentido adicional à droga, pois se trata de preservar o frescor virginal do sentimento através da morte de moças virgens, o que interliga o simbolismo da passagem ao "resgate" da virgindade de Desdêmona através da morte, fantasiado por Otelo no final da peça. O embalsamamento, por outro lado, constitui um fetiche de preservação corporal que aparecerá na comparação da tez de Desdêmona com o "alabastro dos mausoléus", também no final da peça.

145 *Turvou sua mente lúcida*: no original, "puddled his clear spirit", em que "espírito" pode também significar "espíritos animais", uma noção de caráter mais "médico", indicando uma alteração comportamental.

163 *Que a si mesmo gera... procria*: Emília associa o ciúme a uma monstruosidade que não possui uma causa ou origem, mas se autogera e procria ao modo dos monstros mitológicos. A tirada de Emília se confirma na recaída de Otelo na ideia de "magia". Sobre a ausência de causalidade no ciúme e possíveis fontes para a ideia, cf. Introdução, pp. 71-2.

196 *Me encontre aqui com uma mulher*: No original, "womaned", no sentido de um encontro sexual ilegítimo. O comentário de Cássio soa particularmente misógino e revela outro homem, menos cuidadoso, sobretudo porque contrasta com o tratamento cavalheiresco dispensado a Desdêmona.

ATO IV • CENA I

Cena 1: A cena era com frequência cortada no século XIX porque, no entendimento de alguns diretores, rebaixava a estatura de Otelo.

16-7   *A honra... possui*: Iago reforça sua ideia de que, so-
        bretudo entre as mulheres de Veneza, há um "abis-
        mo" entre aparência e essência, atiçando em Otelo a
        suspeita em relação à conduta de Desdêmona. É essa
        insistência que fará crescer o fascínio de Otelo pelo
        "interior" oculto de Desdêmona.

33   *Mentindo*: Shakespeare retoma o usual trocadilho
        com o verbo "to lie", que significa simultaneamente
        "mentir" e "deitar". Ao ouvir Iago dizendo a palavra,
        Otelo, acossado de suspeitas, a lê como "deitar com
        ela" ("lie with"). A isso Iago responde "with her, on
        her, what you will" ("com ela, sobre/ em cima dela,
        como quiser..."). "Lie on her" significa "deitar sobre
        ela" ou ainda "mentir sobre ela", e "lie with her" sig-
        nifica "mentir com ela" ou "deitar com ela". O troca-
        dilho é semântico, mas possui uma carga visual para
        Otelo, que é raptado pela imagem dolorosa e insupor-
        tável dos dois amantes fazendo sexo. Iago sempre pa-
        rasita a imaginação de Otelo com imagens, confusões
        semânticas e formulações equívocas que o assaltam de
        chofre. Buscando me aproximar desses equívocos, usei
        aqui a semelhança fonética, em português, entre "me-
        tido" e "mentindo".

36-43   *Mentindo... instrução*: O colapso mental de Otelo
        mostra seus primeiros sinais, antes da convulsão, na
        adoção da prosa, na desintegração da sintaxe, assim
        como na percepção equívoca e alterada. O próprio
        sentido se desagrega à medida que ele busca apreen-
        der o significado das sugestões maldosas de Iago.

37-8   *mentira sobre alguém*: Otelo é furiosamente levado a
        ressignificar as alusões de Iago, mas cai numa fúria
        imaginativa em que vê os corpos de Cássio e Desdêmo-
        na "metidos juntos" (cf. acima, nota p. 304).

44   *Nariz, orelhas, lábios*: Trata-se de imagens metoními-
        cas de partes dos corpos, que substituem imaginaria-
        mente o contato sexual de Desdêmona com Cássio.

51   *Cássio, como está...*: Salvini cortou essa seção da
        cena, sob a justificativa de que o papel passivo de Ote-
        lo como alguém que apenas espreita uma conversa era

indigno da magnitude do herói. Este, em situação semelhante, se lançaria furiosamente contra Cássio.

65   *Um homem com chifres*: Fórmula proverbial.

66   *nas grandes cidades... bestas*: Iago novamente interliga a natureza civil (urbana) de Otelo, como negro e como berbere/bárbaro, à ideia de monstruosidade animalizada.

90   *cruzar com sua esposa*: No original, "cope", com os dois sentidos de "encontrar"/"topar" e "cobrir", com sugestão de encontro sexual.

105   *ciúme iletrado*: No original "unbookish" ("não livresco"). Iago usa em 1.1.23 o termo "bookish" para se referir à fragilidade dos conhecimentos militares práticos de Cássio, mas agora utiliza o termo para falar da falta de treinamento sensível de Otelo, que, despojado do ceticismo que só os livros proporcionam, é um leitor ingênuo das palavras que Iago forja.

122   *Celebrando o triunfo!*: Enfurecido, Otelo passa a fazer associações desordenadas, como essa menção à procissão triunfal reservada aos generais romanos vitoriosos.

123   *Sou só um cliente!*: No original, "customer", "cliente", mas também "prostituta", respectivamente Cássio e Bianca.

130   *Então você me feriu*: Otelo, que fala geralmente em verso, agora, envolvido numa cena um tanto farsesca e patética, passa a falar em prosa.

145   *E se dependurou assim*: Cássio simula o acontecimento, abraçando Iago.

243   *E que delegaram a Cássio*: O termo em inglês, "deputing", significa a um tempo "nomear" e "substituir", sugerindo a ideia de Cássio como substituto de Otelo. A reação imediata de Desdêmona e a réplica de Otelo, logo depois ("É mesmo?"), mostram que Otelo sente fantasiosamente sua substituição no cargo também como uma substituição de ordem amorosa.

251-2 *Se lágrimas... crocodilo*: Uma metáfora complexa que combina a crença da época de que os crocodilos nasciam do lodo do Nilo e a ideia mais conhecida das "lágrimas (falsas) de crocodilo".

261   *Obediente demais*: Até mesmo termos que denotam o
           senso de obediência de Desdêmona são transformados
           em sinais de leviandade na imaginação envenenada de
           Otelo. A obediência, nesse caso, é percebida por ele
           como sugestão obscena da "facilidade", isto é, "obe-
           diência" da mulher aos avanços de outros homens.

                          ATO IV • CENA II

21   *é uma alcoviteira*: A fantasia delirante de Otelo o
           transporta a um prostíbulo imaginário, mais especi-
           ficamente à "alcova" ou ainda ao "closet" secreto de
           um prostíbulo onde Emília é a cafetina e Desdêmona
           a prostituta.

26-7   *Olhe aqui no meu rosto*: O delírio investigativo de
           Otelo leva-o a desejar penetrar na verdadeira "essên-
           cia" de Desdêmona, que não poderia ser senão a da
           prostituta. No entanto, Desdêmona detecta imediata-
           mente esse delírio ("Que fantasia horrível é esta?").

28   *É sua função, mulher*: Ainda delirando, imaginan-
           do-se no meio de um prostíbulo, Otelo imagina Emí-
           lia como uma cafetina ou alcoviteira. Novamente,
           o cliente conversa com a cafetina, solicita discrição,
           como era a prática em qualquer prostíbulo.

29   *Os procriadores*: No original, "procreants", "procria-
           dores" ou ainda "fornicadores", ou seja, os clientes do
           bordel imaginário em que Otelo ingressa. Mantive a
           ideia de "procriação", que, nas peças de Shakespeare,
           tende a associar reprodução, pulsão e sexualidade.

62-3   *poça para sapos... copularem!*: Otelo, na sua lingua-
           gem errática e delirante, articula dois níveis simbó-
           licos. Associa Desdêmona e o seu amor a uma fonte
           — lugar ideal do primevo, da infância — mas tam-
           bém a uma fonte contaminada onde copulam "sapos
           sórdidos". A ideia de fonte de onde a "minha cor-
           rente corre" foi traduzida aqui como "fluxo vital", já
           que o texto sugere a associação com o "corrimento"
           ou "fluxo" menstrual. Esse imaginário que combina

imagens do sangue menstrual e nupcial à "essência" da masculinidade encontra reverberação em várias partes da peça. Ao exultar com o golpe sofrido por Cássio em v.i.37, Otelo exclama "Teu sangue há de arder nos teus lençóis impuros".

72   *esse livro lindo... folha branca*: A ideia, corrente no período, da mulher como *tabula rasa* cuja superfície existe apenas para receber a inscrição masculina.

85   *proteger meu vaso*: No original "vessel", vaso, vasilha, recipiente, receptáculo e, por associação metafórica, corpo ou vagina. Tal associação é bíblica, ocorrendo, por exemplo, na epístola de Paulo aos Tessalonicenses 4,4-5: "cada um de vocês deveria usar seu próprio vaso de modo santificado e honroso, não de modo passional e lascivo como os gentis que não conhecem Deus".

94-5   *Pronto! Feita a rodada!*: No original, "course", "rodada" (aqui, na tradução, como "rodada de bebidas"), na acepção óbvia de ato sexual com prostituta.

107   *Meus lençóis nupciais*: Cf. sobre o imaginário dos lençóis nupciais, Introdução p. 43.

ATO IV • CENA III

25   *teve uma aia que se chamava Bárbara*: O termo, contudo, está carregado de ressonâncias, lembrando o país da Barbaria (país dos mouros) e obviamente o Bárbaro errante ao qual Otelo está associado.

41   *pé de sicômoro*: No original, "sycamore", árvore que, por sua sombra, podia se associar à melancolia e aos prazeres da reflexão melancólica. "Sycamore" lembra, em inglês, "sick-amour", "amor doente". Outra possibilidade de leitura para o termo é "sick-moor": "mouro doente/pervertido".

44   *verde salgueiro*: O "salgueiro" ("willow") estava associado ao sofrimento provocado pelo amor traído. É lembrado por Gertrudes na sua descrição do local onde Ofélia morre em *Hamlet*.

101-18   *Mas eu acho... do seu ensino*: O longo discurso de Emília, presente no primeiro in-Fólio, está ausente da edição in-Quarto, o que o torna possivelmente uma adição, sobretudo porque os discursos de Emília até então eram ditos em prosa. Nessa longa defesa, de súbito Emília assume um tom grave, reforçado pela adoção do verso. A comparação das ações e faltas dos homens e das mulheres coloca a questão feminina — onipresente na peça — em termos diferentes, porque exige não simplesmente o reconhecimento da "inocência" das mulheres (e em particular de Desdêmona), mas a mudança dos paradigmas pelos quais as mulheres são julgadas. Emília considera que os paradigmas opostos da "santidade" e da "corrupção" (sexual) são pobres e não fazem justiça à natureza das mulheres, que, como qualquer ser humano, "têm sensações". Emília se dirige, lembremos, a um público de homens, como se reivindicasse um reconhecimento do desejo feminino. É uma passagem audaz e protofeminista, e não há nenhuma razão para ver aqui apenas uma ironia do Bardo com a suposta "leviandade" de Emília. Pois o que está posto é que até mesmo a leviandade — se for o caso — deveria ser vista como parte da "humanidade" das mulheres, e não como um sinal de sua contiguidade com a herança de Eva e do pecado original, tema continuamente relembrado pela misoginia do período.

ATO V • CENA I

122-3   *não sou rameira... você*: Bianca ("branca", "alva"), acusada por Emília de ser uma prostituta, protesta, dizendo que sua vida é tão honesta como a de Emília. Nos termos de hoje, é inteiramente discutível que Bianca seja *de fato* uma prostituta, funcionando como contraste com Desdêmona, e, ao que parece, até mesmo dentro do contexto da época e da peça é difícil tomar uma decisão. Em primeiro lugar, todas as mulheres de *Otelo* são acusadas de prostituição, o que tem como fundamento a misoginia cultural do período. As palavras de Bianca, além do mais, contrastam com a afirmação de Emília de que ela própria trairia o marido, se isso garantisse a este a coroa. Por outro lado, a acusação de Emília é um deslocamento da acusação que ela própria recebe de seu marido. A ironia de um nome que está associado à pureza e o genuíno amor de Bianca por Cássio, que, no entanto, a trata com desfaçatez, revelam a complexidade do tratamento que Shakespeare dá à personagem.

ATO V • CENA II

2   *estrelas virginais*: Otelo teme nomear a "causa" do ato que está prestes a cometer não apenas porque o suposto adultério não pode ser nomeado. Se ele de fato investigar as causas, pode encontrar as inconsistências e as obscuridades de seus próprios sentimentos e do seu próprio processo de se deixar raptar pela fantasmagoria de Iago.

5   *o alabastro dos mausoléus*: O alabastro era a pedra predileta para as construções tumulares. Otelo promete para si que não verterá o sangue de Desdêmona, nem lhe ferirá a pele, que ele descreve como mais branca e suave que o alabastro dos mausoléus. Assim, sem perceber, turvado pela alucinação, promete combinar a purificação catártica com o assassinato, evitando as máculas de sangue nos lençóis, emblemáticas do desvirginamento. Tradicionalmente, após as núpcias, os lençóis nupciais eram expostos para comprovar que o casamento havia sido consumado. Aqui, contudo, o núcleo simbólico é que essa exposição sinaliza a perda da virgindade da antiga donzela. A declaração de Otelo de que a pele de sua mulher possui a suavidade e a cor de neve dos alabastros dos mausoléus — lugares fúnebres que, entretanto, inspiravam contemplação e admiração — contém um trocadilho

visual e imaginário que interliga a chegada da morte
de Desdêmona a uma espécie de sinistro congelamen-
to da mulher numa gélida e eterna virgindade.

33-4   *que os céus... piedade*: Os termos usados por Desdêmona repetem as fórmulas da liturgia religiosa. Na liturgia anglicana era conhecida a fórmula "Lord have
mercy upon us".

37-8   *olhos revirando*: O movimento nervoso dos olhos
era um dos traços do homem melancólico, conforme
Robert Burton, em *Anatomia da melancolia* (1621):
"Afora os bizarros gestos de olhar, de fazer carranca,
rir, girar os olhos, ameaçar, dos olhares espectrais,
dos passos erráticos [...], ele vai às vezes suspirar,
chorar [...] amaldiçoar, ameaçar, lutar [...]". A descrição de Robert Burton é mais longa e complexa, mas
os paroxismos de demonstrações de paixões contrá-
rias lembram a duplicidade de sentimentos de Otelo,
que oscila entre imagens de pureza e contaminação,
de amor e ódio, afeição e repúdio. Nesse contexto, o
movimento ocular é sintoma de uma mente que olha
para os "dois lados" do objeto amado/detestado.

55   *sufocar o embrião*: No original, "remove nor choke
the strong conception". "Concepção" significa aqui
"ideia", "plano", mas também "embrião". O verbo
que se segue à palavra — "to groan" — pode significar também o vagido ou ruído de um bebê, o que
completa a sugestão de concepção como gravidez. A
associação entre o masculino vulnerável e a gravidez ocorre em *Rei Lear*, em que Lear, no momento
mais crítico de sua jornada trágica, exclama que está
sofrendo de "Hysterica Passio", a doença do "útero
movente" que, na época de Shakespeare, começava
a ser estudada em tratados como *O breve discurso
de uma doença chamada sufocamento do ventre*, de
Edward Jorden.

103   *Pasmo ante tal transformação*: A associação entre
eclipses e situações de transformação extrema é tipicamente bíblica, surgindo em particular no Apo-
calipse e outros textos bíblicos de caráter escatoló-

gico. Nas peças de Shakespeare, a apreensão diante da transformação estelar geralmente é anunciada em momentos ominosos. Os eclipses estavam também associados às antigas crenças milenaristas que postulavam que a alteração estelar podia ser prenúncio do final dos tempos.

119 *Morta injustamente, falsamente*: No original, "falsely, falsely murdered". Diante da dificuldade de traduzir o sentido de "falsely" (ou seja, ela foi assassinada "por um equívoco" ou ainda por "uma falsidade forjada"), muitos tradutores optaram por "injustamente". A solução, neste caso, é parcial, pois pode levar a pensar que haveria um modo, no entender de Desdêmona, de assassinar uma esposa "justamente". Por isso, na tradução, em vez de repetir "injustamente", uso "falsamente", para enfatizar a ideia de que ela foi vítima de uma falsidade ou farsa. O que Desdêmona sublinha não é tanto a tragicidade de sua morte, mas o caráter farsesco (e nada trágico) do processo malévolo e tristemente contingente que a precipitou.

127 *Ninguém. Eu mesma*: Embora linhas acima Desdêmona denuncie estar sendo assassinada por uma falsidade (uma farsa), esse grito de horror e revolta convive contraditoriamente com aquilo que os vitorianos considerariam autoabnegação feminina, mas que hoje pode ser mais bem denominado como "autocancelamento". É o que está evidente aqui, quando ela associa "ninguém" com "eu mesma". Sobre o uso de "nothing" em *Otelo*, cf. Eagleton, 1991, pp. 64-75.

148 *crisólita íntegra e perfeita*: Crisólita era o nome dado a diversos tipos de gemas de coloração verde. No entanto, a fonte de Shakespeare aqui parece ser o *Palladis Tamia*, obra de Francis Mere, em que a crisólita aparece associada à pureza. Mere escreve que uma crisólita racha quando colocada sobre o dedo de uma adúltera. A pedra é assim o modelo mesmo da pureza "íntegra e perfeita" que, em contato com a impureza, se deteriora.

200   *É apropriado obedecê-lo*: Os limites da obediência são testados por Emília, no caso, contra as bem conhecidas regras presentes nas homilias anglicanas, que postulavam a obediência irrestrita entre estamentos, marido e mulher etc.

229   *Ah, Mouro obtuso*: Havia tradicionalmente uma suposta ligação etimológica entre "moor" e "morus" (no latim, "burro", "obtuso"), mas é possível também associar com "moros" (Μόρος), do grego (com ômicron, em vez de ômega), que significa "fado", "morte", "destino". Um jogo de palavras, sem dúvida, que sublinha o traço a um tempo farsesco e trágico da peça.

236   *palhaço otário*: Traduz "murderous coxcomb". "Coxcomb" era o chapéu ou capa dos bobos, tal como aparece em diversas representações da época, muitas vezes com cornos coloridos. A metonímia sugere, assim, o papel de bobo ou de palhaço feito por Otelo, reforçando novamente o caráter algo farsesco dessa tragédia.

255-6   *espada de Espanha*: As espadas espanholas eram conhecidas como primorosas. Ao mesmo tempo, o sabor hispânico da colocação de Otelo remete simbolicamente à grande guerra da Conquista contra os muçulmanos (ou mouros, na denominação generalizante do período) que foram expulsos da Península Ibérica. A ironia de um mouro (Otelo) usando, para se matar, a espada que garantiu a vitória dos espanhóis contra os mouros evoca, sutilmente, a vulnerabilidade cultural de um mouro em terras cristãs.

286   *Aquele que já foi Otelo?*: Ao afirmar pateticamente que sua identidade de "Otelo" já não pertence ao homem que acaba de assassinar a esposa, Otelo reconhece o cancelamento de sua identidade veneziana e volta assim a ser o "mouro" simplesmente. O jogo dos nomes e das identidades é um procedimento contínuo na peça: Iago, por exemplo, desde o início, se refere a si mesmo como aquele que não é o que é, cuja identidade é móvel. No entanto, se para Iago isso é uma postura e um modo de (não) ser, para Otelo é um prelúdio para deixar de existir e perder sua antiga robusta persona-

lidade. Ver, sobre a indeterminação da identidade de Iago, o ensaio de Auden nesta edição, pp. 81-110.

297   *assassino honrado*: Trata-se aqui do "monstro civiliza-do" que já havia aparecido (IV.I.67). No entanto, como veremos adiante, o reconhecimento do crime é seguido de uma retórica autocomplacente que não escapou à atenção ferina de T.S. Eliot em "Shakespeare and the Stoicism of Seneca" (Eliot, 1932).

347-61   *Falem de mim... assim*: T.S. Eliot foi bastante arguto ao sublinhar que "sempre senti que nunca li uma ex-posição mais terrível da fraqueza humana — da fra-queza humana universal. [...] O que para mim Otelo parece estar fazendo é se animar ('cheering himself up'). Ele está tentando escapar da realidade, já deixou de pensar sobre Desdêmona e está pensando sobre si mesmo. Humildade é a virtude mais difícil de atin-gir; nada morre com mais dificuldade do que o desejo de pensar bem de si mesmo" (Eliot, 1932). Apesar de todas as interpretações contemporâneas contextuali-zando a "queda" de Otelo e sua posição vulnerável, as considerações de Eliot mantêm-se, como uma in-tuição sólida e coerente com o lugar da *vanitas* na obra de Shakespeare.

351-2   *pobre e baixo indiano*: Embora o sentido geral do trecho seja o sentimento de "desperdício" que, para Otelo, se origina da sua ignorância e tem por con-sequência o descarte de algo precioso, a passagem porta algumas complicações textuais. O termo que traduzimos por "indiano" é "indian", presente ape-nas na primeira edição in-Quarto (Q1) e na segun-da edição in-Fólio (F2). Na primeira edição in-Fólio (F1), aparece a palavra "Iudean" ("Judean"). O termo "indian", como "índio" em português, pode se referir tanto aos povos da Índia como aos povos ameríndios. Sigo aqui a escolha de Neill (2018, p. 467) e também de Honigmann (Honigmann, 1996b), que pesam cau-telosamente as duas possibilidades.

358-61   *turco pernicioso... assim*: A autoexculpação de Otelo encapsula as contradições de sua identidade. Se, por um lado, ele evoca seu feito em Aleppo — "peguei pelo pescoço esse cão circunciso e o golpeei" —, reafirmando sua suposta identidade veneziana e cristã, por outro lado, sua declaração é acompanhada do ato de se apunhalar, como se o "turco pernicioso" — ou seja, o "mouro" (no genérico mais comum na época) — fosse ele próprio, Otelo. Aqui termina o drama de Otelo com uma espécie de retorno irônico a sua identidade primeira, por meio, novamente, de um ato de violência.

Abreviações e referências
bibliográficas

EDIÇÕES DE OTELO REFERIDAS

Q1   Primeiro in-Quarto de *Otelo*: *The Tragoedy of Othello, the Moore of Venice. As It Hath Beene Diverse Times Acted at the Globe, and at the Black-Friers, by His Maiesties Seruants.* Londres: Impresso por N. O. para Thomas Walkley, 1622.

F1   Primeiro in-Fólio de *Otelo*: "The Tragedie of Othello, the Moore of Venice." In: *Mr. William Shakespeares Comedies, Histories & Tragedies, Published According to the True Originall Copies.* Londres: Isaac Jaggard and Eward Blount, 1623.

Honigmann *Othello.* Honigmann (Org.). 3. ed. Arden Shakespeare, 1996.

Neill   *Othello: The Moor of Venice.* The Oxford Shakespeare. Michael Neill (Org.). Oxford: Oxford University Press, 2008.

Sanders   *Othello.* Norman Sanders (Org.). Cambridge: Cambridge University Press, 2003.

ESTUDOS E OUTRAS OBRAS MENCIONADOS
NO VOLUME

ADELMAN, Janet. *Suffocating Mothers: Fantasies of Maternal Origin in Shakespeare's Plays*, Hamlet *to* The Tempest. Routledge, 1992.

AFRICANUS, Leo. *The History and Description of Africa and of the Notable Things Therein Contained.* v. 1. Londres: Hakluyt Society, 1896. Disponível em: <https://archive.org/stream/no-92v1works01hakluoft#page/n5/mode/2up>.

BARTHELEMY, Anthony Gerard. *Black Face, Maligned Race: The Representation of Blacks in English Drama from Shakespeare to Southerne.* LSU Press, 1987.

BLOOM, Harold. *Iago.* Chelsea House Publishers, 1992.

_____. *Shakespeare: a invenção do humano.* Rio de Janeiro: Objetiva, 2000.

_____. *William Shakespeare's Othello.* Infobase Publishing, 2010.

BRADLEY, A. C. *Shakespearean Tragedy.* Londres: Macmillan, 1937.

_____. *Tragédia shakespeariana: Hamlet, Otelo, Rei Lear, Macbeth.* São Paulo: Martins Fontes, 2009.

BURTON, Robert. *A anatomia da melancolia.* Trad. de Guilherme Gontijo Flores. Curitiba: UFPR, 2011.

CAVELL, Stanley. "The Avoidance of Love". In: *Disowning Knowledge in Seven Plays of Shakespeare.* Cambridge: Cambridge University Press, 2003.

COLERIDGE, Samuel Taylor; COLERIDGE, Henry Nelson. *The Complete Works of Samuel Taylor Coleridge: With an Introductory Essay upon His Philosophical and Theological Opinions.* v. 4. Harper & Brothers, 1854.

CONSETT, Henry. *The Practice of the Spiritual or Ecclesiastical Courts.* W. Battersby, and Sold, 1700.

CONTARINI, Gasparo. *The Commonwealth and Government of Venice.* Londres: Impresso por Iohn Windet para Edmund Mattes e vendida em sua livraria, sob o nome de Hand and Plow em Fleetstreet, 1599. Disponível em: <http://sceti.library.upenn.edu/sceti/printedbooksNew/index.cfm?textID=-contarini>.

CORNWALLIS, William. *Essayes.* Londres: Impresso por S. Stafford and R. Read para Edmund Mattes, 1600.

D'AMICO, Jack. *The Moor in English Renaissance Drama.* Tampa: Gainesville; FL: University Press of Florida, 1991.

DARRIULAT, Jacques. *Jérôme Bosch et la fable populaire.* Lagune, 1995.

DOWLING, Maurice M. G. *Othello Travestie. An Operatic Burlesque Burletta,* 1859.

EAGLETON, Terry. *William Shakespeare.* Hoboken: Wiley, 1991.

ECCLES, Audrey. *Obstetrics and Gynaecology in Tudor and Stuart England.* Londres: Taylor & Francis, 1982.

ELIOT, T.S. "Shakespeare and the Stoicism of Seneca (1927)". In: *Selected Essays.* Londres: Harcourt, 1932, pp. 107-20.

EVERETT, Barbara. "'Spanish' Othello: The Making of Shakespeare's Moor". Organizado por Stanley Wells. *Shakespeare Survey,* 1982, pp. 101-12.

FENTON, Geffraie (Geoffrey). *Certaine Tragical Discourses of Bandello.* Londres: David Nutt, 1898. v. I.

GARBER, Marjorie. *Shakespeare After All.* Random House, 2008.

GARCÉS, María Antonia. *Cervantes in Algiers: A Captive's Tale.* Vanderbilt University Press, 2005.

GIRALDI CINTHIO, Giovanni Battista. *De gli Hecatommithi di G. Gyraldi Cinthio.* Primeira parte. Mondovì: Apresso Lionardo Torrentino, 1565.

GREENBLATT, Stephen. *Renaissance Self-fashioning: from More to Shakespeare.* Chicago: University of Chicago Press, 1984.

GURR, Andrew. *The Shakespearean Stage, 1574-1642.* Cambridge: Cambridge University Press, 1992.

HADFIELD, Andrew. *William Shakespeare's Othello: A Routledge Study Guide and Sourcebook.* Routledge, 2005.

HANKEY, Julie. "Introduction". In: *Othello. Shakespeare in Production.* Cambridge, 2005, pp. I-III.

HELIODORA, Barbara. "Otelo, uma tragédia construída sobre uma estrutura cômica". In: *Falando de Shakespeare.* São Paulo: Perspectiva, 2004, pp. 276-85.

____. *Escritos sobre o teatro.* São Paulo: Perspectiva, 2007.

____. *Falando de Shakespeare.* São Paulo: Perspectiva, 2009.

HILL, Errol. *Shakespeare in Sable: A History of Black Shakespearean Actors.* University of Massachusetts Press, 1986.

HONIGMANN, E. A. J. "Introduction". In: *Othello: Third Series.* Londres: Routledge, 1996. (Arden Shakespeare)

HONIGMANN, E. A. J. "Longer Notes" In: *Othello: Third Series*. Londres: Routledge, 1996. (Arden Shakespeare)

HUNTER, G. K. *Othello and Colour Prejudice*. Oxford: Oxford University Press, 1967.

____. "Othello and the Colour Prejudice". In: *Dramatic Identities and Cultural Tradition: Studies in Shakespeare and His Contemporaries*. Liverpool: Liverpool University Press, 1978, pp. 31-59.

JONES, Eldred D. *Othello's Countrymen: The African in English Renaissance Drama*. Oxford: Oxford University Press, 1965.

JORDEN, Edward. *A Briefe Discourse of a Disease Called the Suffocation of the Mother*. Londres: John Windet, 1603.

KLIBANSKY, Raymond et al. *Saturne et la Mélancolie: Études historiques et philosophiques: nature, religion, médecine et art*. Paris: Gallimard, 1989.

KNIGHT, George Wilson. *The Wheel of Fire: Interpretations of Shakespearian Tragedy*. Routledge, 2001.

KNOLLES, Richard. *The Generall Historie of the Turkes*. Londres: Adam Islip, 1603.

KOTT, Jan. *Shakespeare nosso contemporâneo*. São Paulo: Cosac Naify, 2003.

LAOUTARIS, Chris. *Shakespearean maternities: Crises on conception in early modern England*. Edimburgo: Edinburgh University Press, 2008.

LEAVIS, Frank Raymond. "Diabolic Intellect and the Noble Hero". *Scrutiny*, n. 7, 1937, pp. 259-83.

LERNER, Laurence. "The Machiavel and The Moor". *Essays in Criticism* IX, n. 4, 1959, pp. 339-60. doi:10.1093/eic/IX.4.339.

LINDFORS, Bernth. *Ira Aldridge: Performing Shakespeare in Europe, 1852-1855*. Boydell & Brewer, 2013.

____. *Ira Aldridge, the African Roscius*. University Rochester Press, 2007.

LUPTON, Julia Reinhard. "Othello Circumcised: Shakespeare and the Pauline Discourse of Nations". *Representations*, n. 57, 1997, pp. 73-89.

MANDEVILLE, John. *The Travels of Sir John Mandeville*. Londres: Penguin, 2005.

MARRAPODI, Michele. *Shakespeare, Italy, and Intertextuality.* Manchester: Manchester University Press, 2004.

MAUS, Katharine Eisaman. *Inwardness and Theater in the English Renaissance.* Chicago: University of Chicago Press, 1995.

_____. "Proof and Consequences: Othello and the crime of Intention". In: *Inwardness and the Theater in the English Renaissance.* Chicago: University of Chicago Press, 1995, pp. 104-27.

NEILL, Michael. "Introduction". In: *Othello. The Moor of Venice.* Oxford: Oxford University Press, 2008.

ORGEL, Stephen. *The Authentic Shakespeare: And Other Problems of the Early Modern Stage.* Routledge, 2013.

ORKIN, Martin. "Othello and the 'Plain Face' of Racism". *Shakespeare Quarterly* 38, n. 2, 1987, pp. 166-88. doi: 10.2307/2870559.

PEREIRA, Lawrence Flores. "Fantasias Uterinas, procriação e vulnerabilidade masculina em *King Lear*". In: PEREIRA, Lucia Serrano (Org.). *A ficção na psicanálise: Passagem pela outra cena.* Porto Alegre: Associação Psicanalítica de Porto Alegre, 2014, pp. 344-76.

PETERSON, Kaara L. "Histerica Passio: Early Modern Medicine, *King Lear*, and Editorial Practice". *Shakespeare Quarterly* 57, n. 1, 2006, pp. 1-22. doi:10.1353/shq.2006.0047.

PLINY, the Elder. *The Historie of the World Commonly Called, the Naturall Historie of C. Plinius Secundus.* Early English Books, 1475-1640 / 903:03. Londres: Adam Islip, 1601.

RIDLEY, M. R. "Introduction". In: *Othello*, 2. ed. Nova York: Methuen, 1985. (Arden Shakespeare)

ROUSSEAU, G. S. "'A Strange Pathology': Hysteria in the Early Modern World, 1500-1800". In: *Hysteria beyond Freud.* Berkeley: University of California Press, 1993.

SANDERS, Norman. "Introduction". In: *Othello. The New Cambridge Shakespeare.* Norman Sanders (Org.). Cambridge: Cambridge University Press, 2003.

SCHOENFELDT, Michael Carl. *Bodies and Selves in Early Modern England: Physiology and Inwardness in Spenser, Shakespeare, Herbert, and Milton.* Cambridge: Cambridge University Press, 1999.

SHAKESPEARE, William. *Anthony and Cleopatra*. Org. Michael Neill. Oxford: Oxford University Press, 2008.

___. *Othello*. Org. E. A. J. Honigmann. 3. ed. Bloomsbury Arden Shakespeare, 1996.

___. *Othello*. 2. ed. Nova York: Methuen, 1985. (Arden Shakespeare)

___. *Hamlet*. Trad. de Lawrence Flores Pereira. São Paulo: Penguin Classics Companhia das Letras, 2015.

___. *Venvs and Adonis*. Ed. Hardy M. Cook. Internet Shakespeare Editions. University of Victoria, [s.d.] Disponível em: <http://internetshakespeare.uvic.ca/doc/Ven_Q1/complete>.

SPIVACK, Bernard. *Shakespeare and the Allegory of Evil: The History of a Metaphor in Relation to His Major Villains*. Columbia University Press, 1972.

TILLYARD, E. M. V. *The Elizabethan World Picture*. Londres: Chatto & Windus, 1973.

VAUGHAN, Virginia Mason. *Othello: A Contextual History*. Cambridge: Cambridge University Press, 1996.

VICKERS, Brian. *Shakespeare: The Critical Heritage*. Nova York: Routledge, 1995. v. 2.

WOTTON, Sir Henry. *The Life and Letters of Sir Henry Wotton*. Org. Logan Pearsall Smith. Oxford: Oxford University Press, 1907. 2 v.

WRIGHT, Thomas. *The Passions of the Mind in General*. Garland Pub., 1986.

Choderlos de Laclos

As relações perigosas

Tradução de
DOROTHEÉ DE BRUCHARD

Durante alguns meses, um grupo peculiar da nobreza francesa troca cartas secretamente. No centro da intriga está o libertino visconde de Valmont, que tenta conquistar a presidenta de Tourvel, e a dissimulada marquesa de Merteuil, suposta confidente da jovem Cécile, a quem ela tenta convencer a se entregar a outro homem antes de se casar.

Lançado com grande sucesso na época, *As relações perigosas* teve vinte edições esgotadas apenas no primeiro ano de sua publicação. O livro ficou ainda mais popular depois de várias adaptações para o cinema, protagonizadas por estrelas hollywoodianas como Jeanne Moreau, Glenn Close e John Malkovich. E, também, boa parte do sucesso do romance deve-se ao fato de a história explorar com muita inteligência os caminhos obscuros do desejo. Esta edição, com tradução de Dorotheé de Bruchard, traz uma introdução da editora inglesa Helen Constantine.

LEIA MAIS PENGUIN-COMPANHIA
CLÁSSICOS

William Shakespeare

Hamlet

Tradução, introdução e notas de
LAWRENCE FLORES PEREIRA
Ensaio de
T. S. ELIOT

Um jovem príncipe se reúne com o fantasma de seu pai, que alega que seu próprio irmão, agora casado com sua viúva, o assassinou. O príncipe cria um plano para testar a veracidade de tal acusação, forjando uma brutal loucura para traçar sua vingança. Mas sua aparente insanidade logo começa a causar estragos — para culpados e inocentes.

Esta é a sinopse da tragédia de Shakespeare, agora em nova e fluente tradução de Lawrence Flores Pereira. Mas a trama inventada pelo dramaturgo inglês vai muito além disso: *Hamlet* é um dos momentos mais altos da criação artística mundial, um retrato — eletrizante e sempre contemporâneo — da vida emocional de um *Homo sapiens* adulto.

William Shakespeare

Romeu e Julieta

Tradução e notas de
JOSÉ FRANCISCO BOTELHO
Introdução de
ADRIAN POOLE

Há muito tempo duas famílias banham em sangue as ruas de Verona. Enquanto isso, na penumbra das madrugadas, ardem as brasas de um amor secreto. Romeu, filho dos Montéquio, e Julieta, herdeira dos Capuleto, desafiam a rixa familiar e sonham com um impossível futuro, longe da violência e da loucura.

Romeu e Julieta é a primeira das grandes tragédias de William Shakespeare, e esta nova tradução de José Francisco Botelho recria com maestria o ritmo ao mesmo tempo frenético e melancólico do texto shakespeariano. Contando também com um excelente ensaio introdutório do especialista Adrian Poole, esta edição traz nova vida a uma das mais emocionantes histórias de amor já contadas.

Esta obra foi composta em Sabon por RMSL
e impressa em ofsete pela Geográfica
sobre papel Pólen Soft da Suzano Papel e Celulose
para a Editora Schwarcz em fevereiro de 2017

A marca FSC® é a garantia de que a madeira utilizada na fabricação
do papel deste livro provém de florestas que foram gerenciadas de
maneira ambientalmente correta, socialmente justa e economica-
mente viável, além de outras fontes de origem controlada.